Ingeborg Bachmann
»Male Oscuro«

PIPER

Zu diesem Buch

Diese überaus persönlichen Aufzeichnungen aus der Zeit der Krankheit manifestieren die literarische Versiertheit Ingeborg Bachmanns: Mutig, klar und in dem Wissen um das Unheilbare rücken bisher unveröffentlichte Traumnotate, Briefe und Redeentwürfe den Zusammenhang zwischen Leben und Schreiben ins Licht. In großer Offenheit erzählen sie von dem leidenschaftlichen Wunsch, aus der Krankheit herauszukommen. Die erstmalige Veröffentlichung der vorliegenden Texte ermöglicht einen frischen Blick auf diese Zeit in Bachmanns Leben – und setzt einen neuen Fokus für das gesamte Werk danach.

Ingeborg Bachmann, 1926–1973, war österreichische Lyrikerin, Erzählerin, Essayistin. Die Salzburger Edition ist die erste Gesamtausgabe ihrer Prosa, Gedichte und Essays, der Hörspiele, Libretti sowie der Korrespondenz. Sie zeigt die einzigartige dramatische Verbindung von Leben und Schreiben bei einer der bedeutendsten deutschsprachigen Autorinnen des 20. Jahrhunderts.

Ingeborg Bachmann

»MALE OSCURO«

Aufzeichnungen
aus der Zeit der Krankheit

Traumnotate, Briefe, Brief- und Redeentwürfe

Herausgegeben von
Isolde Schiffermüller und
Gabriella Pelloni

PIPER

Salzburger Bachmann Edition

Herausgegeben von Hans Höller und Irene Fußl.
Unter Mitarbeit von Silvia Bengesser und Martin Huber.

Ein Editionsprojekt am Literaturarchiv Salzburg. Mit Unterstützung des Literaturarchivs der Österreichischen Nationalbibliothek.

FSC
www.fsc.org
MIX
Papier aus verantwortungsvollen Quellen
FSC® C083411

Ungekürzte Taschenbuchausgabe
ISBN 978-3-492-31636-1
April 2020

Umschlaggestaltung: Brian Barth
Satz: le-tex, Leipzig
Gesetzt aus der Sabon
Druck und Bindung: CPI Books GmbH, Leck
Printed in the EU

»MALE OSCURO«

Hans Höller / Irene Fußl

Vorwort

»Nun haben Sie aber das Unglück, von der andren Seite wenig zu erfahren, von der des Patienten oder des Ex-Patienten, weil die meisten wohl nicht über Sprache verfügen oder nicht fähig sind, zu formulieren, und weil, wie es bei Kafka heißt, uns ja die Scham überlebt« – mit diesen Worten begründet Ingeborg Bachmann in dem hier zum ersten Mal abgedruckten Entwurf einer Rede an die Ärzteschaft (Text 27), warum sie aus dem üblichen Schweigen über die Erfahrungen einer Patientin heraustritt. Es sei nicht nur die unzureichende sprachliche Fähigkeit, sondern auch die Scham, welche die meisten Kranken daran hindert, über das Persönlichste und Intimste des erfahrenen Schmerzes in der Öffentlichkeit zu sprechen, und nicht einmal in den ärztlichen Protokollen tauche dieser entsetzliche Schmerz auf, »diese Hölle für einen Menschen« (ebd.).

Dieses Schweigen wollen alle Bücher Ingeborg Bachmanns seit ihrem physischen und psychischen Zusammenbruch Ende 1962 aufheben. Sie wenden sich nicht an den kleinen Kreis der Ärzte einer Klinik, sondern an die Leserinnen und Leser, denen sie diese Erfahrung zumuten. In den Gedicht-Entwürfen von *Ich weiß keine bessere Welt*, in den Romanfragmenten *Das Buch Goldmann* und *Das Buch Franza*, im *Wüstenbuch* und in der Büchnerpreis-Rede *Ein Ort für Zufälle*, 1965, der einzigen nach ihrer Erkrankung in den sechziger Jahren erschienenen neuen Veröffentlichung, geht es um den kranken Menschen und um die Ungeheuerlichkeit des physischen Schmerzes, um das *Male oscuro*.

Ingeborg Bachmann hat die Bezeichnung, es ist der Titel

eines 1964 publizierten italienischen Romans von Giuseppe Berto, im fragmentarischen »Bericht an eine Ärzteschaft« verwendet und darin erklärt, dass es jenes autobiographische Buch war, das sie ermutigt habe, die Schamschwelle zu durchbrechen, die einem das Sprechen über die eigene Krankheit so schwer mache. Darum und auch wegen des wie vormodern klingenden Wortkörpers – *Male oscuro*, »Dunkles Übel«, Bachmann spricht von einem sich dem modernen Denken entziehenden »mittelaltersten« Schmerz – haben die beiden Bandherausgeberinnen, Isolde Schiffermüller und Gabriella Pelloni, diesen Obertitel für die bisher unveröffentlichten *Aufzeichnungen aus der Zeit der Krankheit* gewählt.

»Wenn man das Romanhafte abzieht«, heißt es in Bachmanns Rede-Entwurf, »bliebe für jeden Arzt etwas übrig, eine penible präzise Schilderung von erschreckender Genauigkeit über die Zustände, die Sie in Ihren Aufsätzen und Büchern behandeln, Neurosenlehre und Psychotherapie«, und sie fügt hinzu, es sei ihres Wissens »das erste Buch, das darüber berichtet« (ebd.). Aber ist diese Aufmerksamkeit für die autobiographische Wahrheit nicht ein Sakrileg für die Literaturwissenschaft und für die Literaturkritik? Wird hier nicht eine andere Schamgrenze überschritten? Verstößt die Veröffentlichung von Traumprotokollen, Briefen und Rede-Entwürfen nicht gegen die Gebote der Diskretion, gegen das Briefgeheimnis und den Schutz der Privatsphäre? Ja, die hier vorgelegten Texte verstoßen gegen Schweigegebote, die den kranken Menschen schützen sollen, von denen sich der kranke Mensch aber auch umstellt sieht, und das nicht nur aus guten Gründen. Ingeborg Bachmann wäre an diesem Schweigen und einer falsch verstandenen Diskretion fast zugrunde gegangen.

Nicht nur in den hier vorgelegten schriftlichen Dokumenten hat die Schriftstellerin die Erfahrung angesprochen, mit ihrer Krankheit in Isolation und Stummheit zu geraten, nicht mehr gehört zu werden, weil extremer Schmerz sich der Mitteilbarkeit entzieht und die Mitmenschen nicht mehr erreichen kann. Diese Vergeblichkeit sitzt als Angst und als Erfahrung, in seiner Not sogar bei den nächsten Menschen auf Unverständnis zu stoßen, tief im Ich und reicht in seine Albträume hinein. Das dritte Traumnotat, jenes vom 6. März 1963, spricht von dieser ins Unbewusste verdrängten Angst und zugleich vom Verlangen nach Anerkennung der eigenen Krankheit: »ich will nur davon sprechen, obwohl sonst niemand davon sprechen will, auch meine Mutter nicht.« (Text 3) Es ändert sich der Ort der Traumhandlung, nun sitzt man in einem Raum, vor dem »eine Art Saal« ist: »Ich fange wieder an: ich spreche von meiner Krankheit, weiß jetzt schon, daß keiner darüber reden möchte, ich fahre allen ins Gespräch mit meinen Sätzen.« (ebd.) Es tritt eine andere weibliche Traumfigur auf, »goldblond, fast golden, strahlend, glücklich« (ebd.), als stünde sie für eine Welt, in welcher Krankheit und Leiden keinen Platz haben.

Es gibt bei Bachmann, die wie selten jemand die Privatsphäre verteidigt und die Diskretion vehement für sich in Anspruch genommen hat, auch das Wissen um Formen einer Diskretion, die tödlich sein kann. Fanny P. gerät mit der aus ihrer Herkunft und ihrer Geschichte kommenden Scham, den privaten Schmerz den andern mitzuteilen, ins soziale Abseits, und Eka Kottwitz, eine andere Hauptgestalt in *Das Buch Goldmann*, kann nicht über das, was sie »so unerträglich empfand«, sprechen, weil sie zu diskret ist, »zu kottwitzisch«. Dass »sie mit niemand drüber sprechen konnte, endete mit dem Sprung aus dem Hamburger Fenster und dem Entsetzen der Freunde« (TA 1, S. 394).

Unter Indiskretion verstand Ingeborg Bachmann ein Verhalten, das über den anderen verfügt, ihn zur Gerüchtefigur degradiert oder das Private als Sensation vermarktet. Auch die vielen Formen, eine Person oder eine Sache gesprächsweise festzulegen, sie zu verkleinern und ihr jede Offenheit und Selbständigkeit zu nehmen, gehörten für sie dazu. Es gibt aber auch eine Form der Auseinandersetzung mit dem Anderen und mit seiner Hinterlassenschaft, die imstande ist, die Integrität der Person und das »Briefgeheimnis« zu wahren. Die hier vorgelegte Edition möchte ein solcher Versuch sein, die nachgelassenen, zu Lebzeiten nicht publizierten persönlichen Schriften mit Respekt vor dem Wort der Schriftstellerin zu würdigen und deren Integrität nicht zu verletzen. »Respekt vor dem Wort«, das bedeutet für die Herausgeberinnen, die Grundlagen für ein angemessenes Verständnis zu schaffen, in welchem der Zusammenhang von Ingeborg Bachmanns Leben und Schreiben und ihre literarische Autorschaft auch bei den nicht-literarischen Schriften ins Licht gerückt wird. So zeigt sich, dass selbst die aus dem therapeutischen Prozess hervorgehenden Traumprotokolle bei der Schriftstellerin nachdenkliche Texte darstellen, die man als vielschichtige Prosastücke lesen kann. Sie überliefern nicht nur Trauminhalte und deren latente Bedeutung, sondern sie geben uns auch eine Idee davon, wie man über das Unbewusste sprechen kann, ohne die Offenheit und Freiheit in diesen Texten zu verraten. Und genauso können die Briefe an den Arzt wie Maximen und Reflexionen über das therapeutische Gespräch erscheinen, das die Schriftstellerin selbst in einem Brief (Text 22) in ein Wittgenstein'sches »Sprachspiel« verwandelt, in ›sagen‹, ›nicht sagen‹ und ›einfallen‹ und ›auffallen‹ und ›entgehen‹ und ›entgangen‹ und ›halb und halb entgangen‹. Die Rede an die Ärzteschaft aber verwandelt sich, so gelesen, in sozialphilosophische Bruchstücke einer »Archäologie des ärztlichen Blicks« in der Klinik (Foucault).

Durch diese Edition lernen die Leserinnen und Leser mehr vom »Grund und Boden« des schreibenden Ich verstehen. Und die Literaturwissenschaft wird vielleicht in ihren Theorien dem Leben, so schwierig es ist und kaum auf den Begriff zu bringen, einen größeren Stellenwert einräumen. Das Leben-Wollen, ein Leben, das mehr als Überleben ist, es wäre der würdigste Gegenstand jeder poetologischen Erforschung des Verhältnisses von biographischer Wirklichkeit und literarischer Fiktion.

An ihren Therapeuten schreibt die Schriftstellerin von den Dingen, »die nicht außerhalb liegen, sondern die sich in uns überlagern und schon früh überlagert haben«, und sie erinnert den »Caro Dottore«, dass sie einmal davon geredet haben, »daß man über Menschen nichts weiß, d. h. schon das Einfachste nicht weiß, also nicht, was darstellbar ist, das Einfachste schon nicht. [...] Man kann einen Tisch zutodbeschreiben, man kann einen Menschen zutodbeschreiben, von allen Seiten. Wie aber soll man sie lebendig schreiben, in dem Rahmen, in dem ja nichts lebendig ist und alles Übereinkommen, zu dem man Leser überredet.« (Text 22)

»MALE OSCURO«

TRAUMNOTATE UND AUFZEICHNUNGEN

[I.]

13–2. 63 morgens

Der Traum:

ich bin in Vellach oder vielleicht in Kötschach (meine Schwester ist auch dort) (aber erst beim Aufwachen, im Halbschlaf, merke ich, daß es eher ausgesehen hat wie Ischia beim Einsetzen der ersten Winterstürme, es war auch wie eine kleine Insel, abgeschnitten, Boote irgendwo, ich aber in der Meinung, es sei das Gailtal) – ich bin verzweifelt allein und sage das auch irgendwann, zu meiner Schwester. Dann werde ich ans Telefon gerufen, der Anruf kommt aus New York, zuerst ist die Leitung leer, dann kommt Max, seine Stimme, wir reden eine Weile, ich bin sehr aufgeregt, aber was wir reden ist ohne besondere Bedeutung, dann frage ich plötzlich, was mich als einziges beschäftigt: wann kommt Ihr denn zurück nach Europa? Max lacht und lacht immer mehr, nicht gerade höhnisch, aber ziemlich belustigt, und ich frage, ziemlich beherrscht: wird es eher Ende Feber oder Anfang März sein? Er lacht noch immer und sagt: Nein, ich denke erst am 1. August. Und da er noch immer lacht, sage ich, das ist furchtbar, daß Du auch noch lachst, und ich hänge ab. Ich bin wahnsinnig konfus danach, ich spreche auch wieder, scheint es, mit meiner Schwester, ich sage, ich muß sofort die Koffer packen und etwas tun, vor allem muß ich weg von hier, ich kann hier nicht mehr länger warten. Es ist grau und stürmisch und inselhaft und winterhaft rundherum. Ich sage, nachdem ich alles (was, weiß ich nicht) durchdacht habe, ich kann nur nach Wien oder nach Berlin gehen, dann fällt mir ein, daß ich nicht nach Wien gehen kann, ich sage, ich muß also doch nach Berlin gehen und sofort abreisen.

Danach wache ich auf, begreife nicht, wo ich bin, nehme noch eine Weile alles für bare Wirklichkeit und dann kommt die Wendung, der erste halbwache Gedanke. Ich frage mich, was für eine Jahreszeit wir haben, ja, doch Feber, also war meine Frage völlig richtig und ja auch oft so gedacht, wenn auch nie ausgesprochen. Und es war völlig richtig, daß ich wegen des »1. August« in der Traumgeschichte völlig zusammenbrach.

Danach noch zwei Stunden im Bett, mit Halbwachtraum, ich gehe von dem ersten Traum ab und weiß, ich muß sofort nach New York schreiben und bitten um eine Zeichnung der Wohnung mit allen Möbelstücken eingezeichnet, ich muß wissen, wie es in der Park Avenue aussieht, wo das Bett steht, ob es ein Doppelbett ist etc. Ich weiß plötzlich, daß ich das unbedingt wissen muß und mich schon die ganze Zeit über, unbewußt, damit beschäftigt habe – mit der Frage, wie diese Wohnung in allen Einzelheiten aussieht. Ich denke, ich muß nach New York fahren und nachher zumindest sie mir ansehen, damit ich weiß, wie es dort war.

[2.]

3. März 1963

Traum: Max kommt überraschend mit Marianne. Eine Wohnung, die ich nicht kenne. Plötzlich aber ist alles noch ganz anders, ich erfahre, daß Max geheiratet hat, eine ganz andere Frau, die kommt auch, sie ist ein wenig über 40, sie kommen wahrscheinlich aus Mexiko. Ich bin vollkommen überrascht, begrüße auch diese Frau, die mir aber nicht gefällt, sie paßt überhaupt nicht zu Max, sie sieht weder gut aus, noch macht sie einen angenehmen Eindruck, aufdringlich, taktlos, und nachdem ich eine Weile mit ihr gesprochen habe, mir Mühe gegeben habe, wird es mir zu dumm, ich sage ihr etwas darüber, daß sie sich gefälligst einen Moment lang vorstellen soll, was ich durchgemacht habe. Wieder ist meine Schwester auch dabei, ich glaube, sogar Marianne ist dabei. Ich sehe sie einen Augenblick, vor allem ihren Mund und beim Lachen wunderbare Zähne. Dann müssen wir schlafen gehen, es wird sehr kompliziert, wer wo und mit wem schlafen soll, alle die Frauen, ich meine, Marianne und Max sollten in meinem Schlafzimmer in dem großen Bett schlafen, aber es scheint, daß er mit der anderen Frau dann dorthin geht, und ich arrangiere alles und die Wohnung ist sehr eng und kleinbürgerlich, wir sitzen an einem Küchentisch herum, – beim Aufwachen habe ich einen Teil des Traumes vergessen, denn er hat mehr Handlung gehabt, vor allem habe ich vergessen, was ich mit Max gesprochen habe und wie er zu mir war, es könnte auch sein, daß er gar nicht mit mir geredet hat, sondern mich unter den Frauen zurückließ.

Dann, nach dem Erwachen, dachte ich noch einmal an Gestern, wegen dem »ein Jahr Mexiko«, und ich war plötzlich sicher, daß Max in Mexiko geheiratet hat. Ich dachte noch eine Weile nach, wie ich dann alles machen müßte, hier und mit Rom, mit der Mutter und allem, und es erschien mir plötzlich alles ganz unlösbar und so unendlich mühsam auch für die Zukunft.

Heute spricht die Mutter wieder über Mexiko, ich beruhigte sie, dann sagte sie, Franz hätte auch den Eindruck, daß Max sofort nach Rom ginge, auch ihr hat er geschrieben, er freut sich nur auf Mexiko und auf Rom. Von mir steht kein Wort in dem Brief, auch nichts, wann und ob er mich hier sehen will. Es ist schon, als existiere ich überhaupt nicht mehr. Zum Glück merkt die Mutter es nicht, sie meint, ich müsse erst ganz gesund werden, ehe Max mich wiedersehen will. Aus unerfindlichen Gründen hält sie Krankheit für einen Trennungsgrund. Sie sagt, Sie müssen dann wieder gut aussehen, wenn Max zurückkommt.

[3.]

6–3–63

Traum: Mein Vater (anders und jünger aussehend), meine Mutter und Marianne kommen aus Amerika zurück. Wir fahren zuerst auf einem Planwagen. Unausgesprochen dabei als Faktum, daß mein Vater und Marianne (wie in Wirklichkeit jetzt Max und Marianne) in Amerika waren und mit aller Bedeutung davon.
Schon während wir fahren, frage ich meine Mutter (die auch anders aussieht), ob Papa von allen meinen Briefen weiß, die ich geschrieben habe, ob er weiß, daß ich so krank war. Ich merke, sie antwortet mit Ausflüchten. Ich spreche lauter, und sie sagt, er hat immer an Dich gedacht, doch er weiß es. Ich habe etwas unangenehm Insistierendes, ich will nur davon sprechen, obwohl sonst niemand davon sprechen will, auch meine Mutter nicht.
Später sind wir in einem Lokal, mein Vater sitzt, absichtlich, etwas weit von mir weg. Vor dem Raum, in dem wir sitzen, ist eine Art Saal. Ich fange wieder an: ich spreche von meiner Krankheit, weiß jetzt schon, daß keiner darüber reden möchte, ich fahre allen ins Gespräch mit meinen Sätzen. Plötzlich kommt Marianne. Sie hat kurzes Haar, goldblond, fast golden, strahlend, glücklich, setzt sich neben mich, erkennt mich, zögert, ich gebe ihr die Hand, beuge mich dann hinüber und küsse sie auf die Wange. Trotzdem scheint auch sie, wie die anderen, angesteckt zu sein von dieser Verlegenheit, die sich darin äußert, daß alle mich ignorieren. Marianne steht auf und mein Vater steht auf, sie fangen beide

22 *keiner*] es keine

an zu tanzen, andere tanzen auch, aber die beiden am wildesten und strahlend beide. Nein ich vergaß: als sie aufstehen, ich schon sehe, daß sie tanzen wollen, frage ich Marianne: Wissen Sie, wie das mit Morphium ist? (Anspielung auf meine Morphiumtage.) Sie sagt, im Weggehen mit meinem Vater, im Konversationston: Morphium, das soll wunderbar sein.

Später, es ist immer noch diese Art Fest, steht Hans am Rande, er ist auch mit irgendwas beschäftigt, aber ich gehe zu ihm, bitte ihn, mich hineinzuführen, sich mit mir zu zeigen. Ich lehne mich an ihn, er kommt auch mit mir. Dann aber geschieht etwas ganz anderes, er ist auch nicht mehr da, ich bin bei meiner Mutter, die allein sitzt und denke, sie müßte doch eigentlich leiden wegen meines Vaters, aber es ist gar nicht meine Mutter, dann weiß ich nicht mehr, wie es weitergeht.

[4.]

Versuch, es herauszubekommen:
7. 1. Gestern Besuch von Herrn R. Es ist nicht möglich, etwas von dem klarzumachen, woran man krankt, es hängt aber vor allem damit zusammen, daß rundherum alle Leute keine Ahnung von einer derartigen Krankheit haben (ich hatte zuvor ja auch keine), z. B. meint sicher jeder, was ich jetzt schon zum zweitenmal gefragt werde: ob es nicht eine Sache des Willens sei. Jeder Psychiater weiß natürlich, daß man einen Patienten, der unter Angstneurose leidet, nicht seinem guten Willen überlassen kann, den hat er ja, er hat ja sogar »Krankheitseinsicht«, was bei vielen andren Neurosen nicht der Fall ist.
Immerhin, Herr R. bringt mich auf die Idee, das aufzuschreiben, ja, was? Und ich versuche es, will es versuchen, weil ich momentan sogar unfähig bin, zu einem Arzt zu gehen. Jeden Tag denke ich zwar, ich müsse zu Dr. S. zurück, schon um diese Traumüberflutung loszuwerden.
Traum: (nicht heute, sondern vor zwei Tagen)
– aber während ich schreibe, dröhnt der Kopf so, durch den Körper gehen dauernd Wellen von Erregung, an den Händen geht mir die Haut ab von den letzten nervösen Bläschen, die ich in den vorigen Wochen plötzlich stundenweis bekommen habe.
Nachts lange gelesen, dann eingeschlafen gegen sechs Uhr früh, gegen 11 Uhr aufgewacht, dann drei Stunden gebraucht, bis ich angezogen bin, das letztere nur mit der größten Willensanstrengung. Größte Anstrengung, mit Fr. u. G. zwei drei Sätze zu wechseln, ich sitze auf dem Bett, starre vor mich hin.

Konnte nicht mehr weiterschreiben, das Furchtbare ist wieder dagewesen, ich war in diesem Augenblick bereit, sofort ein Taxi rufen zu lassen, in die Klinik nach Spandau zu fahren.

Jetzt, wo es vorbei ist, überlege ich wieder, weiß wieder, daß ich nicht in die Klinik will, daß ich noch einen Versuch machen möchte, mit Schwimmen, viel Luft, viel Radfahren, ich will morgen anfangen in einer schmerzfreien Stunde.

Ehe ich zu schreiben aufhörte, ist mir der Traum so schrecklich vorgekommen, den ich erzählen wollte. Frauen sind ermordet worden, lauter arme Frauen, ich habe bei diesen Keuschlerinnen, Hausmeisterinnen nachgeforscht, ich wollte weitere Morde verhindern. Dann merkte ich, daß jede der Frauen schweigt, sich vor etwas fürchtet, mir nicht die Wahrheit sagt. Einen Schauplatz habe ich noch einmal durchsucht, fand dort einen einzigen Anhaltspunkt, einen Perlmutterknopf mit vier Löchern, wie man ihn auf Pyjamas manchmal findet, auf dem stand »Olga«. (Der Name meiner Mutter.) Ich habe diesen Knopf zum Beweismaterial, anderen Knöpfen, die aber noch auf ein Papier geheftet waren, gelegt. Der Knopf war der einzige Anhaltspunkt. Danach stand ich mit einigen Leuten, wir sahen drei Hunden entgegen, die auf uns zujagten, aber nur zwei waren wirklich schnell, erreichten uns rasch, der dritte, eine Art Bulldogge, hatte einen derartigen Abstand, daß mir das Tier leid tat, und im selben Augenblick fiel mir ein, daß vielleicht kein Mensch, aber dieser Hund die Morde getan habe. Er kam endlich an, da war es eine Gewißheit, ich dachte, er müsse morden, weil er keine Chance neben den zwei andren Hunden habe, und vielleicht hatte er die Zärtlichkeiten und Neckereien der Opfer mißverstanden, sie einfach getötet.

(Wie im Doppelmord in der Rue Morgue.) (Auf die Frage, wer kann der Hund gewesen sein, fiel mir eine seltsame Antwort ein, M.)

Heute nacht ein Traum über Schreiben, zweifellos ein Dilemmatraum, irgendwie wurde mir bewiesen, daß ich nur auf Aktion schreiben dürfe, nicht personlos, nicht in allgemeinen Sätzen. Am Ende wußte ich nicht, was zu tun sei und malte mit dem Bleistift auf ein Papier lauter kleine Striche, ganz kurze nebeneinander, wie man das macht, wenn man während eines Vortrags nicht zuhört und kritzelt. Später in einem Schlafwagen von Prag nach Wien, der so groß war, wie ein Postwagen, mit mehreren Betten, ich schon beim Fertigmachen. Hatte keine Zeit mehr, die Unterwäsche anzuziehen, zog also rasch die Schuhe an, dabei half mir ein Steward, die Schuhe hatten hinten zwei Lederschleifen, die störten, also so gelegt werden mußten von ihm, daß ich den Schuh tragen konnte. Währenddem dachte ich, er würde vielleicht einen guten Diener abgeben, ich könnte ihn irgendwohin vermitteln. (Vermutlich weil Martha bei mir war und wegen W. etwas sagte und den Dienern.)

[5.]

|2.)| Sehr konfuser Traum, mit zahllosen, kaum erzählbaren Seltsamkeiten: meine Schwester in unserem Garten in V., auf dessen Boden Draht und Hindernisse sind. Sie sitzt am Eingang und hat in einer Art Teller einzelne Nadeln von Fichten oder Tannen.

Dann Skifahren. Ich fahre Ski auf einem geschriebenen Satz, der von größter Wichtigkeit für mich ist, es heißt darin, daß ich momentan noch Schwierigkeiten habe und nicht damit rechnen kann, sofort aus der Misere herauszukommen, physische |und psychische| Schwierigkeiten.

Eine ältere Frau, eine Wahrsagerin, leitet das Skifahren. Ein Brief, ganz klein geschrieben, betrifft den 11. des Monats und hat etwas mit einem Kind zu tun, mit einer Warnung, er wird mehrfach zusammengefaltet und verschlossen, ist auch voll von einer Wahrsagung.

Dann Frau Sch. mit zwei Mädchen, Versuche, mit ihnen zu fahren oder etwas für ihre Heilung zu tun, das scheitert aber nach anfänglichem Optimismus, Frau W. und Frl. Pf.;

Vor allem Frau W., von der ich tags zuvor geträumt habe, sie sei gestorben.

Dann auf dem Weg zu Ilse. Das Schild am Haus mit dem Namen ihres Mannes fehlt. Ich besuche sie, es geht wieder um meine Krankheit und um ihr Nichtkommen, aber diesmal bin ich |überlegen| und erzähle, meine Mutter und Isi kämen bald an, ich müsse zum Flugplatz, wisse aber nicht, ob ich nach Tempelhof oder Tegel müsse. |(Berlin also)|

Dann bin ich in einem Zimmer mit einem jungen Mädchen und verliebe mich plötzlich in sie, umarme sie, während Frau K. |(Uetikon)| nebenan liegt, dick und schwer, sie merkt offenbar, daß wir einander im Bett umarmen, obwohl wir zugedeckt sind, und sagt, das hätte sie nie für möglich gehalten, sie habe gedacht, ich sei seit |der Trennung von F| wirklich allein; eine Art Heilige, und ich versuche ihr zu erklären, daß das doch verständlich sei, nach dem vielen Unglück, ich könne nicht anders. Ich sehe das Mädchen genauer an, es ist sehr zart; sehr jung; und ich bin überwältigt vor Glück, wenn ich sie anschaue. Dazu Musik, 3. Akt Tristan, der Liebestod. Später wird von mir und dann auch von ihr, darauf ein Text gesungen, |auch Frau K. singt womöglich,| wir irren uns einige Male, es ist dann, scheints, auch eine andre Musik.

2. Auf dem Weg zu F. treffe ich einen jungen Mann, Studenten, der auch dorthin will, ich kann ihm den Weg zeigen, möchte aber vor der Türe nicht gleichzeitig mit ihm dort ankommen. Er läutet, während ich im Hintergrund warte. Marianne öffnet in einem langen Hauskleid, sehr üppig, sie begrüßt den Studenten und sagt, sie erinnre sich, ihn schon bei einer Lesung oder Diskussion gesehen zu haben, sie sagt ihm, sie sei »Frl. Lüdecke« (Namen eines Berliner Freundes) und also die Freundin von F.
Dann sieht sie mich, wir begrüßen einander mehr als oberflächlich, geben uns die Hand so, daß die Hände sich nur flach berühren, sie geht voraus in die neue Wohnung. Ich sehe, daß sie schwanger ist. In der Wohnung ist Pina, unser altes Dienstmädchen, wir reden miteinander (Rita heißt sie, denke ich), die Wohnung ist riesig; besteht aber nur aus einem schmalen und einem riesigen Raum; das läßt Max,

24 *sieht*] sie

der in der Wohnung ist, so machen. Ich sehe unter den Gegenständen mein grünes Sofa aus Berlin. Dann spreche ich im großen Raum mit ihm, wo er mit dem Einrichten etc. beschäftigt ist. Ich mache ihm Vorschläge wegen der Gegenstände und der Dinge, die noch zu ordnen sind, frage ihn, ob ich ihm das mündlich oder schriftlich erklären soll – wie es ihm lieber sei. Er ist vollkommen gleichgültig, sagt nur auf berlinisch: nu mach mal. Später sitze ich mit dem Wiener Arzt in einer Art Straßenbahn und frage, was ich bloß machen soll, ich brauche seinen Rat;

Frau W. ist gestorben.

Ehe ich die Wohnung verlasse, sehe ich mir einiges an, hoch oben an der Wand einen komischen Wandschmuck, dann noch etwas in einer Nische, die kitschig beleuchtet ist, und ich sage mir, daß das geschmacklos ist wie eh und je, |während Pina-Rita mich begleitet.|

[6.]

1. Ein Ehepaar (weiß nicht, warum ich an Dr. B und Frau denke, gemeint dürfte eher Dr. Sch. mit Frau sein) und ich im Wald, viele Bäume, ein Hang, der ausgesteckt ist als Slalomstrecke, die ich mit den Skiern hinunterfahre. Vor der letzten Kurve gibt es ein Hindernis, ich bleibe stehen und fahre nicht weiter, es ist jetzt die Frage, ob man die Zeit zu stoppen aufgehört hat, ob also die Fahrt gemessen werden kann bzw. richtig gemessen wird. Das Hindernis ist ein toter Mann, er ist leicht vom Schnee bedeckt, ich stehe bloß da, ohne Gefühlsregung und warte, bis er von der Strecke geräumt wird – das tun Herr und Frau Dr. B. (aber vielleicht sind es andre Personen) und es gibt Kommentare dazu, dann ist die Strecke frei und ich mache die letzte Kurve, aber weil ich nicht mehr genügend Schwung habe, fällt sie nicht so gut aus, trotzdem falle ich nicht, komme etwas ungeschickt, aber lachend, herum.

2. Spielkarten mit schwarzen Nummern. Es kommt eine acht heraus, und man denkt, es ist schon zuende, dann kommen aber doch von derselben schwarzen Farbe die neun zehn etc. und es geht also weiter.

3. Frisch: Ort undeutlich, wahrscheinlich Rom. Er lebt nicht mehr mit »Frau Oellers«, ich frage mindestens zweimal, ob denn »Frau Oellers« nicht mehr |bei ihm| sei, obwohl ich weiß, daß es ihn ärgert, wenn ich »Frau« und ihren Familiennamen sage. Er lebt jetzt mit meiner Schwester. Meine Schwester ist jetzt auch da, sieht aber nicht wie meine

Schwester aus. Frisch spricht über Marianne Oellers, sehr heiter, ironisch, macht Bemerkungen, die bedeuten, er habe sie durchschaut, ihren Ehrgeiz etc. und ihre Sucht, durch ihn glänzen zu wollen. Die Metaphern, die er dafür benutzt, sind allerdings eigenartig, das Wort »Schnee« kommt vor. Ich frage ihn, ob er meinen Brief schon bekommen hat, aber es stellt sich heraus, daß das aus irgendeinem plausiblen Grund nicht der Fall ist und er den Brief erst zu Ostern bekommen kann. (Frage ob nicht Überschneidung mit Pierre, wegen der Tochter die zu Ostern kommt?) Weil Frisch jetzt mit meiner Schwester lebt, denke ich, daß es dann leichter ist, außer den Sachen, die ich auf die Liste geschrieben habe, auch die zwei Dinge zu verlangen, an denen mir soviel liegt, die zwei kleinen Tassen, aus denen wir immer Kaffee getrunken haben, und den silbernen Brotkorb. (Dinge, die ich in Rom gekauft habe, aber aus unerfindlichen Gründen nicht zurückverlange, die zwei Tassen kommen in dem Roman vor, und ihr Vorkommen hat mich fast ebenso verletzt wie die Preisgabe ganz andrer Dinge – außerdem war mir der Gedanke immer unerträglich, daß sie weiterbenutzt werden von Frisch und Frau Oellers. Ich habe auch Frau Auer einmal nach einigen Dingen, diesen auch, gefragt, aber sie sagte, sie habe nichts von ihnen gesehen bei ihrem letzten Rom-Besuch.) Ich sage meiner Schwester, daß sie mir die erwähnten Dinge geben soll.

4. Ich bin in einem Hotel, in einem großen Zimmer, sehr schön, mit Hans, wir haben uns getroffen, müssen aber weiterfliegen, ich muß auf irgendwelchen Umwegen wahrscheinlich nach Berlin, telefoniere wegen der Anschlüsse. Oper? Dann wird aus Berlin gefragt, was ich an Auslagen gehabt habe, und ich sage der Sekretärin, (von der Oper)

daß nur ein zwei Übernachtungen und nur kurze Strecken zu bezahlen seien, ich gebe weniger an, merke es auch, daß ich eigentlich größere Auslagen gehabt habe. Später bin ich wahrscheinlich wieder in demselben Hotel und Zimmer, diesmal mit den Eltern, das Zimmer hat drei Betten, die Handlung ist sehr verworren, hat aber primär mit Hans zu tun.

[7.]

Traum: und sag einer noch, der gesittete Mensch sei keiner Perversion fähig. Das Kamel, zum zweiten Mal das Kamel, das mir zugeführt wird, während es auf mich zukommt, weiß ich schon, daß es mir zugedacht ist und das Kamel benimmt sich danach, seine lange Zunge, aus dieser großen Höhe, denn wie hoch ist ein Kamel (ich weiß es) herauszutun und mich zu lecken. Ich rücke ab, ich weiß, daß die alle mir das Kamel zugedacht haben. Im weitren Verlauf, während mein Verleger sich in einen Liegestuhl neben mich setzt, während der Herr mit der entlobten Dame mir auch etwas zu sagen hat, während Freund X und Freund Y. mit allen und jedem übereinkommen, steht der junge Araber im Hintergrund mit dem Kamel. Ich möchte mit dem Kamel schlafen, ich weiß es auch, das Kamel weiß es, der Araber weiß es. Die anderen wissen nichts und machen Konversation, sind um Hotelzimmer und Honorare besorgt. Aber ich, ein Teil dieses Gesindels, verzichte aus Feigheit auf das Kamel. Ich wache auf, angenehm berührt, dann weniger froh, denn übriggeblieben ist eine Lösung, für die ich keine Gleichung weiß. Ein Araber, ein Kamel, eine Feigheit. Was vermelden die Lehrbücher? Kamele, vielleicht sogar Kamel. Vermelden sie Feigheiten, diese brüchigen, schmerzlichen Verlegenheiten während man nach rechts und links spricht und die Wüste ihren Sand zählt, ihre Ironie in einen Traum rieseln läßt. Zähl Wüste, und verzähl dich nicht vor mir. Ich könnte imstand sein, nachzuzählen und den überschlagenen Sand, den unterschlagenen Sand dir im Triumph vorrechnen.

Ganz zersplittert, eine Wohnung, Fetzen von einem Schreibtisch, Sitzbänken, Sesseln, Stichen, Teppichen, unendlich viel Kram wäre aufzuzählen, alles zersplittert, mit dem Fuß könnte man die Sesselbeine vor sich herstoßen, die Bilder beiseiteschieben, die Teetassen mit einem nach außen gedrehten Fuß wegtun, weiter weiter. Ich würde nicht gern etwas mit den Händen angreifen, aufheben höchstens, aber mit angeekelten Fingern, ja was, etwas wollte ich doch aufheben. Im Hintergrund ginge noch das Grammophon, Platte verrate ich nicht, die Ansage macht die anderen immer gleich sicher in der Einschätzung der Musik, ich sage also nicht, welche Platte auf 33 Millimeter sich noch dreht. Raten heißt es, raten. Tot ist alles, alles tot. Und: seht ihrs Freunde, seht ihrs nicht. Drei zu eins, drei zu null, einer schweigt, hält im Zweifelsfall jede Musik der Art für schwere Musik.

Das liebste am Französischsprechen, daß schlecht ausgesprochen, ich ⟨ ⟩

[8.]

Montag nacht:

1.: Ich bin noch auf dem Bett, sitze neben A., der auch noch im Pyjama ist, da kommt Max, setzt sich. A. und ich haben die Füße in kleinen Waschbecken, die auf dem Boden stehen, es ist mir unangenehm, daß A. sich gerade jetzt die Füße badet. Die beiden Männer sprechen miteinander, A. sagt etwas über seinen Pyjama, entschuldigend, daß der Pyjama unten zerrissen ist, aber »er würde noch wachsen«. Dann sitzt er da mit Max, die beiden unterhalten sich, ich ärgere mich über A., der dümmliche Fragen (Literatur?) stellt, plötzlich muß ich zu dem Mädchen in die Küche, weil die Musik irrsinnig laut dort geht, das Mädchen sagt, der Nachbar habe sich schon beschwert, aber sie meint, wir dürften aus Prestigegründen jetzt die Musik doch nicht abstellen. Ich sage ihr, daß die Musik sofort aufhören muß, ganz, daß ihre Gedanken lächerlich sind, mich nicht interessieren.
Später bin ich mit A. und Max auf der Straße, ich bin in einem fürchterlichen Zustand, sage den beiden, sie hätten keine Ahnung, was das ist, Leben, davon wüßten sie nichts, es sei alles »viel schlimmer«. Ich bin in einem Zustand, in dem ich schreien könnte, ich bin halb wahnsinnig.

(Max ist das erstemal wieder er |selber|, nicht mein Vater, und er kommt zum erstenmal nach der langen Zeit, zu einem Besuch, das ist die gefühlte Bedeutung.)

2.: sehr komplizierter Traum, von meinem Kind, einem etwa vier bis fünfjährigen Jungen, der mir sagt, Max werde heiraten, und zwar diese »Masseuse«, die so schön sei; es scheint, daß der Kleine deswegen nicht mehr gerne bei Max bleiben möchte. Wir sind in einer großen Wohnung, irgendwo in einem Zimmer ist Max mit einigen Leuten. Ich beschließe plötzlich, das Kind doch zu behalten, obwohl es bei mir sicher auch nicht besonders gerne bleibt (Gründe: daß mein Leben so ungeordnet ist, daß wir keine Wohnung haben, daß ich oft reisen muß, ich müßte erst eine Wohnung und ein Mädchen haben). Ich weine und versichre dem Kleinen, daß ich alles tun werde, daß wir beisammen bleiben müssen, daß ich jetzt um ihn kämpfen werde, da Max ja kein Recht auf ihn hat. Dazwischen fetzenhafte Szenen, in der Wohnung, in einem Zimmer, liegt eine Frau, die mit einem Revolver alle bedroht, ich weiß schon davon, versuche, auf ihre skurrilen Einfälle einzugehen, sie steht vom Bett auf, der Revolver ist oben auf der Tür, man weiß nicht, ob es Ernst oder Spaß ist, sie könnte diese Masseuse sein, aber es ist nicht sicher, es könnte auch jemand andrer sein. Eine andre junge Frau fragt, was ich denn hier zu suchen habe, ich frage sie, ob es nicht umgekehrt sei, sie gehört zu der Gruppe von Max, ich nehme das Kind und will mit dem Kind zu allen andren gehen und sagen, daß es bei mir zu bleiben hat.

Zu dem Kind sage ich auch, wir müssen es zumindest versuchen, es könne dann immer noch zu Max gehen, wenn es nicht bei mir bleiben will, es ist damit einverstanden. So wollen wir den Plan auch Max vortragen.

3. Gisela und Fred und Max und ich sitzen beisammen, Gisela setzt sich weg |zu Max| und gibt zu erkennen, daß sie sich auf die Seite von Max stellt, wie Fred ja auch, ich bin, wie in Berlin, enttäuscht, verletzt.

[9.]

W. und seine Schwester, seine Mutter und ich sind im Zimmer, es wird Obst gegessen, aber es sind keine Obstteller da. W. sagt, daß rechts neben der Lampe Teller seien, ich finde wirklich die Obstteller und teile sie aus, zuerst an die Mutter, dann will ich aufstehen und zu Barbara gehen, schiebe aber nur den Teller hinüber. Es kommt vor, daß nicht dazu passende Teller zwischen den Tellern sind, die ich herausnehmen und zurückstellen muß. Kleine Glasteller, ohne Muster. Zuletzt bekommt W. seinen Teller, dann ich. Alle bemerken einen Geruch, es ist der Stecker von der Lampe, der abscheulich zu stinken anfängt, W. nimmt den Stecker heraus, und ich sehe ihn mir genau an, das Kabel ist mindestens 10 cm lang kaputt. Gedanke: es wäre ein schönes Geschenk für W., ein ganzer Bund Kabelschnur, ein praktisches, ein sinnvolles Geschenk. Es wird auch türkischer Mokka getrunken, die Kaffeeblasen steigen so hoch, daß man sich kaum traut, die Milch dazuzuschütten. Die Tür geht auf, ein Herr kommt herein (er wundert sich, hier sogar drei Frauen zu sehen, wo er ganz andere Leute erwartet hat, vor allem junge Männer). Er kommt nach hinten bis zur Mutter, hat eine verknüllte Mütze in der Hand, die will er ihr bringen als Erinnerung an einen toten Freund. Bevor der Mann auf sie zukommt, sagt die Mutter zu W., sie habe wieder einmal keine Ahnung, könne sich an den Menschen nicht erinnern, aber W. belehrt sie, sagt ihr, das sei nicht nötig in ihrem Alter und man könne es ruhig zugeben.

In einem Zimmer spricht eine Schauspielerin vor, es ist die Pötsch, die viel zu exaltiert ein französisches Gedicht vorträgt, es könnte von Baudelaire sein. Arbre du soleil. Die Frau, die das auch hört, blickt betreten zu beiden. Ich sage immer wieder, kann diese Person denn nicht einen Satz normal sprechen, weiß sie nicht, was in dem Satz steht? Dann singt die Pötsch auch noch. Ihre Stimme ist eine Katastrophe und die Wahl des Liedes auch bezeichnend, ein Ave Maria oder dergleichen. Ich gehe in einem besonders langen Schlafrock zum Badezimmer, auch die Ärmel sind zu lang, öffne die Badezimmertür und gehe gleich wieder zurück, weil noch nicht einmal ein Stück Seife, nichts vom Waschzeug in diesem Bad ist. Es muß erst ausgepackt werden. Weder Wohnung noch Hotel. Annette und M. sehen zu.

A. auf dem Fahrrad. Ich möchte gerne radfahren, mit ihm, das Rad ist aber bei W., und ich muß hinaufgehen bis zur Garage. Großer Hof. Viele Garagen. Aber das Fahrrad ist nirgends zu sehen. Hinter mir ist ununterbrochen jemand, der sich bei jeder Drehung hinten so geschickt mitdreht, daß ich ihn nicht sehen kann. Die Verzweiflung über den Unsichtbaren. Ich frage, wer es ist, weil ich immer noch denke, es sei jemand, den ich gut kenne. Aber die Stimme ist ziemlich fremd. Er gibt schließlich zu, daß er Fritz Ertel ist …
Die Frau, die gebeten wird, ihn wegzuschicken?

[10.]

Traum: eine Operation ist an meinem Knie gemacht worden, es ist ein schöner Schnitt unter der Kniescheibe, ich kann nachhause gehen, da der Schnitt gleich wie verheilt aussieht. Unterwegs gehe ich in ein Geschäft, um Eis zu kaufen, für meine Familie, damit es nicht schmilzt, stülpe ich ein Gefäß darüber, will schon gehen, kaufe dann aber nochmals richtiges Eis, gehe dann endlich, merke dann, daß es mit dem Knie nicht so gut geht, ich sollte doch nicht diese Wege machen. Ich will ein Taxi aufhalten, komme an eine Straße, die ganz vereist ist, verwüstet und vereist, ein Taxi kommt mit rasender Geschwindigkeit, bleibt nicht stehen, kann auch nicht stehenbleiben, zieht eine Schleife, schlingert auf dieser Eisstraße, ist dann weg. Ich muß in New York sein, frage englisch eine Frau nach einem Taxi, ein Mann kommt dazu, man will meine Papiere sehen, die Papiere fallen auseinander, wo zwei Worte stehen, etwas wie »Kurzl Elixxxx«, ich tu, als wäre das mein Name, der Mann blättert, er muß irgendwo Ingeborg, aber mit einer anderen Endung gelesen haben, ich bestehe aber darauf, ihm den anderen Namen zu sagen, er ist etwas mißtrauisch, aber ich sage, es ist finnisch.

Später merke ich, daß der Schnitt schon wie blutunterlaufen ist, es bildet sich ein Fleck unter der Haut, es kann gefährlich werden. Ich bitte meine Schwester – oder meine Schwester hilft mir, ein Taxi zu rufen, ruft auch im Spital an, denn es ist besser, ich gehe dahin zurück, es kommt heraus, daß nicht der Arzt, sondern eine Ärztin die Operation gemacht hat, ich lasse sagen, ich bin in zehn Minuten wieder dort.

Aber es kommt wieder etwas dazwischen, ich bin an einer Straßenkreuzung (Wien, Döbling?) daher könnte das Taxi kommen. Es ist jedenfalls schon wieder Zeit vergangen, mehr als ich wollte …

Andres: War eine Viertelstunde radfahren, es ging ganz gut. Denke viel herum, meistens natürlich, was zu tun ist, dann aber auch, daß ich hier wegmuß, manchmal ist es so weit, daß ich alles sofort auflassen möchte, besonders, seit ich diese Telefonhoffnung habe, es ist ja zwecklos, ich denke viel an Österreich, an etwas Klimatisches dort, meine Abweisung gegen alles hier wird immer heftiger, die Narrheiten der Leute, die Indiskretion, diese Zerfetztheit der einen, die Bürgerlichkeit der anderen. Ich rede zwar höchstens von Italien, aber ich denke mehr an Wien, und Umgebung, an meine Herkunft, an alles, was mich bestimmt.

[11.]

1. Traum (Sonntag):

In der Oper (Der junge Lord) soll ich auch die weibliche Hauptrolle übernehmen. Der Intendant kündigt es an, und ich komme in letzter Minute in das Opernhaus, verzweifelt und sehr aufgeregt, weil nirgends ein Textbuch zu bekommen ist und ich komm zwei Einsätze weit, (d. h. wohl die Musik, aber nicht die Worte, ich kann die Rolle nicht.) Großes Hin und Her, ich frage herum, wie der zweite Satz von mir im Duett heißt (mit »Wilhelm«), – irgendwas mit: »wer hülfe! mir ...« (Das ü fällt mir beim Aufwachen besonders auf, aber auch im Traum). Auf der Bühne sind viele Menschen, der Sänger, der den jungen Wilhelm singt, berät sich mit uns. Ich erfahre, daß eigentlich im Duett nur seine Stimme richtig zu hören ist, weil ich ja keine Ausbildung habe. Ich soll nur singen, weil das attraktiv für das Publikum ist, wenn ich in dem Stück selber auftrete.

9.11.65

2. Traum:

M. Frisch schlägt Frau Oellers, danach einen großen Hund, der sich voller Ergebenheit prügeln läßt. Ich denke, der Hund habe keine Ahnung, daß er nur ein wenig in sein Bein beißen müsse, damit die Prügelei ein Ende hat. F. unterhält sich danach mit mir, ich versuche ihm zu erklären, wie krank er mich gemacht hat, zähle genau die Daten aller

Krankenhäuser und Behandlungen auf; F. ist guter Laune und versteht den Zusammenhang mit seinen Handlungen kaum, es ist also ziemlich nutzlos, aber die Atmosphäre ist nicht gespannt, sondern eher gut zwischen uns, dann will er mit mir schlafen und einen Vorhang zuziehen, damit Frau Oellers uns nicht sieht; ich lege mich zwar nieder, wir werden aber sofort gestört, und ich denke oder sage ihm sogar, daß mir nichts daran liegt, mit ihm zu schlafen, – »ich lege offenbar keinen Wert darauf« – beim Aufwachen fällt mir »sempre la stessa cosa« wieder ein, ein Wort, das oft im Scherz gefallen ist. (Dazu Kommentar lieber mündlich.)

–

Der Friedhof: wo die Töchter |liegen, die| Selbstmord begangen haben.

[12.]

1. In meinem Mund sind Fischgräten, die beinahe wie Heftklammern aussehen, ich muß eine nach der anderen aus dem Mund herauswürgen oder herausnehmen, es sind sehr viele, endlich habe ich das Gefühl, daß der Hals zwar noch gereizt und rauh ist, daß aber die Gräten zuende sind.
Giancarlo versucht, mich zu umarmen, (etwas ist mit einem Rumänen, Tische stehen eine Weile in der Nähe, wie bei einer Wahl, es ist womöglich ein Kongreß), wir beide gehen dann hinaus, Giancarlo spricht aber über etwas anderes mit mir, die Szene geht weiter, immer im Stehen, nachdem er zum Orgasmus gekommen ist, sagt er, er sei mir dankbar dafür, daß ich ihm das erlaubt habe. Meine Kleider und meine Schuhe vor allem, schwarze eigenartige Schuhe, die sich ausweiten, sind derart naß, daß ich das meiste ausziehe, weil ich so nicht zurückgehen kann, ich nehme die Schuhe und die Wäsche in die Hand und gehe weg. Im Schlafwagen, der größer ist als ein gewöhnlicher. Sehr undeutlich. Ich liege in einem Bett, ein Sack mit Äpfeln rutscht an der Seite des Betts hin und her. Der Schlafwagenschaffner. Dann wahrscheinlich in einem anderen Bett. Ich bin wach, sehr lebhaft.

[13.]

London (wahrscheinlich). Eine lange Fahrt mit der Untergrundbahn, ich (wahrscheinlich ich im Anfang, später geht der Traum ohne Ich weiter) muß zu Leuten, die tiefer wohnen, und auch statt einer Stunde noch eineinhalb Stunden tiefer. Der Mann und die Frau hinter der Wohnungstür besprechen sich, er sagt, er sei sicher, daß er jetzt beim Öffnen eine hübsche Frau sehen würde, und die Frau vor der Türe macht sich zurecht, rückt ihren Hut, dann, wenn die Tür geöffnet wird, macht sie ein verführerisches Gesicht, und der alte Mann ist sehr erfreut darüber, daß er recht behält.

Wieder unten in einer Wohnung sind zwei Frauen, die eine kommt an, mit einem unordentlichen Paket, in das ein Kind gewickelt ist, in Papier und Fetzen, – die andere Frau, der die Wohnung gehört, ist entsetzt darüber und regt sich über die Frau auf, die ordinär ist, in ihrem Aussehen und Verhalten. Vermutlich will diese vulgäre Frau das Kind der anderen lassen, sie geht in der Wohnung hin und her, das Paket liegt auf einem Tisch. Die Besuch-Frau zeigt der anderen ihre Unterwäsche, die voll von vertrockneten Blutflecken ist, und die andere ist bestürzt und ekelt sich.

[14.]

Wenn ich zurückdenke an die Träume, von denen Sie die meisten nicht kennen, weil sie vor »unserer« Zeit waren, dann fällt mir doch eines auf. Einmal ist in fast allen Träumen M.F. die Hauptperson, immer mit dem Vater verwechselt (bis auf den letzten Traum), oder der Vater, mit M.F. verwechselt, sodaß es auf Inzestträume hinausläuft und den Horror davor. Das ist eine Gruppe. Das andre, was ich wenig verstehe: in den meisten Träumen spielt meine Familie eine dominierende Rolle, zum Beispiel war schon ganz früh, in den dramatischen Angstträumen |als ich fürchtete, F. würde mich verlassen.| meine Schwester anwesend, |auch| fast immer meine Mutter. Und auch wenn sie hie und da nur Statistenrollen hatten, so fällt mir das doch auf. Denn ich habe doch, auch wenn ich mein Leben hundertmal umwende und dran deutle, nur eine normale Beziehung zu dieser Familie. Ich denke an meine Schwester, wenn sie Geburtstag hat und sonst macht man sich eben die üblichen Sorgen, Krankheit, Alter, Geld etc. Aber ich verstehe nicht, warum in den Träumen immer diese Personen die großen Rollen spielen, niemals die Leute, mit denen ich wirklich zu tun habe. |(|Oder höchstens insofern, daß man |sie| als Tagesrest abtun kann.|)| Ich weiß nicht, was diese nette Familie zu schaffen hat in meinen Träumen. Ich träume nie von einem Mann, den ich gern habe, nie von Berufskonflikten, die ich immerzu habe. O heiliger Freud. Das darf doch nicht wahr sein. Ich war ein ganz gewöhnliches Kind, mit einer normalen Entwicklung, in einer normalen Familie. Verstehen Sie mich. Ich bewundre Freud, aber ich habe diese Vorklassik nie ganz akzeptieren können, ich kann nicht einsehen, daß dieses Leben vor dem eigentlichen persönlichen Leben später eine so enorme Rolle spielen soll. Und da steh ich ja nicht allein da, die Wissenschaft bringt doch auch ihre Korrekturen an.

[15.]

1. Traum (nach dem entscheidenden Tag)
tagsüber gings mir sehr schlecht, mußte mich hinlegen, Besuch von Herrn Piper

Auf einem kleinen Schiff wird ein Film gedreht. Der Regisseur ist »Hansjörg Felmy«. Auch über mich soll ein Stück gedreht werden, aber dieser Hansjörg Felmy wird von mir dabei entdeckt, wie er dreht, eh ich für die Aufnahme fertig bin. Ich bin nicht angezogen, habe Lockenwickler auf dem Kopf etc., und sowie ich das entdecke werde ich sehr zornig und schaue über die Schiffsteile, die Apparate, die oben auf Deck sind, zu ihm hin, sage: dieser Filmstreifen müsse sofort entfernt werden, das habe nichts mit Film zu tun, sondern sei privat. Hansjörg Felmy antwortet, gerade das wolle er, das sei interessanter für die Leute, er dreht weiter. Ich sage, er solle das herausgeben und vernichten, er sagte wieder nein. Ich wieder: ich werde mir auch selber zu helfen wissen, vor Erpressern hätte ich keine Angst mehr, und er habe noch eine Sekunde Zeit es sich zu überlegen.
Da H.J.F. das nicht tut, greife ich nach einem kleinen Schälchen mit warmer aufgelöster Seife (wie sie beim Friseur für die Maniküre verwendet werden), mir kommt blitzschneller der Einfall, ich nehme das Schälchen heraus und schütte die ganze Seifenlauge in die Apparate. Es fängt zu dampfen an, ich gehe zurück und sage zu H.J.F. ich hätte ihn gewarnt und ich sei von jetzt an ganz verändert, ich werde jedem wie eben hier ihm, sofort das vergelten, was er mir tut. Das ganze

27 *Apparate*] Aüüratae

Schiff dampft immer mehr und mehr und die Filmarbeiten sind kaputt, die Arbeit muß abgebrochen werden, alle sagen, sie hätten Felmy sowieso nicht gemocht und sind froh darüber. Wir verlassen das Schiff und werden auf ein anderes größeres in Sicherheit gebracht.
Während ich dort auf dem großen Schiff auf einer Bank sitze und noch die Rettungsarbeiten beobachte für unseres, kommen Menschenleiber angeschwommen, alle zwar lebendig, aber teils mit Brandwunden, alle sollen auf diesem Schiff, das bald zu klein wird, unterkommen, denn ein zweites Schiff ist explodiert, mit sehr vielen Passagieren, und dort gab es Verletzte. Ich bekomme eine enorme Angst, daß meine kleine Seifenschale die Explosion des zweiten fremden Schiffes verursacht hat und rechne damit, wegen Mords unter Anklage gestellt zu werden, wenn wir an Land kommen. Immer mehr Menschenleiber. Dann aber stellt sich zu meiner großen Erleichterung heraus, daß das andre Schiff aus andren Ursachen untergegangen ist, es hat nichts mit mir zu tun.

Zu dem Traum gibt es eine komische Nachgeschichte. Am Morgen darauf fuhr ich mit Freunden ans Meer, es war ein deutscher Schauspieler dabei, den fragte ich, wer Hansjörg Felmy ist, denn ich habe keine Ahnung, wer das ist, nur die vage Vorstellung, daß mir der Name vielleicht beim Friseur in einer Illustrierten einmal begegnet ist. Der Schauspieler sagt mir, das sei ein deutscher Filmschauspieler, der schon wieder vergessen ist, kurze Zeit Erfolg hatte, in einem Film, in dem er einen Journalisten spielt, der sich, durch unlautere Mittel, Einblicke in das Privatleben verschiedener Personen der Öffentlichkeit verschafft und auf diese schmutzige Weise »Karriere« macht. Ich war ziemlich konsterniert, denn ich bin auch jetzt noch sicher, daß ich weder von diesem Film, noch über diesen Schauspieler irgendwas weiß. Ganz sicher sogar. Trotzdem ist der Name deutlich und wiederholt in dem Traum vorgekommen.

2. Traum

Giancarlo fragt mich, ob ich nach dieser Sache noch bereit wäre, mit meinem Vater die Beziehungen weiterzuführen. Ich sage ihm, »um nichts in der Welt« – Giancarlo ist ein wenig konsterniert deswegen und sagt, das sei aber schade. Er findet offenbar meinen Standpunkt zu hart.

Nachher gehe ich von Mutter und Schwester weg und in den Nebenraum, um mit meinem Vater darüber zu sprechen. Außer der Unbeugsamkeit im Denken und Urteilen ist jetzt aber die Vorstellung da, ich werde meine »Pflicht« tun, also gleichsam mit zusammengebissenen Zähnen mit ihm schlafen. Er soll aber wissen, daß ich das nur den andern zuliebe tu.

Mein Vater ist auch da, aber sehr niedergeschlagen, ich versuche, die Aussprache herbeizuführen – dann reißt die Erinnerung ab (Klar ist nur, daß es sich um F. handelt, wie früher immer in den Träumen, jetzt aber kam das schon lange nicht mehr vor!) Ich vermute, es hat mit Dr. Unseld zu tun, der mich fragte, in Frankfurt, ob ich zu seinem Empfang im März, in Rom, kommen werde, wo F. auch ist, er wünscht es sich sehr. Ich habe keine Antwort gegeben.)

Der Traum mündet in einen anderen, in dem ich nach Wien zurückkehre, ich treffe zuerst Herrn W. (der einmal ein Liebhaber war und mir grollt und ich ihm, aber nicht sehr), ich nicke freundlich gleichgültig, und das Wiedersehn geht so halbwegs vorbei, dann kommen andre Leute aus Wien, es gibt viele Unterhaltungen an verschiedenen Tischen, sie betreffen literarische Dinge, ich bin sehr lebhaft.

Dazu fällt mir auch etwas ein, daß dieser Herr W. mich auch in einer Weise verletzt hat, die schon von fern auf das »Hauptdrama« deutet, er ist ein Kritiker, der mich, nach dieser Liaison, in den Zeitungen angegriffen hat, dann denunziert hat als Kommunistin. Ich fand das horrend, aber sehr bald lächerlich, da mir die Wiener Zustände überhaupt rasch lächerlich und provinziell vorkamen, insbesondere als eine jahrelange Hexenjagd ausbrach gegen alle, die sich nicht als kalte Krieger im Ost-Westkonflikt betätigten. Das Ganze hat mich aus der Ferne belustigen können, aber im Anfang war ich entsetzt, daß er sich nicht scheute, seine privaten Abneigungen in die Öffentlichkeit zu tragen und zu präsentieren als politische.

Was Dr. Unseld betrifft, so hat sich meine Enttäuschung aufgelöst, denn der Brief, den F. ihm geschickt hat, ist manipuliert, nur auszugsweise wiedergegeben, und ich habe also keinen Grund mehr oder nur sehr wenig, an dieser Freundschaft zu zweifeln.

[16.]

Der Traum (circa 20.2.66)

Wenn der Traum anfängt, weiß ich schon, daß ich verrückt bin. Die Welt ist nicht mehr die Welt. Es sind noch Elemente von ihr da, alle Details, aber in einer Zusammensetzung, die irre ist. Alles ist farbig, Autos rollen heran, Menschen tauchen auf, stark überfärbt, grinsen im letzten Augenblick, wenn ich an sie herankomme, fallen um, sind Strohpuppen, alles hat trotzdem eine unglaubliche Konsequenz, die Bilder, die Farben, die Gegenstände, mein Herumgehen in dieser Welt, ich gehe immerzu weiter, manchmal ist es schrecklich, dann nicht so sehr, und immerzu, während ich an diese Gegenstände und Personen komme, weiß ich, daß ich verrückt bin, und wenn es mich ängstigt, dann versuche ich, die Augen zuzumachen, ich will heraus aus dieser Welt, ich will unbedingt heraus. Meine Vorstellung ist: wenn ich die Augen so fest zumachen könnte, daß, wenn ich sie wieder aufmache, auch nur ein Quadratmeter von der wirklichen Welt wieder sichtbar wird, dann hätte ich gewonnen und Boden unter den Füßen. Die Wahnsinnsszenen gehen immer weiter, ich versuche dieses Herauskommen, aber es gelingt nicht. In der größten Verzweiflung lasse ich mich auf den Boden fallen – immerzu ist mir alles ganz bewußt und ich denke mit einer hohen Bewußtheit weiter – ich liege auf dem Boden und denke und ich muß die Menschen rufen, laut rufen und mit klarer Stimme, die mich retten können. Ich rufe meine Mutter, meine Schwester und meinen Bruder. D.h. ich denke noch genau an die Reihenfolge und die Na-

24 *nicht.*] mich.

men, also meine Mutter mit dem Kosenamen aus der Kinderzeit, dann meine Schwester, dann meinen Bruder. (Beim Aufwachen fällt mir ein, daß ich nicht nach meinem Vater gerufen habe.) Und ich nehme meine ganze Kraft zusammen, um sie laut zu rufen und deutlich, und in der hierarchischen Reihenfolge, das ist wichtig.
Dann kommt ein katastrophales Fallen ins Nichts, die Irrsinnswelt ist zuende, ich komme zur Besinnung, greife mir an den Kopf, habe lauter Metalldrähte auf dem Kopf und schaue mich erstaunt um. Um mich sitzen jetzt, in schwarzweiß einige Ärzte in weißen Kitteln, die mich freundlich ansehen. Man sagt mir, man habe einen Elektroschock gemacht. Ich sei jetzt gerettet. Ich bin noch ganz benommen von dieser Rückkehr, wache auf.

Leider ists mir unmöglich zu beschreiben, wie dieser Traum war, einer von denen, an die man sich noch nach einem Jahrzehnt erinnern wird. Auch seine Logik kann ich nicht beschreiben. Besonders das dritte Aufwachen, nach dem ich noch viele Minuten brauchte, um überhaupt zu begreifen, daß der Wahnsinnstraum nicht mit dem Elektroschock geendet hat, sondern daß auch das noch ein Traum war.

Einen Tag später:

Herr F. hat mich ins Gefängnis gebracht, ich bin nicht allzu überrascht, aber ich hoffe, daß man mich gut behandeln und mich schreiben lassen wird. Immerhin könnte ich dann das Buch fertigschreiben. Aber dann stellt sich heraus, daß ich keine Vergünstigungen bekomme, es gibt ein langes Behörden Hin- und Her, offenbar will man nicht zulassen, daß ich schreibe. Viele Details sind mir entfallen. (Erklärung scheint mir einfach.) Ich bekomme wohl einen Blechnapf mit Wasser und eine Einzelzelle, was mir angenehm ist, obwohl alles so elend und schmutzig ist, aber ich denke nur an das Buch, bitte nur um Papier und um die Möglichkeit zu arbeiten. Ich bedaure das Gefängnis nicht, im Gegenteil, ich finde mich leicht ab damit, aber ich bin vernichtet, weil ich nicht schreiben darf. Deswegen rede ich dauernd auf die Leute ein, die mich nicht verstehen, sie meinen, ich wehre mich gegen die Haft – und ich will bloß sagen, daß mir das nichts ausmacht, aber ich möchte Papier und Schreiben.

[17.]

19.

Das unaufgeräumte Haus (sieht aus wie das Elternhaus in Klagenfurt) – – es wird sehr viel getan darin, vor allem von meiner Sekretärin. Am Ende ist alles sehr schön und geordnet, ich mache mir eine Liste |von dem|, was noch fehlt, was sie kaufen muß. Das Bügeleisen steht noch herum, es hat kein Drahtgestell, damit man es draufstellen kann, das muß Frl. L. kaufen, außerdem soll sie noch etwas Wichtiges kaufen (= vergessen).

Ich gehe durch den hinteren Garten hinaus, wo eine Frau mir entgegenkommt. Sie sagt, meine Nachbarin (im Traum die Frau eines deutschen Kritikers, die ich nur flüchtig kenne) liege im Sterben, sie lasse fragen, ob etwas passiert sei, es handelt sich um drei Stürze, die ich getan habe und die sie gehört haben muß. Ich denke mir, es ist gut, daß ich nicht mehr trinke, ich werde darum auch nie mehr stürzen.

Ich gehe dann zur hinteren Gartentüre hinaus, die angelehnt ist, und nehme von den Zweigen eines großen Stachelbeerbaumes zwei große Stachelbeeren, die in Schulterhöhe hängen. Es sind die zwei letzten Stachelbeeren, die tieferhängend zu sehen sind. Die anderen hat Frl. L. gegessen, sie muß mir das früher gesagt haben, da ich es ihr erlaubt habe. Die unverschlossene Gartentüre, eine schwer zu erklärende Kindheitserinnerung.

[18.]

6.6.

Ich komme an das Tor von Ilse und Günter, jemand öffnet, man will mich aber nicht einlassen und ich will auch nicht eintreten, sondern nur für die Kinder etwas abgeben, eine Halskette, dreireihig. Einiges Hin- und Her am Tor, ich gehe dann weg, mit der Kette, ich bin froh, daß ich sie nicht verschenkt habe, weil sie ein Geschenk von Zeno ist (?), der merken würde, daß ich sie verschenkt habe. Später wird die Kette einreihig, hat nichts mehr mit einer Halskette zu tun, sondern ist einfach eine Kette aus vielen Perlen, und unterwegs fällt mir ein, daß ich ja nichts für beide Kinder gehabt hätte und die eine Kette mir nichts genützt hätte, da ein Kind gekränkt gewesen wäre. Später gehe ich wieder in die Gegend, in Bankreihen im Garten ist alles für Gäste vorbereitet, ich treffe auch einige Damen, die schon zur Einladung gekommen sind, man fragt mich, ob ich nicht hierbleiben wolle, aber ich finde Ausreden, bin sehr gekränkt, daß alle eingeladen sind außer mir. Zu einer Frau mit einem italienischen Namen sage ich, es sei überhaupt nicht nötig zu sagen, daß ich hier war.

[19.]

Ich bin in Salzburg bei den Proben zu Henzes neuer Oper, es überrascht mich, daß das Libretto, das ich für schlecht hielt, doch von ungeheuer starker Wirkung ist, es wird eine Szene gespielt, die wild und verrückt ist, zuletzt wirft sich eine Frau auf die andere und der Akt endet mit ihrem Gesang » .... is a symbol«. Ich gehe durch die Bankreihen hinaus und zu dem Regisseur, sage, daß das Wort Symbol alles um die Wirkung bringt und daß es nicht verwendet werden soll. Andere Bekannte gehen auch aus dem Theater und jeder sagt, oder fragt etwas, alle sind der Meinung, daß dieses Werk großartig und genial ist. Später stehe ich mit dem Regisseur an einer seltsamen Maschine, die ich nicht gleich bedienen kann, lerne die Hebel richtig zu bewegen, es hat etwas mit der Inszenierungsarbeit zu tun.

Jemand kommt und fragt, ob ich nicht mit Herrn X, einem Filmmann, sprechen könnte, der dringend etwas von mir möchte. Ich sage ja und gehe in das Haus der Firma und erwarte, gleich vorgelassen zu werden, aber plötzlich scheint keins der Mädchen zu wissen, wer ich bin, man läßt mich warten, sagt, Herr X. habe keine Zeit, ein Mädchen fragt, ob ich denn Beziehungen habe, und ich erkläre, dazu bedürfte es keiner, im Gegenteil, man habe mich rufen lassen. Während ich warte, erkundigt sich ein ganz junges Mädchen nach dem, was ich mache, ich wundere mich über ihre totale Unkenntnis und fange ein Verhör mit ihr an, ich frage sie zuerst wahllos aus. Sie fragt: ob sie denn schon anfangen solle, in ihrem Alter, zu lesen, und ich antworte, das sei höchste Zeit, damit hätte sie schon längst anfangen müssen. Ich denke, ich müsse sie gezielter fragen und sage: Nennen Sie mir zwei lebende deutsche Schriftsteller. Sie sagt: Heinrich Böll und Höllerer. Mich wundert, daß sie Höllerer nennt, wieso sie den überhaupt kennt, aber zum Beispiel nicht Günter Grass. Und ich frage dann ironisch weiter, sie wird immer unsicherer und hat zuletzt einen Zusammenbruch, – sie wird von mir und anderen, halb ohnmächtig, durch die Stadt gefahren, sie liegt auf einer fahrbaren Matratze auf dem Bauch, gestützt von einem langen Kissen und ist in einem erbarmungswürdigen Zustand. (Die Stadt ist vermutlich Zürich.)

P.S. zu Salzburg: während alle die Oper loben, denke ich, so haben sie jedesmal eine neue Sache gelobt, immer hat es geheißen, das ist jetzt das Beste, es war auch beim Jungen Lord so und ist bei der Auden-Oper so.

10 *gestützt*] gestürtzt

BRIEFE, BRIEF- UND REDEENTWÜRFE

[20.]

Ingeborg Bachmann
Berlin 33
Koenigsallee 35

20–5–65

Herrn
Dr. Helmut Schulze
Augustaplatz 2
757 Baden-Baden

Lieber Herr Dr. Schulze,

Sie sehen, die Dankbarkeit fängt schon damit an, daß der Patient keine Nachricht gibt. Aber zugleich ist das beinahe ein Zeichen dafür, daß es einem gut geht.

Als ich wegging aus Ebersteinburg, wollte ich am selben Abend noch zurücklaufen, um weder ins feindliche noch ins freundliche Leben hinaus zu müssen. Aber dann ist die Ablösung doch gelungen, und die viele Arbeit, die mich in Berlin erwartet hat, die Opern-Strapazen habe ich gleich ganz gut durchstanden.

Sonst hat sich auch manches verändert, ich denke nur mehr selten an die Misere, sie beschäftigt mich nicht mehr. Ich könnte auch sagen, daß ich das Interesse an mir selber mit verloren habe und nur mehr an die Arbeit, die Termine etc. denke.

Meine Angst vor Rückfällen ist allerdings noch da, und sie führt dazu, daß ich diesmal wirklich jeden Tag alles mache, was Sie mir aufgetragen haben. So viel Disziplin hätte ich mir gar nicht zugetraut. Darf ich Sie in den nächsten Tagen anrufen und mich ein wenig mit Ihnen unterhalten?

[21.]

Ingeborg Bachmann
Via Bocca di Leone 60
ROMA / Italia

29–11–65

Lieber Herr Dr. Schulze,

seit unserem Telefongespräch geht es mir sehr viel besser. Auch diese anstrengende Übersiedlung macht mir erstaunlicherweise trotz aller Mühen und schlafloser Nächte nichts aus. Schlimm war eben nur die Sache, über die wir gesprochen haben.

Vor der Abreise wollte ich Ihnen beinahe verraten, daß ich für Sie doch ein Geschenk gefunden habe, von dem ich meine, daß Sie es nicht als närrisch, sondern als nützlich empfinden können. Ich habe die Ausgabe jetzt durchkontrolliert. Es ist diejenige, die für wissenschaftliche Arbeiten die einzig richtige ist. Vier noch fehlende Bände kommen im Lauf des nächsten Monats als Nachzügler.

[22.]

Caro Dottore,

danke vielmals für Ihren Brief und die Fotokopien. Mein Verleger war damals schon abgereist. Ich bin ganz froh darüber, denn wahrscheinlich hätte ich ihm das nie erklären können, er ist ja kein Psychiater, sondern eben eine Person, die an das »Wahre, Gute und Schöne« glaubt, im übrigen hofft, daß alles doch nicht so schlimm sei und daß ich ein neues Buch bis zum Herbst habe. Das hoffe ich auch. Aber auch nur das. Zu den Briefen fällt mir eigentlich nichts ein, seis weil ich zu abgestumpft bin, seis weil mir das alles wie ein einziges cauchemar vorkommt, noch oft, noch immer.
Das einzige, was ich, an Sie denkend, tun kann, ist: mich heraustrainieren, so gut es eben geht, und das versuche ich wirklich. Und da ich so schnell nicht lernen werde, mich zu wehren, versuche ich zu verstehen. Oder zu vergessen.
Oft denke ich an unsere Unterhaltungen im allgemeinen, und dann fällt mir auch ein, daß ich einiges nicht ganz gesagt habe, ja daß man es überhaupt nicht kann. Ich sagte Ihnen schon, daß mir einiges erst aufgefallen ist, nachdem Sie mir die »Krankengeschichte« gezeigt haben, und so zum Beispiel, meine wahnwitzige Angst, ermordet zu werden, die langsam abnimmt, aber immer wieder auftaucht. Und zugleich fällt mir ein, daß mir vor lauter Unglück und »Erleiden« etwas halb und halb entgangen ist, das ist, was man gemeinhin den Haß nennt. Daß es mir entgangen ist, das hängt wohl damit zusammen, daß ich mich dauernd mit dem beschäftigt habe, was man mit mir gemacht hat, und jetzt bemerke ich mit Schrecken, wie sehr ich hasse, wie sehr

ich alles mobilisiere an Verstehen, Wissen, Einsichten, Mitleid, um dieses Gefühl unterdrücken zu können. Wenn das überhaupt noch ein Gefühl ist. Es ist ja nichts dergleichen. Es ist eine Zerstörungswut ohne Sinn und Ziel und ohne Ventil. Ich sitze hier in einem Zimmer von Frau Auer, in dem liegt eine Platte von diesem Menschen, mit seinem Bild, mit dem Titel dieses Buchs, und ich wollte sie heut zertreten, natürlich tut man das nicht, man tut ja nie etwas, was man möchte. Man zündet sich höchstens eine Zigarette an, um sich zu beruhigen. Was macht man mit so viel Haß? Der muß aufgelaufen sein, wie unterirdische Rechnungen auflaufen, ich weiß nicht, wann das angefangen hat.

Etwas andres hat mich manchmal gestört, das geht auf eine verjährte Unterhaltung mit Martin Walser zurück, fremder Länder wegen. Es ist natürlich richtig, daß man nicht Schauplätze wählen soll, die touristisch sind, auch wenn sie so, mit allen Vorbehalten, eingeführt werden. Ich habe auch nicht die Absicht, dieses Buch länger als hundert oder zweihundert Seiten außerhalb von Österreich »stattfinden« zu lassen. Aber es gibt dennoch etwas, was es rechtfertigt, so scheint es mir, nicht einer Exkursion wegen, sondern weil man etwas treffen will, das eine oder mehrere Personen trifft, einen Ausflug, der nicht mit der Haut und den Augen, sondern ja womit – also mit etwas andrem gemacht wird. Wir sind ja nicht nur aus Grünwiesel und Klagenfurt und Mecklenburg (verzeihen Sie), unsre Köpfe haben ja auch Herkunft und die Köpfe vor uns. Und wir operieren ja andauernd mit Worten und Vorstellungen, die nicht nur aus unsren Marktflecken kommen, sondern aus der Geschichte, oder, wie ich lieber sage, aus unsrer Geologie. Ich habe früher etwas über Jerusalem erfahren als über den Großglockner, und meine Erkundigungen, die ich über die Kärntner Seen vor kurzem eingezogen habe, sind Nachzügler, verglichen mit meinen Kenntnissen, wenn auch märchenhaften, über das Rote Meer. Es gibt also sicher Dinge, die nicht außerhalb liegen, sondern die sich in uns überlagern und schon früh überlagert haben.

Etwas andres, weiter hergeholt, das ist, was ich die S-Bahn nenne, seit ich mit Ihnen von dort drüben nach hierher gefahren bin, wahrscheinlich haben Sie das vergessen, aber wir haben ein wenig geredet davon, daß man über Menschen nichts weiß, d.h. schon das Einfachste nicht weiß, also nicht, was darstellbar ist, das Einfachste schon nicht. Damit kann man alle Kulte treiben, mit Wissen und Nichtwissen. Mit Oberfläche, behavior, mit Einsehen, Hineinsehen, mit allem. Es ist ja auch das meiste schon getrieben worden, mit manchem Erfolg. Mir kommt alles gleichrangig vor, weil gleichermaßen unzulänglich, gleichermaßen erfolgreich. Man kann einen Tisch zutodbeschreiben, man kann einen Menschen zutodbeschreiben, von allen Seiten. Wie aber soll man sie lebendig schreiben, in dem Rahmen, in dem ja nichts lebendig ist und alles Übereinkommen, zu dem man Leser überredet.

Der Satz von Valéry, die Marquise betreffend oder war es eine Gräfin, die um fünf aus dem Haus geht – der kommt mir sehr töricht vor. Denn natürlich ist er unsinnig und unqualifizierbar. Aber jeder Satz ist es. Um fünf Uhr oder zu keiner Zeit, Marquise oder Alge oder was auch immer, und Haus oder nicht oder ging oder nicht. Der Buchdeckel ist ja davor, und einer ist dahinter. Dazwischen kann man sich nur etwas anmaßen, sonst kann man bestenfalls noch sein bestes tun. Und eine andre Sache, die hat mich jahrelang geärgert, das war die »Psychologie«, in Wien sagten wir zum Scherz, die »Püschologie«, die von unsern Kritikern zutodgeritten wird, weil sie einfach annehmen, daß etwas psychologisch ist und etwas andres nicht. Getröstet hat mich ein Satz bei Brecht, eine Anmerkung vielmehr, die mir bewiesen hat, daß es gottlob Schriftsteller gibt, die unterrichtet sind – er schrieb an dieser Stelle etwas von »alle Psychologien«, d. h. allen, die uns bekannt sind. Denn es gibt doch nicht die Psychologie, außer für einen, der ein Fach wählt, so wenig wie die Philosophie. Und wählt er ein derartiges Fach (das habe ich getan, beide), dann weiß er auch ziemlich bald, daß es »die« nicht gibt, sondern zahlreiche. Und es gibt keinen Schriftsteller, der außerhalb der einen oder mehrerer Psychologien etwas von sich geben kann. Auch wenn er keine Ahnung von dem Stand dieser Wissenschaft hat – er tut es. Der »nichtpsychologische Roman« ist eine Fiktion, an den die Kritiker glauben, weil sie Wörter brauchen und Schlagwörter vielmehr. Und der absurdeste Dialog hat noch Psycho – Logik. Nur eine andre als die, die vorher im Schwang war. Aber früher waren tatsächlich die Schriftsteller weiter als die Psychologie, und heute ist die Psychologie noch nicht ganz eingeholt worden von der Literatur. Es wird noch nachexerziert. Von uns allen. Natürlich wäre es schön, wenn man über diese Unbekannte, die Krone der Schöpfung, endlich etwas mehr wüßte, und seis, warum er wegen einer schlechten Magensäure in Unmut versetzt wird und warum gar jemand tötet und warum überhaupt jeder tut, was er tut, denkt, wie er denkt, handelt, wie er handelt. Und was alles dahinter ist, unbeschreiblich wirklich, weil es noch nicht erkannt ist. Es kommt mir aussichtslos vor, hinter diese Ungeheuer zu kommen, seit ich soviel weiß, faktisch weiß, und es müßte schon eine enorme Einbildung geben, um einen Zipfel davon erwischen zu können. Eine, die abspringt von dem, was man wissen kann, um sich den Rest einbilden zu können.

Für mich ist aber dieser Beruf in Trümmer gegangen, ganz und gar, wie für einen Puritaner die Welt in Trümmer geht, wenn man ihn nach Sodom und Gomorrah versetzt und sagt: so sieht das aus, so in Wirklichkeit. Nun würde ich gern ein Puritaner sein und ein wenig verschreckt werden, aber das war ich ja nie, nur in einem einzigen Punkt, und das habe ich nicht gewußt. Da hat das Überraschungsmoment seine Chancen. Und die ältesten Geschichten sind eben wahr, die von der einzigen Stelle, an der man tödlich verwundbar ist.

Ich habe keine »Krisen« und schon gar keine Schreibkrise, nie gehabt, eben nur die Problemchen, die wir alle haben vor der Schreibmaschine. Und sonst wünsche ich niemand, daß ihm das zustößt – von dem, was er tun kann, die niedrigste Meinung zu haben und etwas darüber zu denken, was man anstandshalber nicht ausspricht. Denn der Anstand wird uns ja bis in den Tod regieren.

Heute setze ich mir die »Termine«, wie ich mir früher die Selbstmordversuche gesetzt habe, das ist, in den Augen dieser Welt, ja ein Fortschritt. Und äußerst gesund. Ich merke schon, wie Arzt und Freundin aufatmen, also ist sie über den Berg, sie arbeitet. Das kann man wohl sagen, aber über diesen Berg wollte ich nicht kommen, auch wenn ich doch über ihn kommen sollte. Dafür werde ich mich so verachten, wie ich die schöne Literatur verachten gelernt habe. Denn ich habe keine Ausrede, und ich kann mir keine zurechtzimmern wie die anderen, denn man kommt nicht aus einer saison en l'enfer zurück und sagt: da war nichts.

Das Ägypten übrigens, das ist jetzt ganz ins erste Buch hineingegangen, und es wird kein Bericht, keine Aufzeichnung.

28 *en*] dans

Aus allen Teilen der Welt, auch wenn sie wenig bekannt sind, ist ja nichts mehr mitzuteilen, und wenn unsre Reporter auch schlechte Arbeiten machen – man ist nicht mehr Marco Polo, die Welt ist entdeckt. Man gerät nur manchmal auf sandige Pisten und ist dann wieder der erste dort. Das ist aber auch alles. Man kann auch der erste in Friedenau sein. Es ist nur zugänglicher, kontrollierbarer.

[23.]

Caro Dottore,

heut habe ich es doch getan, ich dachte zu Mittag schon, ich sei ganz weit weg davon. Und als ich es Ihnen sagte, da dachte ich wirklich, ich sei dazu nicht mehr imstande, aber heut abend habe ich es plötzlich getan. Nicht weil es Ihnen gefallen könnte, es war stärker als das, – Sie wissen ja, ich leide nicht an Fixierungen, und ich bin auch nicht sehr »gehorsam«. Es ist mir jetzt auch egal, was Sie drüber denken und was irgendjemand drüber denkt. Es war meine erste Handlung in all den Jahren. Ich habe nicht einmal einen Hauch von schlechtem Gewissen. Es könnte auch sein, daß ich zum erstenmal lüge, wenn Frau Auer kommt, oder ich sage es ihr, ich weiß es nicht. Es ist mir alles ziemlich gleichgültig, ich bin nur froh, daß diese Platte kaputt ist und im Mistkübel liegt. Ich habe nicht gedacht, daß es so leicht ist. Es ist so leicht, und ich bin so froh, ich höre endlich eine Musik, die mir gefällt, die mich froh macht, und ich bin froh, daß diese Platte (deren Anwesenheit) mich nicht mehr vernichtet in dieser Wohnung, die doch einmal eine andre Wohnung war.

Ich will leben, ich will nicht mehr sterben, und ich wollte immer sterben, immer deswegen. Und es ist keine Ausrede, ich will einfach leben, weil ich zu lang in der Hölle war. So sehr kann man sich auch durch einen Arzt nicht verstanden fühlen, um am Ende nicht zu sagen: was weiß denn jemand – was weiß denn irgendjemand von diesen wahnsinnigen Leiden, von diesem ganzen Wahnsinn, der ja nicht aufhört, von dieser Besessenheit, auf die nur die mittel-

altersten Begriffe zutreffen können. Es ist eine Besessenheit, man ist wirklich besessen, anders wüßte ich es nicht auszudrücken – es hat so wenig zu tun, mit dem, was man heute über die Menschen weiß. Früher hat man vielleicht mehr gewußt, ohne etwas zu wissen.
Ich versuche immer, es aufzulösen, aber darunter ist doch etwas, was man nicht auflösen kann. Wir sind wahrscheinlich viel älter, als man es uns zubilligt, viel großartiger, viel törichter, – sehr wenig die Personen, die man durchanalysiert. Ich habe oft das Gefühl, daß darunter, wie für die Geologen, etwas an Gestein ist, an das man nicht herankommt, weder mit Worten noch mit dem Springen ins kalte Wasser. Ich weiß wirklich manchmal nicht mehr, wer wir eigentlich sind. Und manchmal versucht man sich zu helfen mit den Klassikersätzen »der Mensch ist ein dunkles Wesen«, aber das klärt auch nicht viel auf. Ich weiß bloß, daß ich extrem stolz und extrem demütig bin, und das heißt auch noch nichts. Ich möchte etwas Ungeheuerliches, in dem das beides enthalten ist, und ich komme auf dieser Welt nicht an die Wirklichkeit heran, die für mich die einzig wirkliche ist. Nur in der Musik ist etwas für mich da, etwas von dem, was ich meine, sonst nirgends. Und sonst denke ich bei allem, mit einem irren Zynismus, maintenant je peux dire que l'art est une bêtise. Das ist auch eine Obsession, der einzige Satz, an den ich denke, wenn ich schreibe, jetzt, – der ist von Rimbaud, und der war ja wohl total verrückt und ist in die Wüste gegangen, und dahin möchte ich noch immer, immer. Immer denke ich an die Wüste, ich laufe zwar hier über die Hügel, und im Schwarzwald war ich auch schon sehr vernünftig, aber wenn die Sonne untergangen ist und wenn es schön war, habe ich mir die Landschaft umgedreht und an die Wüste gedacht.

Auch das kann man natürlich rationalisieren, die Belastung, denn Sie wissen ja wohl noch genau, wie schwer es ist, dort zu überleben, aber ein paar Tage lang habe ich dort gelebt, so wie ich leben möchte. Damals war ich sogar gesund, zum erstenmal, ich war eben so gesund, wie jemand, der krank ist und es sich nicht mehr erlauben kann. Ich wollte überleben. Aber ohne diese dauernden Hintergedanken wie hier, überleben und all das. Es war so schwierig, so verdammt, daß ich plötzlich gemerkt habe, wie stark ich bin. Ich hätte nie mehr zurückkommen sollen. Das war meine Welt, und diese Welt hier hasse ich, ich bin dafür nicht gemacht. Ich kann hier manchmal nicht leben, weil alles so klein und nichtswürdig ist, ich kann in dieser Literaturwelt nicht leben, die mich anekelt, unter diesem Gesindel, – ein einziger Gedanke an die Wüste macht mich »krank« in dem besten Sinn, dort war alles wahr, alles richtig, alles tödlich, alles gesund. Dort hat man keine Neurosen, immer denke ich an die Tage, wie die paar letzten Europäer zusammengebrochen sind, (sehr gesunde, junge), und ich habe es ausgehalten, ich war plötzlich gesund. Das bestätigt ja wohl Ihre Theorie, aber wie komme ich noch einmal an diese Wirklichkeit heran? Wie denn?

Was ich Ihnen sage, das ist wohl alles wahr, aber auch der Gedanke an Skifahren und Wasser und Berge und gute Luft – der macht mich eigentlich auch trübselig. Das ist ja auch nicht mein Leben. Es ist nur um ein paar Grad besser als dieses Ersticken in Rom oder Zürich oder Berlin. Seit ich in Rom mit aller Habe angelangt bin, ist mir alles sehr deutlich geworden. Ich will das auch nicht. Ich will etwas andres. Ich habe immer Mehr wollen, immer Mehr, ich bin ganz ungeeignet für alles hier. Voglio un'altra cosa, voglio tutto. E tutto per me è il deserto. Ich habe immer gedacht, es gebe keine Entsprechung dafür, was ich will, aber die Wüste ist die Entsprechung. Es gibt sie, und ich sitze hier und halte Termine ein und mache mich glauben, daß es die Literatur gibt. Die gibt es für mich nicht mehr. Ich bin aus diesem Paradies gefallen. Und nichts mehr wird mich überzeugen können, daß es sie gibt. Wenn ich noch schreibe, und das tu ich ja, (warum eigentlich, – weil alle, die es gut meinen, es von mir erwarten?!) – es kotzt mich an, ich mag das nicht, ich mag nicht tun, was die anderen tun, das ist es. Ich will etwas ganz anderes. Ich will etwas unendlich Schönes und etwas unendlich Herrliches haben, und das habe ich in der Wüste gehabt, seit man mir die Literatur genommen hat. Ich meine natürlich nicht die »Literatur«, sondern Schreiben, das war für mich etwas, das war so schön. Aber wie kann das je mehr schön für mich werden? Könnten Sie denn noch einen einzigen Patienten gesund machen, wenn man Ihnen den Boden unter den Füßen wegziehen würde, Ihnen begreiflich machen würde, daß Ihr Beruf, den Sie doch so lieben, wie ich meinen geliebt habe, etwas Abscheuliches ist? Wer möchte mit einem Metzger verwechselt werden? Das ist es, was die neuen Anfälle macht, und ich will weg, einfach weit weg. Ich will gar nichts mehr schreiben. Zwar weiß ich, daß ich das beste Gedicht vor eineinhalb Jahren geschrieben habe, aber bis heute habe ich es nicht einmal abdrucken lassen. So weit kommt es. Ich weiß nicht, ob Sie die Bräuche in unsrem Beruf kennen, aber jeder hätte es längst einer Zeitschrift zumindest gegeben. Ich kann nicht einmal das. Vorgelesen habe ich es, aber ich will es nicht drucken lassen. Ich will nicht, wenigstens streckenweise, was die anderen wollen. Eines Tags gibt man es dann doch her, aber ich will nicht.

1 dafür] für

Ich will einfach nicht mehr. Ich will zu den Fellachen und den Sand sehen.

Sollte ich doch bis Ende März mein Buch fertig haben, sollte ich doch alles tun, was man mir zumutet – ich will nur noch Geld, soviel Geld, damit ich weggehen kann. Also sehr viel Geld. Was ich jahrelang für mein privates Unglück gehalten habe – ich halte es nicht mehr dafür. Es ist ein viel größeres Unglück. Es stimmt hier nichts mehr. Wäre bloß Herr F. mein Unglück, das wäre zu ertragen. Aber es reicht ja weiter. Es ist bloß die Stellvertretung für eine Mentalität, die ich verabscheue, an der ich nicht zugrundgehen möchte, so nicht, obwohl ich meistens denke, ich bin schon tot. Ich will so nicht zugrund gehen. Ich wollte Herrn U. schreiben, aber ich kann es nicht, zuerst dachte ich, es sei eine Frage des Niveaus, das ist es sicher auch. Ich kann nicht da hinunter, wo die Geschäfte gemacht werden. Wo »Abfindungen« angeboten und gekündigt werden. Das übersteigt mein Vorstellungsvermögen. Aber es geht eben wirklich viel weiter.

Es ist eine Frage von »kann man unter solchen Menschen leben« oder kann man es nicht. Ich komme mir vor wie einer, der in eine Mördergrube gefallen ist. Ich habe mit dem nichts zu tun, und ich verstehe nicht, wie je jemand glauben konnte, ich könne in dieser Welt leben. Alles was ich zu danken habe, das hat mit Geld nichts zu tun, ich danke Ihnen und einigen Freunden, und Ihnen verdanke ich es sicher, daß ich noch lebe. Aber das ist ja auch nicht genug, ich möchte gern wissen, für mich, warum ich noch lebe.

[24.]

Caro dottore, lieber Helmut,

ich danke Ihnen allen für das Telegramm zum Geburtstag und Uli für den lieben Brief, ich antworte bald.

Zuerst muß ich aber einiges abladen. Das Gute: die Beine, resp. das Bein, ist schon ganz in Ordnung gekommen, es hält auch Spaziergänge aus, kann schwimmen, es gibt noch eine letzte Schwierigkeit bei der Gymnastik, aber das dürfte auch vorbeigehen. La »Stimmung« è molto bene, ich bin braungebrannt, fröhlich, freue mich zum erstenmal wieder über Rom, über mein neues Leben und baue zäh an meinem Nest in der Via Bocca di Leone, voller Liebe, und obwohl ich es schon wußte, was Nestbau für mich ist – in der Praxis zeigt sich die Wichtigkeit erst ganz. Hie und da schaukelt die Gesundheit, es gibt stundenweise die alte Unerfreulichkeit, und die Gründe sind teils durchschaubar, teils nicht. Die schlechteste Zeit hatte ich, als Pierre hier war, und das wird nun ein ganz schönes Problem. Darüber später. Ich schreibe Ihnen auf, wann mir ganz schlecht wurde:

1. An meinem Geburtstag, in einem Restaurant auf dem Land, ich wollte absichtlich nach Neapel, wo die schlimmen Dinge mit F. angefangen haben, denn ich habe mich dort nicht mehr hingewagt, aus Angst, es wiederzusehen. Das ging aber recht gut. Auf der Weiterfahrt nach Paestum (immer mit Pierre) ging es auch, aber beim Essen kam ich durch einen Gang ins Restaurant zurück und kehrte um, weil ein aufgeregter Haufen von Italienern eine Frau, der schlecht geworden war und die entsetzlich stöhnte und gehalten wurde von zwei Männern, mir den Weg versperrte. Dann ging es

plötzlich zuende mit mir, ich brachte kein Wort mehr heraus, bedeute Pierre, er solle nicht mit mir reden und mich allein lassen, ich ging rasch an den Strand und rannte eine Stunde lang herum, bis mir besser wurde und schwamm, aber man darf mich nicht ansprechen daraufhin. Am Strand passierte noch etwas, einer der ewigen Italiener, die einem nachgehen, sprach mich an, aber nicht auf die übliche Weise, sondern er ging immer weiter mit, hatte einen Stock in der Hand und verfolgte mich eine halbe Stunde lang auf dem Rückweg und war so scheußlich, ein Kretin fast, daß ich zuletzt ins Meer hineinging und dort weiterwatete, dann kam er mir nach ins Wasser, und ich rannte wieder heraus, am Strand nahm ich ein dickes Stück Holz und war plötzlich so verzweifelt, daß ich dachte, ich sei fähig, es ihm an den Kopf zu werfen, erreichte aber ohne Zwischenfall das stabilimento von Paestum und dann war es vorbei.

2. Das war vor zwei Tagen, ich ging mit einem Bekannten essen in eine kleine Trattoria, die fast leer war. In unserem Raum saßen nur ein Herr und eine Dame, ⟨ ⟩

[25.]

2 Vorfälle, bei denen mir schlecht wurde:

1. ich gehe abends, sehr vergnügt, mit Herrn B. in eine kleine Trattoria essen. In dem Raum sind nur zwei Tische besetzt, unserer und weiter weg, an der Wand, dinieren ein Herr und eine Dame. Nach kurzer Zeit fange ich zu zittern an, kann Herrn B. nicht mehr zuhören, fahre mit den Händen hysterisch über die Tischdecke, lasse mir ein Glas Wasser kommen, stöbere die Handtasche durch, finde eine Tablette (die eiserne Reserva, zufällig bei mir). Ich versuche zu antworten, merke, daß ich nicht mehr reden kann. Ich höre nämlich deutlich zwei Männerstimmen, schaue irre herum, es sind aber nur der Herr und die Dame im Raum. Eine unbeschreibliche Panik, ich glaube, eine Sinnestäuschung zu haben, meine verrückt zu werden. Ich nehme die ganze Kraft zusammen, auf die Gefahr hin, Herrn B. aus dem Konzept zu bringen oder für verrückt zu gelten und frage: hören Sie auch immer zwei Männerstimmen, obwohl da nur ein Mann und eine Frau sind?
Zu meiner Überraschung sagt er ja, er habe es auch wahrgenommen, die Frau ist keine Frau, sondern ein Transvestit oder etwas dergleichen, sie hat nicht nur eine männliche Frauenstimme, sondern wirklich unverkennbar eine Männerstimme. Nun hätte mich das beruhigen müssen. Die unerwartete Bestätigung hätte mich ruhig machen müssen, aber die Übelkeit wird immer schlimmer, es ist eben die Lawine, die schon Rollen ist. Ich bitte Herrn B., mit mir wegzugehen, in einen anderen Raum, und er ist so klug oder aufmerksam, nichts zu fragen, wir wechseln den Tisch, reden dann darüber, ich versuche zu erklären, daß mich dran

nichts schockiere, etc., und wir reden eine Weile über solche Leute, und die Tablette tut ein übriges, nach einer Weile finde ich das Gleichgewicht wieder.

Aber auch später, beim Nachdenken über diesen komischen Vorfall, finde ich keine Erklärung für meine Übelkeit und Aufregung.

2. an meinem Geburtstag bin ich mit Pierre in Paestum, in einem wunderbaren Restaurant neben den Tempeln, sehr fröhlich, störend ist ein großer Italienertisch, an dem fürchterlich durcheinandergeschrien wird, zumindest drei Familien schwätzen durcheinander, a tutto volume, ich rede aber mit Pierre und lobe das Essen, etc., aber langsam wird mir übel, das Zittern kommt, und bevor es ganz arg wird, stehe ich auf und entschuldige mich, unter dem Vorwand, mir die Hände waschen zu müssen, ich finde auch schwankend die Toilette, nur zu dem Zweck, um abzuwarten, bis »es« vorübergeht, sammle meine Nerven ein und gehe schließlich wieder zurück ins Restaurant. Im Gang kann ich nicht weiter, er ist ganz verstopft von aufgeregten Menschen, und ich sehe noch, daß eine Frau, stöhnend und jammernd, von anderen gehalten wird, alles ein bißchen überdramatisiert wie oft in Italien. Ich bin wie erstarrt und suche dann einen Rückweg und gehe ums Haus herum, zu einem anderen Eingang ins Restaurant, mit zusammengebissenen Zähnen, der große Italienertisch ist leer, weil die Frau darunter war, die abgeschleppt wird. Ich bitte Pierre, sofort mit mir wegzugehen, und nach ein paar Minuten sind wir auch draußen, aber ich kann nicht mehr sprechen, merke sein Nichtverstehen und bitte ihn, mich allein zu lassen, ich will allein am Strand spazieren gehen, laufen, tu das auch, eine Stunde

lang, es wird besser, aber auf dem Rückweg, in einer sehr einsamen Gegend, fängt der Dorfkretin mich zu belästigen an, mit einem Stock in der Hand, ich laufe wieder, er macht sich einen Spaß, mich ins Meer hineinzujagen, wo ich nur schwer vorwärtskomme, geht dann auch ins Meer, immer grinsend, mit dem Stock, und er sagt sowas wie (Ha paura? Sì, ha paura di me). Ich laufe wieder aus dem Wasser heraus und hebe auf dem Strand ein Holzscheit auf, plötzlich mit einer rasenden sinnlosen Wut. Ich laufe zwar weiter, suche immer Abstand zu gewinnen von ihm, aber plötzlich denke ich: wenn er mir jetzt zu nah kommt, werfe ich ihm das Scheit auf den Kopf. Und nach einiger Zeit erreiche ich total erschöpft Paestum, immer noch mit dem Scheit und bin froh, daß nichts passiert ist, daß ich das nicht tun mußte, aber ich kanns schwer beschreiben, was in mir vorgegangen ist, etwas von einem sinnlosen maßlosen Haß, von Furcht, alles vermischt, vernunftlos, es wiederholt sich manchmal schwächer auf Spaziergängen, wenn man mich nicht in Ruhe läßt, wenn ich nach Hause komme, bin ich so erschöpft, daß das geliebte Spazierengehen mir mehr geschadet als genutzt hat.
In der Stadt macht es mir nichts aus, angesprochen zu werden, aber auf dem Land bringt es mich um die Fassung.
Noch letzte Woche, in Castelgandolfo, ein schrecklicher Spaziergang, nicht nur daß jedes fünfte Auto anhält, sondern plötzlich machen sich zwei Jungen einen »Spaß« und fahren mit dem Auto direkt auf mich |zu|, um im letzten Moment bravourös einen Zentimeter vor meinen Schuhspitzen abzubiegen, zum Spaß, und ich war so erschrocken, daß ich nicht mehr weiß, wie ich nach Hause gekommen bin.
Ciao bella, nennt sich das Ganze, aber mir fehlt der Humor dafür. An den Tagen danach bin ich in Begleitung spazierengegangen, auch in ganz wilden Gegenden, und dann ist alles

gut, schön, ich bin wieder voller Neugier und Begeisterung für das Land, für jeden Weinberg, jedes Gestrüpp. Aber das sind die Ausnahmen, man findet hier kaum jemand, der mit einem geht. Man »geht« hier nicht, hält es für eine Spinnerei. Und ich möchte so gern laufen, das haben Sie mir eingeimpft. Das ist so schade, denn ich habe das Land entdeckt, aber ich möcht mich nicht fürchten müssen.

[26.]

Ingeborg Bachmann
Via Bocca di Leone 60
Roma / Italien

17–3–68

Caro dottore,
ich wollte Ihnen beinah nach Samaden schreiben, aber ich wußte nicht mehr den Namen von dem Haus, und der Brief ist mir zu wichtig, als daß ich ihn auf unsicheren Umwegen schicken wollte.

Um es kurz zu machen: mir fehlt gar nichts. Bitte betrachten Sie aber alles, was ich trotzdem zu dem »gar nichts« sagen muß, als zu unsren Akten gehörig, denn sonst kann ich nicht offen sprechen, und mit Ihnen muß ich das ja immer tun können und dürfen.

Was da, aus liebevoller Fürsorge einerseits (ich meine von Seiten Dr. Auers) und aus unmöglichen Indiskretionen und einigem berechtigten Ärger, der aber Indiskretionen nicht entschuldigt (von Seiten Dr. Unselds) an Konfusion entstanden ist, das kann ich mir zwar nicht ganz erklären, aber mit der Zeit habe ich mir einiges zusammengereimt.

An Herrn Dr. Auer habe ich einen beruhigenden, freundschaftlichen Brief geschrieben, mehr kann ich ja nicht tun. An Herrn Dr. Unseld einen sachlichen, in dem alles gesagt ist, was es zu verlagsinternen Dingen zu sagen gibt und zu unsren Abmachungen, mehr nicht.

Ich war allerdings sehr schockiert und ein paar Tage lang unfähig, ein vernünftiges Wort zu schreiben, weil ich es nicht vertragen kann, wenn über meinen Kopf hinweg Dinge besprochen oder gar beschlossen werden, die mich allein etwas angehen. In den letzten eineinhalb Jahren habe ich mir hier wirklich eine Basis geschaffen, ohne jede Hilfe, ich habe, trotz vieler unvermeidlicher Sorgen, immens viel gearbeitet. Außerdem habe ich erlernt, mit den Resten dieses malessere selber fertigzuwerden, denn natürlich geht es nicht immer so wie ich es mir zuerst erträumt habe, – so stabil und gesund wie vorher wird man wohl nie mehr danach.

Und daß ich aus dieser Misere herausgekommen bin, daß ich wieder leben und arbeiten kann, das verdanke ich Ihnen, niemand sonst, und darum kann ich Einmischungen sehr schlecht vertragen, auch wenn sie noch so gut gemeint sind. Ich würde sofort zu Ihnen fahren, wenn etwas nicht ginge. Aber es geht ja gottlob, und man soll dann einen Menschen, der seine Kraft und Konzentration für seine Arbeit braucht, nicht noch nervös machen und alarmieren mit völlig nebensächlichen Dingen.

So zornig, wie ichs sage, meine ich es nicht, aber da es mich bloß Zeit und eine so kostbare, gekostet hat, muß es eben heraus.

Wenn Sie gefragt werden sollten: bitte sagen Sie nur wenig, und das Wenige rücksichtsvoll, in der Hauptsache, daß Sie es wüßten, wenn ich Schwierigkeiten hätte, und ich sags Ihnen hiermit noch einmal, daß ich keine habe.
Da ich aber nicht einen x-beliebigen Roman schreibe, wie sie heute im Frühjahr und Herbst zu hunderten auf den

Markt geworfen werden, diesen Ehrgeiz auch nicht habe, der meine Kollegen plagt, also insomma und insgesamt die Maßstäbe des heutigen Literaturbetriebs mich völlig kalt lassen, sind die wirklichen Schwierigkeiten ganz andre, einsamere, bei denen mir Nietzsche und ein paar andre Geister beistehen, die mir und meinem Denken noch etwas zu sagen haben – und gängige Unterhaltungen über »die Arbeit« kommen mir daher auch abstrus, unsinnig und unmöglich vor.

Ich will damit nur sagen, daß das, was ich erreichen will, und ein noch ferneres Ziel, das zu hoch überhaupt nicht sein kann, mich unempfindlich machen müssen, in nebensächlichen Dingen, denn sonst werde ich mir nicht genug sein, sonst hätte es auch für mich wenig Sinn, diese ungeheuerlichen Anstrengungen gemacht zu haben, aus der Finsternis herauszukommen.

Sonst: ich mache jeden Tag meinen Spaziergang in der Früh, im Winter ist mehr in einer Großstadt leider nicht möglich, und in einem Monat will ich ein paar Tage wirklich Ferien machen und mich austoben, schwimmen, laufen, nur weiß ich noch nicht wo.

Die privaten Dinge gehen ganz gut, vor allem weil sie immer weniger Wichtigkeit für mich haben, sie schleifen so dahin, zu einer Entscheidung komme ich nicht, ich kann mir auch nicht vorstellen zur Zeit, was ich mit einem Mann anfangen soll, denn ich habe ja überhaupt keine Zeit.

Ihnen alles Gute, und so viele, viele herzliche Grüße

von Ihrer

11-12 sein kann,] sein,

[27.]

Sehr geehrte Herren,

ich habe darum gebeten, zu Ihnen sprechen zu dürfen, weil mir zum Bewußtsein gekommen ist, daß Sie zwar, und mit allen Erfahrungen und Ihrer Sachkenntnis, über eines der heikelsten Gebiete sprechen, ohne wahrscheinlich je die Geschichte eines Patienten angehört zu haben. Ich kenne heute unzählige Krankengeschichten, ich habe viele Kranke gesehen und ich war einer dieser Kranken, über die Sie zu befinden haben, die Sie zu heilen haben.

Nun haben Sie aber das Unglück, von der andren Seite wenig zu erfahren, von der des Patienten oder des Ex-Patienten, weil die meisten wohl nicht über Sprache verfügen oder nicht fähig sind, zu formulieren, und weil, wie es bei Kafka heißt, uns ja die Scham überlebt.

Mit meiner Geschichte, die nicht übler ist als so viele andre, werde ich Sie nicht belästigen, sondern ich möchte über Sie sprechen, die Ärzte, und weil ich die größte Hochachtung vor all den Bemühungen habe, den gütigsten, die ich erfahren habe, mit der gebotenen Kritik. Ich habe zum erstenmal daran gedacht, mich zu äußern, nachdem ein italienischer Schriftsteller, den ich ein wenig kenne, jahrelang verschollen war für alle seine Freunde, ein Buch geschrieben hat. Il male oscuro. Auch wenn Sie nicht italienisch können, – ich muß Ihnen den Titel nicht übersetzen. Es ist ein autobiographischer Roman, eine Odyssee eines Mannes, der sieben Jahre lang von einem Arzt zum anderen irrt, mehrmals operiert, am Ende, trotz seiner Intelligenz bei Kurpfuschern, Magnetiseuren etc. endet, bis er in die Hand eines Psychotherapeuten kommt, der ihn in relativer Zeit zurücktransportiert ins Leben, und ihm das, was er für eine unheilbare unheimliche physische Krankheit hielt, zu erklären imstande ist. Dieser Roman hat einen sensationellen Erfolg gehabt, leider, aber ein Erfolg ist immer ein Mißerfolg. Wenn man das Romanhafte abzieht, bliebe für jeden Arzt etwas übrig, eine penible präzise Schilderung von erschreckender Genauigkeit über die Zustände, die Sie in Ihren Aufsätzen und Büchern behandeln, Neurosenlehre und Psychotherapie.

Es ist, meines Wissens, das erste Buch, das darüber berichtet.

Ich habe nicht die Absicht, über meine Krankheit zu berichten, aber ich möchte Sie, die Anwesenden und Nichtanwesenden über etwas informieren.

Ich hoffe, Sie verstehen meinen Hohn auf meine Situation, die so äußerst angenehm war. Ein Arztfreund, Freund der Familie, gibt dem Chirurgen zu verstehen, daß eine Operation zu dem Zeitpunkt nicht günstig sei, aber der Chirurg, ein vorzüglicher, beruft sich auf meine Vernünftigkeit. Beachten Sie bitte noch oft die Vernünftigkeit. Und seien Sie gewarnt. Der vernünftige, der intelligente Patient ist, ohne es zu wollen, ohne zu wissen, wie gefährlich er dem Arzt wird, eine Pest. Und er ist sich selbst noch hundertmal gefährlicher. Er kann noch vernünftig erscheinen, während er schon die vierzig Nembutaltabletten in der Tasche hat. Er sieht alles ein, begreift alles, drückt sich vorbildlich aus. Er ist ein Wunder an Einsicht.

Die Operation wird gemacht, Gebärmutterentfernung, es gibt einige Tage mit Morphium, das nach dem ersten Tag keinen Eindruck auf mich macht, auch nicht mehr wirkt. Die Operation ist vorbildlich, alles gelungen, der Patient zwar nicht tot, aber in einer irrsinnigen Aufregung, Weinkrämpfe, Schreie, Verzweiflung. Der erste Psychiater wird zugezogen. Der erste. Ich weiß nicht, ob Sie, deren Leben mit Psychiatrie gepflastert ist, sich überhaupt vorstellen können, was es für einen Menschen bedeutet, und sei er noch so intelligent, zum erstenmal mit einem Psychiater zu tun zu haben. Der Psychiater: (der erste unter vielen) ein vornehmer Mann, ein Aristokrat. Man begeht die ersten Fehler. Vergessen Sie nie, daß ein Kranker entsetzliche Fehler begeht. Der Patient sagt also nicht die Wahrheit, murmelt etwas, weil ein moderner Mensch, von privaten Schwierigkeiten, die werden sogar mehrmals besprochen, alles hat den Anschein von üblicher tausendfacher uninteressanter langweiliger Ehekomik. Balzac sagt dazu etwas sehr Schönes, der alte Ladenhüter. Der Patient murmelt immerzu von Eheschwierigkeiten etc., er ahnt das geheime Gähnen und hat nicht die Courage, von dem einzigen Problem zu sprechen, das ihn wirklich betrifft. Er läßt sich Ratschläge geben, er hält sie nicht ein, das vor allem, er hält sich nicht einmal an die Ratschläge. Er geht dreimal pro Woche zu diesem großartigen Arzt und sagt nicht die Wahrheit. Warum sagt er sie nicht? Er sagt sie nicht, weil er jemand decken oder schützen möchte, den er liebt und nicht verurteilt wissen möchte, nicht einmal in den Augen eines Psychiaters. Er lügt also.

Das ist der Patient. Täuschen Sie sich nicht. Er lügt. Denn er weiß noch nicht, daß er sich schon seine Grube gräbt mit diesem Verschweigen. Der Patient lügt. D.h. er sagt die Wahrheit, aber nur einen so geringen und unwichtigen Teil, daß kein Arzt vermuten kann, was noch dahinter steckt.

So vergehen einige Wochen. Der Patient, Sie dürfen immer ruhig mich an dessen Stelle setzen, gibt seine Taktik nicht

15 geheime] hehemeine

auf, er schweigt und erzählt Nebensächliches. Eines Tages findet der Patient sich in einer Situation, die entsetzlich und grauenvoll ist, nicht weil er krank ist, sondern weil etwas geschehen ist. Er betrinkt sich, zwei Tage lang, dann geht er, halb folgsam, halb Rebellion, zu dem Arzt, er muß jetzt zum erstenmal etwas preisgeben. Und nun fängt meine Geschichte mit den Ärzten an, und die geht Sie an, meine Herren. Sie alle.

Er gesteht zwar nur die Hälfte, aber er redet endlich, und der Arzt, ein sehr bedeutender Arzt, versteht und versteht nicht. Er gibt einen Rat, der zwar allen und mir auch heute noch richtig erscheint, in einem bürgerlichen Kontext, aber er rät einem Verzweifelten, etwas zu tun, was diesen Verzweifelten eines Tags in ein noch größeres Unglück stürzen wird. Er hat seinen Patienten im Auge und er vergißt, daß es Teufeleien gibt, die moralisch nicht bewertbar sind, und die seinen Patienten eines Tags ans Messer liefern werden. Der Patient tut, was der Arzt ihm sagt. Dann reist er ab. Er hält alles für erledigt. Der Patient versucht ein neues Leben. Er trinkt wieder, er nimmt wieder Beruhigungsmittel, er ist nur noch ein Schatten, aber er lebt. Dann fängt die Teufelei an. Der Patient erfährt, daß der Rat des Psychiaters, der ein Moralist ist, ihn in ein neues Unglück stürzt. Das überlebt er noch ein paar Tage, dann hat der Patient plötzlich etwas, was er nicht versteht, einen furchtbaren Anfall, natürlich an einem Sonntag, ein Internist ist ein paar Häuser weit zuhause, rettet ihn mit einer Spritze, er wird eingeliefert. Es ist Mitternacht, es wird alles getan, EKG, Schlafspritze, man liegt in einem Krankenhaus, auf einer internen Abteilung. Man ist in einem Krankenhaus. Man weiß überhaupt nicht, was man hat, jeden Tag Erstickungsanfälle, Schwestern und Assistenzärzte stehen herum, bemühen sich, alles bemüht sich. Lassen Sie mich vor allem den Schwestern danken, ich versteh das ganze Theater nicht, das gemacht wird um Anonymität, ich kann Ihnen versichern, es gibt Krankenschwestern, die Heilige sind, und ich glaube nicht, daß man das für mich getan hat.

Dann kommt das Übliche, Sie kennen es, Durchuntersuchung, bis zum EEG, verzeihen Sie, daß ich ein wenig Ihre Sprachgebräuche kenne, man wird am Ende ja, ohne es zu wollen, ein Spezialist. Alles wird kontrolliert, immerzu, der Chefarzt ist ein bezaubernder Mann, er vertröstet einen von einer Woche auf die andere, am Ende sind drei Monate vergangen, man wird entlassen. Nach acht Tagen wird man, bei strömendem Regen, von zwei Neanderthalern mit Riesenkräften auf eine Tragbahre geschmissen und festgehalten, und da ist man wieder. Und dann kommen dem Patienten die ersten Bedenken. Drei Monate interne Abteilung, immerzu Mittel. Mittel, Spritzen, Medikamente, und auf der Rechnung steht ein Wort, – ich hoffe, Sie lachen – vegetative Dystonie. Dieses Wort habe ich angestarrt, und nun mögen Sie denken, was Sie wollen, das war etwas komisch. Ich wußte wirklich nicht, was das heißt. Und meine Herren, wenn es auf den internen Abteilungen so zugeht – mögen Sie noch lachen darüber, über die vegetative Dystonie. Und mag noch jemand lachen, wenn ich sage, ich habe nicht gewußt, was ich habe, ich war nur so irrsinnig verzweifelt. Und jedesmal, wenn die Ärzte und eben dieser Chefarzt mir sagten, das geht vorbei, das kennen wir alles, das geht allen Frauen so, die Mitte dreißig sind, das ist eben das Übliche, und wenn Sie in ein paar Wochen hier herauskommen, dann sind Sie wieder hübsch und so weiter. Aber ein einziges Mal wollte ich etwas sagen, (denn Sie müssen nicht denken, daß ein Internist ein Ungeheuer ist), und da hat man mir gesagt, aber so sagen Sie doch nicht, das geht doch allen so. Und nachts habe ich Briefe geschrieben, immerzu geschrieben und einen leider, der mir nachher auch das Genick gebrochen hat. Hätte ein Arzt mich ein einziges Mal gefragt, warum ich da liege, dann hätte ich doch niemals während einer halben Schlafkur einen Brief geschrieben, der unverantwortlich war. Es ging für mich um juristische Probleme, und man wollte mir weismachen, das sei eben eine Angelegenheit von Mittdreißigerinnen. Ich habe mit niemand sprechen können, aber ich hätte mit einem Arzt gesprochen, gewiß. Nur hat man mir immer gesagt, aber so reden Sie nicht, vergessen Sie alles, denken Sie nicht daran. Und ich hätte damals sprechen müssen, ich wäre in einem Monat geheilt gewesen, und weniger noch – ein vernünftiger Arzt hätte mir einen Anwalt geholt, und nichts wäre passiert. Aber dann bin ich aus der Klinik gekommen, und dann war ich wieder dort, und dann wieder draußen, aber da war ich zum erstenmal nicht mehr sicher.

Erlauben Sie, mit Rücksicht auf die Achtung aller Ärzte, die ich gehabt habe, keinen Namen zu nennen, keine Krankenhäuser, keine Orte.

Ich könnte beginnen: stellen Sie sich vor. Ein Mensch hat, ich also, einige schwierige private Dinge zu ertragen, er ist keineswegs krank, empfindet sich auch nicht als krank. Es geschieht nichts weiter, als daß er in eine für ihn unerträgliche Situation gerät, und ohne etwas mit dieser Situation in Zusammenhang zu bringen, sucht er einen Arzt auf. Der Arzt, ein Internist, macht wie es sich gehört einige Untersuchungen, gibt einige Spritzen, an die ersten erinnere ich mich nicht, gibt Tabletten, darunter zum erstenmal, was ich später als Psychopharmaka kennengelernt habe.

Ich, der Patient, nimmt die ein, zuerst selten, eben nur, wenn merkwürdige Vernichtungsanfälle vor dem Einschlafen auftreten, wenn irrsinnige Kopfschmerzen auftreten, die aber nicht Kopfschmerzen oder Katerschmerzen sind, wie wir sie alle kennen. Das tritt nur sporadisch auf. Eines Tags heißt es, der Patient, die sich ein Kind wünscht, könne keines bekommen, die, verzeihen Sie, daß ich Ihre Sprache noch immer nicht ganz spreche, medizinische Indikation sei nicht nur erlaubt, sondern geboten, die Operation aber nicht durchführbar, weil ein plötzlich erhöhter Konsum an Alkohol und Tabletten, Beruhigungsmitteln keine günstige Voraussetzung bietet. Ohne etwas zu wissen, weiß der Patient, der anfängt, in einem anderen Land zu leben, mit fürchterlichen Schrekken, Ängsten, daß er wirklich nicht operiert werden kann in diesem Zustand, und nach einem Selbstmordversuch, aus Kurzschluß, nicht sehr erheblich, wird er in eine Klinik gebracht. Diese Klinik, der Patient ist ein Privilegierter, kostet sehr viel, (und verzeihen Sie, wenn ich auf das Privilegiertsein noch zurückkommen werde, in jeder Beziehung, denn nur wer erlebt hat, was es heißt, privilegiert zu sein und wie ein Tier leiden zu müssen, kann sich einigermaßen vorstellen, was es heißt, kein Privilegierter zu sein und so leiden zu müssen). Der Privilegierte kommt also sechs Monate in einer fabelhaften Klinik unter, er spricht nicht, er wird gut behandelt, streng, aber gut, er soll für eine Operation fit gemacht werden. Der Privilegierte hat auch noch den Vorteil, zu seinen besten Freunden einige Ärzte zu zählen, ein unschätzbarer Vorteil, aber Sie werden sehen, daß dieses Kartenhaus auch zusammenfällt.

29 *zusammenfällt.*] zusammen.

[28.]

⟨ ⟩ Vernünftig war ich schon längst nicht mehr, denn mittlerweile war alles immer schlimmer geworden, ich war in einer tödlichen Panik, jeden Tag drauf und dran, Selbstmord zu machen. Und ich wollte nie mehr auf die interne Abteilung zurück. Gründe hätte ich damals keine angeben können, aber ich ahnte, daß etwas nicht stimmt. Meine einzige Sorge war, nie mehr in dieses Spital zurückzumüssen, obwohl alle so gut zu mir waren.

Dann ist es passiert, es war etwas Nebensächliches, ich las ein Buch, das zufällig in meinem Verlag erschienen war, eines dieser dümmlichen Bücher, vorn Theologie, danach dies oder jenes, dann ein Aufsatz eines deutschen Psychiaters.

Bitte lachen Sie nicht. Ich weiß heute, daß dieser Psychiater nicht nur bedeutend ist, was ich so vom Hörensagen wußte, wie Sie vielleicht wissen, daß ein Schriftsteller bedeutend ist – und ich bin sicher, es war kein guter bedeutender Aufsatz, sondern eben eine dieser Nebenarbeiten, die wir alle machen. Sehr allgemein. Trotzdem ist damals in mir etwas passiert. Nach zwei Jahren »physischer Krankheit« tauchte in mir der Verdacht auf, daß ich an etwas andrem leide. Ich habe nie wieder einen Aufsatz mit so kindischer Hysterie gelesen. Plötzlich war mir alles klar. Ich war ja nicht krank – ich war nur krank, aber ganz anders. Und niemand hatte mich je gefragt, warum ich leide, warum ich nachts aus dem Fenster springen wollte, warum ich heimlich einen idiotischen Brief geschrieben habe, den jeder vernünftige Arzt verhindern hätte können. Jeder Arzt, wenn er etwas gewußt hätte, hätte mir einen Anwalt genommen. In einem Monat wäre alles zu bereinigen gewesen. Und man hat mich hineingestoßen, ohne es zu wissen, in einen kompletten Wahnsinn.

Meine Herren, ich bitte Sie: sagen Sie den Internisten auf der ganzen Welt: es könnte sein, es könnte immerhin sein, daß ein Mensch nicht nur Erstickungsanfälle oder Kopfanfälle hat, – es könnte doch sein, daß er einen Therapeuten braucht, und zwar sofort. Je eher, desto besser. Das verwinde ich nicht, daß man mein Leben zerstört hat, weil man nicht begriffen hat, daß ich einer Räuberbande in die Hände gefallen bin, und man hat mir EKG gemacht und EEG und hundert Untersuchungen, aber niemand hat mich gefragt: was haben Sie denn, warum sind Sie so elend. Niemand. Und ich habe doch ausgesehen, ganz gewiß, wie ein zutodverwundetes Tier. Das war doch zu sehen. Muß man dazu ein Arzt sein?

Meine Herren, muß man denn wirklich ein Arzt sein, um das zu sehen, – und überlegen Sie sich, was einem Menschen in der Folge noch zustoßen kann, nicht Ihretwegen, aber Ihrer Kollegen wegen. Muß einer wirklich vier Jahre leiden, über alle Maßen, bloß damit am Ende jemand herausfindet, warum er leidet. In welchem Jahrhundert leben wir denn?

Ich weiß, Ihre Wissenschaft, so wenig gesichert, kaum noch eine Wissenschaft und in hundert Jahren wird man Sie auslachen, das gewiß – die hat es schwer genug. Aber ich habe etwas übrig, und nicht nur aus Erfahrung, für die Dinge, die nicht gesichert sind. Was mich erstaunt, das ist Ihr geringer Mut. Sie sollten viel mehr haben. In Ihren Arbeiten haben Sie ihn. Aber in der Praxis? Die Menschen leiden so sehr, daß Ihnen auch leider kein Gott zu sagen vermag, wie sehr sie leiden.

Il male oscuro: lassen Sie mich dazu etwas sagen, ein wenig. Glauben Sie niemals jemand, der theoretisch etwas darüber geschrieben hat. Niemand. Die Angst, die Sorgen ums Dasein, das Geworfensein – verzeihen Sie, ich habe nämlich meine Haut auch gelassen, nicht nur in einer Dissertation. Wie blöde erscheint das einem Menschen, alle diese Ausdrücke, Angst, etc. Bitte seien Sie, was Sie sein können, nämlich Ärzte. Es gibt die Angst nicht, aber der Kranke hat sie, dafür stehe ich ein, vor jeder Instanz. Und das ist nicht ein Wort unserer Philosophen, das ist etwas ungeheuer Animalisches – nein, verzeihen Sie, es ist etwas Menschliches. Es ist so sehr menschlich, daß man nicht mehr darüber reden mag. Denken Sie nie an Gott und an die Metaphysik, denken Sie an keinen Begriff, an nichts Überliefertes, denken Sie an gar nichts. Wenn Sie Ärzte sind, dann denken Sie an uns, darum bitte ich Sie. Ich darf Ihnen versichern, daß wir keine Begriffe haben, wir haben die Krankheit. Und wir brauchen den Arzt. Wir haben den male oscuro, und wenn Sie auch nie ganz verstehen sollten, was das ist: mit Ihrer Härte, in der das Mitleid aufgehoben ist, werden Sie dem begegnen müssen.

Mit der Härte, das sage ich nicht ohne Grund. Denn mißtrauen Sie uns, den Kranken. Wir sind sehr gewitzt, sehr verlogen, sehr raffiniert. Halten Sie das nicht für Zynismus, es ist das einzige, worüber ich weinen könnte, denn wenn man alles hinter sich gelassen hat, vermag man nicht mehr über die Torheiten auf dieser Welt zu weinen.

Und da ich oft genug gelesen habe, denn wenn man endlich weiß, was einem fehlt, fängt man natürlich zu lesen an: glauben Sie auch nicht an Ihren eigenen Zynismus, den Sie noch nicht einmal ganz erraten haben. Meinen Sie bloß nicht, wie recht im Detail Sie auch haben, daß diese Krankheit, nein, sagen wir es schon, die Neurose, aber wie Sie das morgen nennen, daß sie das ist, wofür Sie sie halten. Die Gesellschaft, der Sie mich manchmal zuteilen, die macht mich auch lachen. Und der Rest ist eben sehr traurig, den kennen Sie, ich bin nicht ohne Vergleichsmöglichkeiten, da ich vorher viele Male operiert worden bin, viele Schmerzen gehabt habe, verschüttet worden bin, und alles, was man so will von einem durchschnittlichen Individuum, das in diesem Jahrhundert lebt. Aber nichts, gar nichts ist dem vergleichbar, diesem entsetzlichen Schmerz, an dem ich seit vier Jahren leide. Das ist unvergleichlich. Darum denken Sie daran, daß, ob nun Herr Freud, Herr Adler oder Herr Pawlow recht haben, und darauf kommt es doch nicht an – daß diese Hölle für einen Menschen in keiner ihrer Krankengeschichten auch nur aufzutauchen vermag. Ich habe hunderte gelesen, aber Sie wissen nicht, wovon sie reden.

Glauben Sie mir: ich war in Prag, und weil ich alle Ärzte nur zu loben habe, Ihre große Güte und Ihre Fehler, und die Schwestern, nicht zu vergessen, diese Mädchen, die nicht die Idole unserer Zeit sind, aber die ich mehr bewundere als alle anderen: damals hat man mir zum erstenmal gesagt, was mit mir ist, an der Poliklinik. Man meint, das sei ein Schock für einen Menschen, aber für mich war es eine große Erleichterung. Es war das Ende eines zweijährigen Betrugs. Ich bin gefaßt zurückgefahren, und ich verdanke diesem Prager Neurologen, der der einzige unfreundliche Arzt war, alles. Er hat mir, nach zwei Stunden Untersuchung, die Wahrheit gesagt, sie notiert in englischer Sprache, mir gesagt, daß er mich nicht behandeln könne und daß ich gefälligst sofort in den Westen zurückreisen solle. Ich hoffe, Sie verstehen einen armen Wurm. Von diesem Moment an war ich wieder ein

15 *Sie*] sie Sie

Mensch. Ich wußte plötzlich alles, ich war froh darüber. Es war mir sofort klar, daß er recht hatte.
Das ist mein hommage à Praha. Eine sozialistische Poliklinik ist kein Vergnügen, das ist eine saison en enfer, aber die Wahrheit verträgt ein Patient sehr gut. Er verträgt sie besser als die Medikamente und Liebenswürdigkeiten, die Medikamente, die unverantwortlich machen, und immer wenn ich heute etwas tun muß, um herauszukommen, denke ich an Prag und an diesen Arzt, dessen Namen ich vergessen habe. Seit damals habe ich noch viele Wege machen müssen, ich habe einige Ärzte verschlissen, ich bin durch viele Behandlungen gegangen, aber die erste richtige Diagnose ist eine Erlösung.

KOMMENTAR

Zur Edition

Editorische Vorbemerkung

Im Band *»Male oscuro«. Aufzeichnungen aus der Zeit der Krankheit* werden erstmals Traumnotate, Briefe, Brief- und Redeentwürfe von sehr privatem Charakter aus dem gesperrten Teil des Nachlasses Ingeborg Bachmanns ediert. Diese Publikation steht am Beginn der Salzburger Bachmann Edition und nimmt auch deshalb eine besondere Stellung ein, weil es sich dabei nicht um ein geschlossenes Konvolut handelt, sondern um eine Zusammenstellung der beiden Herausgeberinnen. Dieser Spezifik entspricht auch die Anlage des Kommentars: In einem *Editorischen Bericht* werden die inhaltlichen Auswahlkriterien reflektiert, wird die Textkonstitution transparent gemacht und die Überlieferungslage skizziert; zahlreiche Faksimiles machen zudem die editorischen Entscheidungen der Herausgeberinnen nachvollziehbar. Das Kapitel *Entstehungszusammenhang* gibt Einblick v.a. in den lebensgeschichtlichen Kontext der *Aufzeichnungen*; dargestellt werden die Reflexionen der Autorin über ihre Krankheit und Therapieversuche mit dem Ziel, diese Erfahrung in ihrer Vielschichtigkeit zu beleuchten. Der *Literaturwissenschaftliche Kommentar* thematisiert die Übergängigkeit zwischen Bachmanns *Aufzeichnungen aus der Zeit der Krankheit* und ihrem Spätwerk, besonders auch, was die Bedeutung der Traumnotate für die Poetik der »Todesarten« angeht. Der *Stellenkommentar* bietet Sacherläuterungen, die bei den Traumnotaten jedoch einen anderen Stellenwert haben als z.B. bei den Briefen, da die von

Bachmann geträumten ›Realien‹ als Manifestationen ihres Unbewussten zu behandeln und nur bedingt objektivierbar sind. Ingeborg Bachmanns Traumnotate kommen dem Stellenkommentar jedoch insofern entgegen, als einleitende oder abschließende Reflexionen der Autorin sich zu einer Art von ›Traumtagebuch‹ verbinden, das auf konkrete Lebenssituationen reagiert.

Das Nachlassmaterial wird im Literaturarchiv der Österreichischen Nationalbibliothek aufbewahrt. Die Einzelsignaturen der edierten Traumnotate, Briefe, Brief- und Redeentwürfe werden im zugehörigen Stellenkommentar, die in den Kommentaren aus dem gesperrten Teil des Nachlasses zitierten Briefe in einem eigenen Quellenverzeichnis pauschal nachgewiesen.

Editorischer Bericht

Voraussetzung für die Realisierung dieses Bandes war die Erschließung bisher gesperrter Teile des Nachlasses von Ingeborg Bachmann (Literaturarchiv der Österreichischen Nationalbibliothek), die die Erbengemeinschaft vor dem Ablauf der ursprünglich bis 2025 festgelegten Sperrfrist für die Werk- und Briefbände der Salzburger Bachmann Edition ermöglichte. Der Band versammelt Aufzeichnungen (Traumnotate, Briefe, Brief- und Redeentwürfe) aus der Zeit von Bachmanns Krankheit während der sechziger Jahre. Sie sind vermutlich im Kontext verschiedener therapeutischer Behandlungen entstanden und dokumentieren die Auseinandersetzung mit den Symptomen und Auswirkungen ihrer Krankheit. Die Texte, die unterschiedlichen und hybriden Textsorten angehören, fügen sich zur ›Erzählung‹ einer Krankheitsgeschichte sowie der sich über Jahre hinziehenden Therapien, welche die intellektuelle und künstlerische Entwicklung der Autorin wesentlich prägten. Es handelt sich um private Niederschriften, deren Publikation weder autorisiert wurde noch literarischen Werkcharakter beansprucht. Sie werfen die grundsätzliche Frage nach der Legitimität ihrer Veröffentlichung auf. Als legitim wird die Publikation gelten, wenn sich ihre werkgenetische Bedeutung erweist, wenn also deutlich wird, welchen Erkenntniswert sie im Kontext der Poetik des Spätwerks von Ingeborg Bachmann haben und welche Rolle sie in der Genese der »Todesarten« spielen. So stellen vor allem die Traumprotokolle, die fiktionalisiert in den Roman *Malina* aufgenommen wurden, eines der eindrücklichsten Beispiele für die Übergängigkeit von intimen Aufzeichnungen ins Spätwerk dar.

Auswahl und Überlieferung

Das thematische und zugleich chronologische Auswahlkriterium dieser Edition ist Bachmanns Auseinandersetzung mit ihrer Krankheit nach der biographischen wie poetologischen Zäsur des Jahres 1962. Das Textkorpus der *Aufzeichnungen aus der Zeit der Krankheit* ist gekennzeichnet durch eine unvollständige Überlieferungslage (Verluste nicht nur durch Vernichtung von Notizen und Briefen, sondern auch durch die häufige Verlegung der Schreiborte infolge von Klinikaufenthalten, Reisen und Übersiedlungen), durch ihren fragmentarischen Charakter wie die Fehlerhaftigkeit der Niederschriften.

Für die Publikation wurden siebzehn Typoskripte und ein Manuskript mit Traumaufzeichnungen von unterschiedlichem Charakter ausgewählt sowie eine Notiz (Text 14), die eine Reflexion über die Träume enthält. Die Aufzeichnungen sind zum Großteil undatiert, stammen aber vermutlich aus der Zeit zwischen 1963 und 1966. In diesen Kontext gehören auch die im Nachlass von Ingeborg Bachmann erhaltenen Briefe und Briefentwürfe an den Arzt und Psychotherapeuten Dr. Helmut Schulze, die sechs Typoskripte (16 Bl.) aus einem Zeitraum von vier Jahren (1965-1968) umfassen. Dazu kommt eine fiktive Rede an die Ärzteschaft, die als einzigartiges Dokument für die Beziehung zwischen der Krankengeschichte der Autorin und ihrem literarischen Schreiben gelten kann. Die Rede ist in zwei fragmentarischen Fassungen überliefert (Texte 27, 28), die Überschneidungen aufweisen und deshalb im Zusammenhang gelesen werden können, da sie möglicherweise zwei verschiedene Teile desselben Textes bilden. Im Fall einiger Traumnotate und Briefentwürfe haben sich die Originale der Typoskripte wie die Durchschläge erhalten. Von drei Briefen an Dr. Helmut Schulze (Texte 20, 21, 26) sind nur Typoskript-Durchschläge vorhanden (ein Indiz dafür, dass sie abgeschickt wurden), während sich im Fall der Briefentwürfe an den Therapeuten (Texte 22, 23) sowohl die Originale der Typoskripte als auch die Durchschläge im Nachlass befinden. Von den fiktiven Redeentwürfen (Texte 27, 28) sind nur die Originale der Typoskripte überliefert.

Beschreibung und Anordnung der Textträger

Alle Typoskripte sind mit schwarzem Farbband getippt, der Großteil hat A4-Format, ist 1,5-zeilig und in der Regel ohne Datierung und Paginierung. Abweichungen von diesem Schema werden in der jeweiligen Kopfzeile des Stellenkommentars vermerkt. Einige Blätter sind mittig gefaltet, weisen am linken Rand Heftklammerspuren und Lochungen auf oder zeigen Beschädigungen in Form von Einrissen, Knitterspuren oder Flecken. Der Zustand der Textträger ist u.a. auch ein Indiz für den privaten Charakter der Aufzeichnungen.

Innerhalb der Textgattungen (Traumnotate und Aufzeichnungen im ersten Teil, Briefe, Brief- und Redeentwürfe im zweiten Teil) wurde eine chronologische Anordnung angestrebt (im Stellenkommentar wird versucht, die fehlenden Datierungen durch inhaltliche Indizien zu erschließen: z.B. durch die Erwähnung bestimmter Ereignisse, Personen und Orte oder durch kodikologische Befunde wie etwa die Papiersorte). Dennoch konnte im Fall der Traumnotate keine verlässliche Chronologie rekonstruiert werden. Trotz dieser Unsicherheiten wurden die Texte durchlaufend mit arabischen Ziffern (in eckigen Klammern) nummeriert, um Querverweise zu vereinfachen und den Leserinnen und Lesern eine bessere Orientierung zu ermöglichen. Dies soll aber keineswegs eine Kohärenz suggerieren, die aufgrund der fragmentarischen Überlieferung nicht gegeben ist.

Probleme der Transkription

Bei der Transkription der Textträger bereiteten insbesondere die Orthographie und Interpunktion Probleme. Sie weisen zahlreiche Verschreibungen, Tippfehler und fehlerhafte Satzkonstruktionen auf, die in Zusammenhang mit den körperlichen und psychischen Krisen der Autorin gesehen werden können und die auch als Spuren des Unbewussten im Sinne von Fehlleistungen auf ihre Signifikanz hin zu kommentieren sind. Verschreibungen, die aus dem Wechsel zu einer elektrischen Schreibmaschine im November 1966 resultieren, haben für die hier edierten Texte keine Bedeutung.

Die unabdingbaren editorischen Eingriffe sollen für eine breite Leserschaft nachvollziehbar sein, ohne dass der Lesefluss durch diakritische Zeichen (mit Ausnahme des Zeichens 〈 〉 für Textabbruch, Textverlust, Textlücke) oder durch einen textkritischen Apparat beeinträchtigt wird.

Um die Lesbarkeit der Texte zu gewährleisten, wurden offenkundige Schreibfehler korrigiert, ohne diese Korrekturen als Emendationen nachzuweisen; sollten sie jedoch aus der Sicht der Bandherausgeberinnen inhaltlich bedeutsam sein, werden sie im Stellenkommentar behandelt. Bei Stellen, die keine eindeutige Lesart erlauben, wurde die Transkription nicht mit diakritischen Zeichen im Text, sondern als Lesehypothese am unteren Seitenende lemmatisiert ausgewiesen. Stilistische Besonderheiten und Eigenheiten der Schreibweise der Autorin werden bewahrt, wenn sie das Leseverständnis nicht beeinträchtigen. Die Edition erhält die von Bachmann gesetzten Interpunktionen, selbst wenn diese nicht gängigen Regeln entsprechen. Eingegriffen wurde nur, wenn der Sinn der Sätze aufgrund mangelhafter bzw. fehlender Interpunktion schwer zu erfassen war (etwa durch Einfügung fehlender Satzzeichen wie z.B. nicht geschlossene runde Klammern oder Kommata). Bachmanns eigene Korrekturen von Fehlern und Verschreibungen, ihre Tilgungen (Ausixungen, Überschreibungen), Durchstreichungen, Ersetzungen und die von ihr markierten Umstellungen wurden unkommentiert umgesetzt. Wenn diese Eingriffe jedoch aussagekräftig sind, werden sie im Kommentar erwähnt. Die handschriftlichen Ergänzungen Bachmanns, meist Auflösungen von Namenskürzeln, werden in der Edition durch senkrechte Striche |xxx| unmittelbar an der durch eine Einfügungsklammer bezeichneten Textstelle wiedergegeben. Auf die Einfügungen fremder Hand wird hingegen lediglich im Stellenkommentar hingewiesen. Üblicherweise ist in der Salzburger Bachmann Edition nicht vorgesehen, Ergänzungen der Autorin durch diakritische Zeichen im edierten Text zu dokumentieren; da diese Revisionen im Fall der Traumnotate weniger einen textgenetischen als einen kommunikativen, die therapeutische Hermeneutik befördernden Charakter haben, werden sie in diesem Band kenntlich gemacht. Einige Traumnotate, die offensichtlich im Rahmen der Therapie aufgezeichnet wurden, weisen neben handschriftlichen Anmerkungen Bachmanns auch solche des Therapeuten auf. Ein Handschriftenvergleich legt die Vermutung nahe, dass

die Ergänzungen und Hervorhebungen in Form von Unterstreichungen von Dr. Helmut Schulze stammen.
Die Korrekturen in den edierten Texten orientieren sich an der zu Lebzeiten Bachmanns gültigen Orthographie, normalisiert wurde die Umlaut- und ›ß‹-Schreibung, wenn die Abweichungen mit der Tastenbelegung der verwendeten Schreibmaschine zu tun haben. Die englischen Anführungszeichen in den Typoskripten (“xxx”) wurden durch umgekehrte französische (»xxx«) ersetzt. Abkürzungen in den Texten wurden beibehalten, aber in den Einzelstellenerläuterungen des Stellenkommentars nach Möglichkeit aufgelöst.

Entstehungszusammenhang

Die Klinikerfahrung

Am 10. Dezember des Jahres 1962 begibt sich Ingeborg Bachmann in die Zürcher Bircher-Benner-Klinik (Köllikerstrasse 24), wo sie etwa drei Wochen verbringt. In einem Brief an Max Frisch spricht sie andeutungsweise von einer »Misere«,[1] die sie dort festhalte. In der zweiten Jänner-Hälfte 1963 folgt ein weiterer Krankenhausaufenthalt im Schwesternhaus vom Roten Kreuz (Gloriastrasse 14),[2] wo sich die Schriftstellerin einer Operation unterziehen muss. Aller Wahrscheinlichkeit nach handelt es sich, folgt man der Rede an die Ärzteschaft (Texte 27, 28), um eine Gebärmutterentfernung.[3] Darüber und über ihren physischen wie psychischen Zustand äußert sich Ingeborg Bachmann am nachdrücklichsten in ihrem Brief an Hans Werner Henze vom 4. Februar 1963, in welchem sie die Trennung von Max Frisch bekanntgibt: »es war nicht ein bisschen Krankheit, sondern ich musste vor zwei Monaten in die Klinik, weil ich versucht habe, mich umzubringen«.[4] Sie artikuliert nun

1 Ingeborg Bachmann an Max Frisch, 15. Dezember 1962. Abgesehen von Zitaten aus den hier erstmals edierten Texten Ingeborg Bachmanns, wurde bei Zitaten aus unveröffentlichten Quellen die Schreibweise, mit Ausnahme offensichtlicher Tippfehler, buchstabengetreu (z. B. ›ss‹, ›Ue‹, ›Oe‹) wiedergegeben.

2 Ingeborg Bachmann an Max Frisch, 12. Jänner 1963.

3 Aus den Briefen an Max Frisch wird jedoch nicht deutlich, welcher Operation sich Bachmann unterziehen musste.

4 Ingeborg Bachmann an Hans Werner Henze, 4. Februar 1963. In:

ihren »Schmerz«, mehr noch, sie spricht von einem »totalen und fast tödlichen Zusammenbruch«. Die »lange, lange Agonie«[1] dieser Wintermonate verzögert nicht nur die Übersiedlung nach Berlin, die Bachmann auf Einladung der Ford Foundation geplant hatte, sie markiert eine Zäsur in ihrem Leben, nach der Phasen relativer Besserung sich abwechseln werden mit Zusammenbrüchen und Klinikaufenthalten sowie einer fortschreitenden Medikamentenabhängigkeit.

Die ersten Traumprotokolle (Texte 1, 2, 3), die auf Februar und März 1963 datiert sind, stammen aus der Zeit der Rekonvaleszenz, als Ingeborg Bachmann sich nach ihrer Entlassung aus der Klinik in Uetikon aufhält: »so furchtbar allein und abgetrennt von allem«,[2] schreibt sie im bereits erwähnten Brief an Hans Werner Henze. Vom intensiven Gefühl der Einsamkeit, der Isolierung und der Verzweiflung geben die Protokolle Zeugnis. Wie aus der Korrespondenz mit Max Frisch hervorgeht, ist die Schriftstellerin in dieser Zeit in Behandlung bei einem Psychiater, für den die Träume vermutlich aufgezeichnet werden.[3] Als »Orakel« bezeichnet Ingeborg Bachmann diesen Arzt, dem sie offensichtlich ihr ganzes Vertrauen schenkt: »Ich füge mich diesem Orakel, fühle auch, dass ich mich nicht ein paar Stunden ›durchplaudern‹ kann mit Dir, solange ich so schwach bin«.[4] Sie deutet in einem Brief an Max Frisch vom 7. März 1963 an, der Psychiater habe ihr geraten, den Kontakt mit dem Au-

Briefe einer Freundschaft, S. 243-246 (der Brief, hier versehentlich auf Jänner datiert, wurde in Wirklichkeit im Februar geschrieben), hier S. 244.

1 Ebd.

2 Ebd.

3 Der Name des Psychiaters konnte nicht eruiert werden.

4 Ingeborg Bachmann an Max Frisch, 7. März 1963.

tor zu vermeiden, der nach seinem New-York-Aufenthalt zu einem persönlichen Treffen nach Uetikon kommen sollte. Dennoch schreibt sie in dieser Phase sehr viele Briefe an ihn, die von den Folgen der Operation berichten, von ihrem labilen psychischen Zustand sowie von den Rückfällen in die »Misere«. Der Psychiater habe ihr auch empfohlen, das Notizbuch Max Frischs zu verbrennen, das sie in der Wohnung gefunden hatte, ein Heft mit Aufzeichnungen über ihre Beziehung: »Meine Handlung erscheint mir richtiger denn je. Damals, in meiner wahnwitzigen Verwirrung, habe ich es meinem Psychiater gesagt, daß ich das Buch gelesen habe und was ich darin gelesen habe. Er hat mir geraten, es zu vernichten.«[1] Ab April 1963 beschränkt sich Ingeborg Bachmanns Kontakt zu Max Frisch auf spärliche briefliche Mitteilungen, die sich meist auf das Manuskript seines Romans *Mein Name sei Gantenbein* beziehen. Sie teilt im Frühjahr 1963 Änderungswünsche mit, äußert sich zunächst sehr positiv über den 1964 publizierten Roman und bezieht sich selbst in das Gelingen des Buchs ein:

> Ich habe die Grösse des Buchs schon früh geahnt und gesehen, dann habe ich sie bestätigt gefunden, als ich den ersten Teil in Rom las, jetzt sehe ich sie ganz, und dieses Buch wird mir bleiben, weil es zugleich alles ist, was ich noch zu geben habe, immer von neuem, und mich mit, in diesem Einverständnis. Und es wird meine Tröstung sein, denn so erkenne ich zuletzt, dass die Jahre gut für Dich waren, fruchtbar für Dich waren.[2]

1 Ingeborg Bachmann an Max Frisch, 30. Juni 1963.
2 Ingeborg Bachmann an Max Frisch, 3. Mai 1963.

Nach einem schweren Rückfall und dem sich anschließenden Aufenthalt in einer Berliner Klinik im Sommer 1963 wird sie an der Darstellung der Hauptfigur, der Schauspielerin Lila, Anstoß nehmen, den Roman als Zerstörung ihrer Person empfinden und sich der literarischen Öffentlichkeit ausgeliefert und verkauft fühlen:

> Es gibt eine Grenze von Ertragenkönnen, die ist für mich erreicht an diesem Punkt. Bis hierher und nicht weiter. Soviel Elend, soviel Krankheit, Finsternis und Unheilbares und noch immer so recht kein Ende abzusehen – das ist nicht zu verkaufen in ein paar Anspielungen, bloss weil es bequem ist, schriftstellerisch bequem.[1]

Bachmanns Haltung blieb jedoch ambivalent, denn sie fordert keineswegs, das Buch zurückzuziehen, sondern macht in demselben Brief sogar Titelvorschläge und hofft, dass ihre Anmerkungen »von Nutzen sein mögen«. Indiskretion und Verrat sind die Themen, die auch im folgenden Prosawerk eine Rolle spielen; sie gehen auf die Erfahrungen zurück, die sie retrospektiv als nie wiedergutzumachende Verletzung deutet:

> Aber ich verstehe auch alle Kranken, – man wird unendlich misstrauisch gegen jeden neuen Menschen, gegen jedes neue Glas, jeden neuen Umstand. Man hasst das Neue von vornherein. […] es heisst doch, dass man aufgegeben hat zu leben. Dass man den Sargdeckel über sich schon geschlossen hat. Nun ja, also soll es eben so sein. Das Leben ist zuende, schön war es nicht, im Gegenteil,

1 Ingeborg Bachmann an Max Frisch, 24. November 1963.

> es war eine einzige Beleidigung und Erniedrigung von allem, woran ich geglaubt habe[1].

Ingeborg Bachmanns Krankengeschichte beginnt schon beim zweiten Klinikaufenthalt in Zürich mit einem »monströsen Vertrauensbruch«.[2] In einem Brief an Max Frisch vom 24. Jänner 1963 spricht sie andeutungsweise von ›Verrat‹ durch den sie operierenden Chirurgen, der sie »wie ein letzter, hoffentlich letzter, Faustschlag getroffen«[3] habe. Beteiligt an diesem Verrat habe sich der gemeinsame Freund und Arzt Fred Auer. Max Frisch gegenüber wird Ingeborg Bachmann ihre Entscheidung für die Behandlung bei einem Psychiater auch damit begründen, dass Fred Auer diesen Arzt nicht kennt, so dass er nicht mehr »rückfragen kann«.[4] Damit wird die Rolle des Schweizer Arztes und seiner Frau Heidi für Ingeborg Bachmann deutlich. Fred Auer wird nicht nur der Arzt sein, der Medikamente verschreibt, um der Schriftstellerin das Schreiben zu ermöglichen, er wird auch eine therapeutische Rolle für sich beanspruchen, wie Bachmanns letzter Brief an den Therapeuten Dr. Helmut Schulze nahelegt (Text 26):

> Was da, aus liebevoller Fürsorge einerseits (ich meine von Seiten Dr. Auers) und aus unmöglichen Indiskretionen und einigem berechtigten Ärger, der aber Indis-

1 Briefentwurf, Ingeborg Bachmann an Siegfried Unseld, undatiert, vermutlich Anfang 1966 (Incipit: Lieber Siegfried, ich habe zwar keine Zeit im Moment,).

2 Ingeborg Bachmann an Max Frisch, 24. Jänner 1963.

3 Ebd.

4 Ingeborg Bachmann an Max Frisch, 7. März 1963.

kretionen nicht entschuldigt (von Seiten Dr. Unselds) an Konfusion entstanden ist, das kann ich mir zwar nicht ganz erklären, aber mit der Zeit habe ich mir einiges zusammengereimt. | An Herrn Dr. Auer habe ich einen beruhigenden, freundschaftlichen Brief geschrieben, mehr kann ich ja nicht tun.[1]

Alljährlich und bei akuten Rückfällen fährt Ingeborg Bachmann weiterhin zu den Auers nach St. Moritz, um Kuraufenthalte in deren bekanntem Sporthotel zu verbringen.[2] Briefe und Telegramme von Juli und August 1963 dokumentieren einen stationären Aufenthalt Ingeborg Bachmanns während des Sommers im Martin-Luther-Krankenhaus in Berlin-Grunewald. Uwe Johnson, der befreundete Schriftstellerkollege, der nach Bachmanns Tod ein Buch mit dem Titel *Eine Reise nach Klagenfurt* verfasst hat, berichtet in einem Brief über ihre Situation nach einem neuerlichen Nervenzusammenbruch. Bachmanns Haltung zu den behandelnden Ärzten scheint diesem Briefbericht zufolge von Argwohn bestimmt, als hätte der erste Züricher Vorfall ihr Vertrauen in die Ärzteschaft zerstört. Johnson, der zu diesem Zeitpunkt in Berlin-Friedenau lebt und Bachmann jeden Tag im Berliner Krankenhaus besucht, äußert sich besorgt über ihren Zustand, den er auf übermäßige psychische Belastung zurückführt, die sich in eklatanten Symptomen niederschlage:

1 Vgl. *Stellenkommentar*, S. 222.

2 In einem Brief an Ingeborg Bachmann äußert sich Jakob Taubes, der selbst ein Besucher des Hotels war, sehr negativ über das »snobistische« Milieu und den Ehrgeiz der Auers. Vgl. Jacob Taubes an Ingeborg Bachmann, 24. Februar und 3. März 1969.

> Nach ihren sehr ungefähren Andeutungen kann man ihre Krankheit zurückführen auf psychische Belastung, die bei einer Übermässigkeit die Funktion von Kopfnerven stört, was wiederum den Kreislauf verhagelt. Sie ist öfters nicht bei Bewusstsein, muss bei Krämpfen im Bett festgehalten werden, wird auch unablässig unter Betäubungsmitteln gehalten. Sie ist auf einer Station für Internmedizin, die erst einmal eine Gesamtuntersuchung anstellt, aber bisher noch keine neurologische, auf die es wohl ankäme. Zu den Ärzten hat sie nicht das nötige Vertrauen[1].

Christopher Middleton, vermutlich ein Mitpatient, schreibt am 28. Juli an Ingeborg Bachmann aus dem Graf-Botho-Schwerin-Krankenhaus in Berlin-Lichterfelde und deutet gemeinsame Gespräche über »Selbstzerstörerisches« an, erwähnt jedoch auch ihren Wunsch, »ins Leben zurückzukehren«.[2] Ende 1963 schreibt Bachmann an ihren späteren Verleger Siegfried Unseld und zieht eine Bilanz über diese Zeit: »ich habe ein halbes Jahr lang so gut wie keinen Brief geschrieben, es war mir unmöglich, so wie mir Lesen und noch einiges andere schwer ist nach diesen Torturen. […] jetzt lebe ich noch so vorsichtig und verlangsamt wie man nur kann und mache mir Hoffnungen, dass es im nächsten Jahr schon besser aussehen wird.«[3]
Die Aufzeichnungen und brieflichen Äußerungen aus dem

1 Uwe Johnson an Siegfried Unseld, 21. Juli 1963. In: Uwe Johnson/Siegfried Unseld: *Der Briefwechsel*. Hg. von Eberhard Fahlke und Raimund Fellinger, Frankfurt am Main 1999, S. 289.

2 Christopher Middleton an Ingeborg Bachmann, 28. Juli [1963].

3 Ingeborg Bachmann an Siegfried Unseld, 14. Dezember 1963.

Sommer 1963 und den folgenden Jahren erwähnen die Symptome, die das Krankheitsbild weiterhin prägen: Angst, extreme Kopfschmerzen sowie Schwindel- und Ohnmachtsanfälle. Bachmanns Beschäftigung mit der Symptomatik spiegelt sich auf literarischer Ebene, doch bevor sich ein »literarisches Arbeitsverhältnis« herstellt, oder parallel dazu, erfolgt die schriftliche Fixierung in privaten Notizen und Briefen. Einen paradigmatischen Stellenwert bekommt in diesem Zusammenhang die Aufzeichnung mit der Überschrift »Versuch, es herauszubekommen«, in der die Krankheit zum ersten Mal explizit benannt und das »Furchtbare« eines Angstanfalls dokumentiert wird (Text 4). An den Symptomen wird sich auch in den folgenden Jahren nichts ändern, wie die auf den Sommer 1966 datierbare Aufzeichnung »2 Vorfälle, bei denen mir schlecht wurde« (Text 25) zeigt, in der sie dem Therapeuten ihre Panikattacken schildert und ihre Hass-, Wut- und Ohnmachtsgefühle festhält. Die Krankheit zeigt Phasen der Besserung und der Hoffnung, jedoch treten immer wieder Zusammenbrüche und Rückfälle auf, die sich in Bachmanns Texten in den Wortfeldern von Sturz, Fall und Niederbrechen manifestieren:

> Es ist das Recht der Gesunden, die Krankheit nicht zu verstehen, Einstürze und Einbrüche, die tatsächlich nicht mitteilbar sind, man kann nur vom Puls und von Symptomen und Bekämpfungen reden, aber es geht doch alles sehr weit dran vorbei. […] Es ist nicht zu regeln, man steht davor, und im besten Fall kann man sagen, dass es zum Himmel schreit, weil dagegen kein Kraut gewachsen ist, gegen soviel Leiden, gegen soviel Trennung, und da hilft keine »Einfühlung«, da hilft nichts. So habe ich zum erstenmal eine endogene Depression

> erlebt, und seither bleibt mir das Wort im Mund stecken, wenn ich von jemand oder mir sage, er sei, ich sei deprimiert. Denn wir machen uns keine Vorstellung von der Krankheit, die mit Recht diesen Namen trägt.[1]

Zu den gravierenden Folgen von Bachmanns Klinikerfahrung gehört nicht zuletzt ihre »furchtbare Angst vor den Krankenhäusern und den Anstalten«,[2] die sie in einem Briefentwurf an Siegfried Unseld äußert, wenn sie als Vierzigjährige ihr Leben resümiert, das sie der Krankheit ausgeliefert sieht:

> in diesen Anstalten hier kann man nicht überleben, man soll mich also lieber umbringen auf eine harmlose Weise. Denn die Leiden sind furchtbar, unvorstellbar, tierisch, wenn das nicht ein falsches Wort wäre. Man leidet ja wie ein Mensch, das ist das schlimmste. Der grösste Irrtum der Psychiatrie ist, dass sie meint, der Kranke habe eine Zukunft. Die hat er eben nicht. Er hat die Krankheit, damit also die Vergangenheit, nichts als das. Und wenn es ihm gut oder besser geht: dann hat er immer noch nur die Vergangenheit. Er hat nichts anderes, er ist dort, wie ein Tiefkühlgemüse, festgefroren. Er hat die Endstation erreicht.[3]

Die Krankheitssymptome, die auch während der psychotherapeutischen Behandlung durch Dr. Helmut Schulze in ver-

1 Briefentwurf, Ingeborg Bachmann an Uwe Johnson, undatiert (Incipit: Lieber Herr Johnson, ich danke Ihnen für Ihr Vertrauen,).

2 Briefentwurf, Ingeborg Bachmann an Siegfried Unseld, undatiert (Incipit: Lieber Siegfried, ich habe zwar keine Zeit im Moment,).

3 Ebd.

stärkter oder abgeschwächter Form immer wieder auftreten, beeinträchtigen nicht zuletzt das Schreiben, wie ein späterer Brief an Uwe Johnson vor Augen führt:

> [D]ie grösste Mühe ist, mit einer Aufregung fertigzuwerden, von der ich noch nie etwas gehört oder gelesen habe in all den unzähligen Verlautbarungen aus Werkstätten. Ich zittre so, aus Furcht oder Ekel, es ist wie der Abklatsch der Krankheit aus den vergangenen Jahren, und es richtet sich gegen das Schreiben, obwohl ich in mir herumstochre und an mir herumanalysiere und herausfinde, dass ich diesen physischen Ekel nur durch das abwenden kann, was mir so grossen einflösst.[1]

Seit der Publikation von Frischs Roman *Mein Name sei Gantenbein* im Sommer 1964 kämpft Bachmann um die Rückgewinnung ihrer Fähigkeit zur literarischen Arbeit, wobei sich ihr die Literatur als zwielichtiges und mörderisches Unterfangen präsentiert. Das Gefühl geplünderter Intimität, der Indiskretion und des Verrats bringt sie dazu, ihr Schreiben vom Literaturbetrieb abzugrenzen:

> Die Literatur ist ein schmutziges Geschäft, so dreckig wie der Waffenhandel, und wenn es niemand bemerkt – tant mieux. Aber ich habe das unwahrscheinliche Glück gehabt, das bemerken und durchmachen zu dürfen. So wird aus mir noch ein Schriftsteller, denn es ist mir zweifelhaft, ob ich früher einer war.[2]

1 Briefentwurf Ingeborg Bachmann an Uwe Johnson, 30. Jänner 1966.

2 N1978.

»[D]a habe ich die grosse nausea bekommen«, heißt es paradigmatisch in einem Brief an Enzensberger aus diesem Zeitraum, in dem sie sich als Schriftstellerin »ohne Mitteilungsbedürfnis« bezeichnet.[1] Dieser Umstand wird jedoch auch als der Ausgangspunkt einer neuen Schreibphase gedeutet:

> Ich suche nicht nach einem Facit für eine lange Zeit, die ich ärztlich absolviere, sondern nach etwas anderem, dem Gewachsenen, das ich nicht befragen konnte. | Das heisst, ich fange mich zu wundern an über meine Existenz, denn es ist doch etwas passiert. Da bin ich nun wieder ein Schriftsteller, aber ohne Mitteilungsbedürfnis, das fällt mir auf. Dieses Bedürfnis ist mir abhanden gekommen. Trotzdem schreibe ich, fange vielmehr zu schreiben an.[2]

Die Rückkehr zum Schreiben verbindet sich mit der Ablehnung eines von Geldmacherei und Erfolgssucht gekennzeichneten Literaturmarkts. Dies zeigt ein Traum, in dem ein Verleger mit Gleichgesinnten über Honorare diskutiert, während das Ich unter dem Schamgefühl leidet, selbst »Teil dieses Gesindels« (Text 7) zu sein. Die Kritik am Literaturbetrieb stellt auch ein zentrales Thema der beiden längeren Briefe an Dr. Helmut Schulze (Texte 22, 23) dar: »Für mich ist aber dieser Beruf in Trümmer gegangen, ganz und gar, wie für einen Puritaner die Welt in Trümmer geht, wenn man ihn nach Sodom und Gomorrah versetzt und sagt: so sieht das aus, so in Wirklichkeit.« (Text 22) Dieser Charak-

1 Ingeborg Bachmann an Hans Magnus Enzensberger, undatiert (Incipit: Lieber Mang, da steht man um drei Uhr früh auf,).

2 Ebd.

teristik folgt ein weiteres Selbstporträt, eine Anspielung auf den Heldentod Siegfrieds im *Nibelungenlied*, in der sie den Angriff auf ihre Autorschaft als die verwundbare Stelle in ihrem Leben erkannt haben will: »Und die ältesten Geschichten sind eben wahr, die von der einzigen Stelle, an der man tödlich verwundbar ist.« (Ebd.)

Therapieversuche

Parallel zur theoretischen Auseinandersetzung mit Ansätzen der Psychoanalyse und der psychosomatischen Medizin[1] beginnt die Schriftstellerin gewissermaßen in Eigenregie unterschiedliche Therapieversuche. Schon die 1964 unternommenen Reisen mit Adolf Opel können unter diesem Zeichen betrachtet werden, da sie konkrete Schritte darstellen, von Berlin als realem und symbolischem Ort der Krankheit loszukommen: »Ich weiss wirklich nicht, was mit mir passiert ist«, schreibt Ingeborg Bachmann vor der gemeinsamen Ägyptenreise in einem Brief Ende März 1964 an Adolf Opel, »ich welke hier einfach dahin, es macht mir nichts mehr Freude, und wenn ich nicht bald fahren kann, werde ich ganz und gar krank werden.«[2] Auf der gemeinsamen Reise nach Prag im Jänner 1964 entstehen z. B. auch die ersten Entwürfe zu *Böhmen liegt am Meer*, in denen sie die verloren geglaubte poetische Sprache wiederfindet – aber auch in Prag erleidet Bachmann, wie Opel berichtet, einen plötzlichen Anfall, so dass sie »kaum mehr ansprechbar« in die Notfallambulanz der Poliklinik gebracht werden muss:

> Sie kann dem glücklicherweise etwas deutsch sprechenden Arzt ihre Beschwerden beschreiben und er verordnet

1 Ausführliches über Bachmanns Psychologie-Kenntnisse, z. B. über ihre Freud-, Lacan- und Groddeck-Lektüre, bei Christine Kanz: *Psychologie, Psychoanalyse und Psychiatrie in Bachmanns Werk*. In: Bachmann-Handbuch, S. 223-236.

2 Ingeborg Bachmann an Adolf Opel, 26./28. März 1964.

> ihr mehrere Medikamente, die er ihr gleich mitgibt. Zurück in unserem Zimmer bessert sich dann ihr Zustand rasch. Sie hat später in Berlin vergeblich versucht, diese tschechischen Medikamente wiederzufinden, die ihrer Überzeugung nach um ein Vielfaches wirksamer waren als alles, was ihr deutsche Ärzte je verschrieben hatten.[1]

In ihrer Rede an die Ärzteschaft (Text 28) wird sie die Prager Poliklinik als Ort in Erinnerung rufen, an dem sie die »erste richtige Diagnose« wie eine »Erlösung« erfahren hat.
Wie aus Bachmanns Korrespondenz mit Adolf Opel hervorgeht, bedeutet die Reise nach Ägypten und in den Sudan im Frühling 1964 die ›Rettung‹[2] und die wiedergefundene Stärke, damit auch die Absicht, konkrete Schritte in diese Richtung zu unternehmen: »Ich fahre übermorgen früh weg, zuerst nach Frankfurt, dann am Samstag nach Zürich, dort werde ich zwei Aerzten vorgeführt, dann fahre ich wahrscheinlich bald nach Wien weiter.«[3] Einige im Briefwechsel mit Opel enthaltene Äußerungen belegen eine kurze Behandlung bei dem Wiener Psychiater Professor Hans Strotzka (1917-1994).[4] Dieser Arzt hatte 1958 mit den *Sozialpsychiatrischen Untersuchungen* die erste deutschsprachige Abhandlung über den Einfluss von sozialen Faktoren auf Krankheitsverläufe publiziert und sich damit den Ruf als Begründer einer neuen Richtung der Psychiatrie erworben.[5]

1 Adolf Opel in einer brieflichen Mitteilung an die Herausgeberinnen, 30. Mai 2015.

2 Ingeborg Bachmann an Adolf Opel, 23. Juni 1964.

3 Ebd.

4 Vgl. *Stellenkommentar*, S. 200.

5 Nadine Hauer: *Hans Strotzka. Eine Biographie*. Holzhausen 2000.

Sein hohes Ansehen im damaligen Wien bezeugt nicht zuletzt Thomas Bernhard, der dem Psychiater in seinem Drama *Heldenplatz* (1988) ein Denkmal setzt. Dass die vermutlich im Sommer 1964 begonnene Therapie bei Prof. Strotzka,[1] der in einem Traumnotat (Text 5) als »Wiener Arzt« erwähnt wird, zu kurz und daher kaum hilfreich war, bestätigt ein Brief Adolf Opels vom Jänner 1965, der auf einen erneuten Rückfall reagiert. Er erinnert sie daran, »sich wirklich ernsthaft mit der Möglichkeit Dr. Strotzka« zu befassen, um »nicht immer wieder diesen großen Schwankungen und plötzlichen Zusammenbrüchen ausgesetzt zu sein.«[2] Er kommt dabei noch einmal auf die Einschätzung des Arztes zurück, dass sie sich »am besten selber helfen« könnte »durch das Buch«, da damals auch aufgrund ihrer dringenden Rückreise nach Berlin »nicht genug Zeit für eine richtige Behandlung gewesen wäre.«[3]

Um die Jahreswende 1964/65 scheint Bachmann dann tatsächlich die Möglichkeit einer Fortsetzung der Behandlung bei Prof. Strotzka in Erwägung zu ziehen:

> Sie haben recht, ich muss mir alles noch einmal überlegen und wieder an Dr. Strotzka denken. Manchmal denke ich auch, es wird vorbei sein, wenn ich das erste Buch geschrieben habe. [...] Wenn ich aber an Strotzka denke, dann muss ich auch an Wien denken und für

1 Vgl. Adolf Opel: *»Wo mir das Lachen zurückgekommen ist ...«. Auf Reisen mit Ingeborg Bachmann.* Mit 33 Abbildungen und Dokumenten. München 2001, S. 215.

2 Adolf Opel an Ingeborg Bachmann, 23. Jänner 1965.

3 Ebd.

> lange Zeit, denn im Handumdrehen wird das nicht auszuheilen sein.[1]

Überlegungen zur Wiederaufnahme der Therapie bei dem Wiener Psychiater finden sich in »Versuch, es herauszubekommen« (Text 4), der vermutlich in dieser Zeit entsteht. Bachmann spricht dort vom Versuch, die kaum mitteilbare Erfahrung der Krankheit aufzuschreiben, »die Idee, das aufzuschreiben, ja, was? Und ich versuche es, will es versuchen, weil ich momentan sogar unfähig bin, zu einem Arzt zu gehen. Jeden Tag denke ich zwar, ich müsse zu Dr. S. zurück, schon um diese Traumüberflutung loszuwerden.« In einem Brief an den Arzt Alexander Hartwich und seine Frau, die zu Ingeborg Bachmanns Wiener Freundeskreis gehören, erwähnt sie ihr Vertrauen zu Strotzka:

> Ich habe neuerdings wieder dran gedacht, mich noch einmal an Dr. Strotzka zu wenden, weil ich Vertrauen zu ihm habe – daran hat die Misere danach auch nichts geändert. Die Behandlung war wohl zu kurz, und es könnte auch sein, dass meine »Vernünftigkeit« nicht nur mich, sondern auch einen Arzt vorübergehend täuscht, oder die Krankheit ist schon so eingefahren in den Körper, dass sie nicht mehr herauskann, sich nur tagelang und wochenlang zudecken lässt.[2]

Dass die Behandlung bei Prof. Hans Strotzka nicht fortgesetzt wurde, mag an den Bedenken der Schriftstellerin gele-

1 Ingeborg Bachmann an Adolf Opel, 17. Jänner 1965.

2 Ingeborg Bachmann an Alexander und Mi Hartwich, 17. Jänner 1965.

gen haben, sich eine längere Zeit in Wien aufzuhalten, wie es eine Analyse erfordert hätte. Es gab jedoch auch einen weiteren Grund: Schon im Frühsommer 1964 hatte Ingeborg Bachmann vermutlich einen anderen Arzt kennengelernt, bei dem sie Hilfe suchte, als sie nach der Publikation von Frischs *Mein Name sei Gantenbein* in eine akute Krise stürzte. In den Briefen dieser Zeit ist von einer aufreibenden Behandlung in St. Moritz die Rede, wo sie sich im September 1964 aufhielt. Sie erzählt von »einer zehn oder zwölfstündigen Rosskur«,[1] die auf körperliche Stärkung abziele und von der sie sich gute Ergebnisse verspreche:

> Geschehen tut den ganzen Tag etwas mit mir, das »Analysieren« nimmt dabei den geringsten Raum ein, das ist ganz gut, einen grossen hingegen die Körpertorturen, weil ich eben von den ganzen Medikamentenzeiten, Krankenhauszeiten etc so geschwächt bin, dass die psychischen Belastungen es leicht haben. Von Resultaten kann man natürlich noch nicht sprechen, aber ich könnte mir denken, dass ich mit der Zeit widerstandsfähiger werde.[2]

Die Schilderung legt nahe, dass es sich um die Therapie bei Dr. Helmut Schulze handelte, bei dem Ingeborg Bachmann zwischen 1965 und 1966 mindestens viermal zur Behandlung war.

Helmut Schulze, 1912 geboren, hatte neben Medizin Psychologie und Philosophie studiert und 1940 im Fach Psychiatrie promoviert. Nach der chirurgischen Tätigkeit im Krieg hatte

1 Ingeborg Bachmann an Adolf Opel, 4. September 1964.
2 Ebd.

er während der Gefangenschaft seinen Schwerpunkt auf die Psychotherapie (Tiefenpsychologie, Hypnose und autogenes Training) verlagert. Seit seiner Niederlassung 1951 in Baden-Baden, wo er eine psychotherapeutische Praxis führte, entwickelte er die sogenannte »Grenzsituationstherapie«, eine verhaltenstherapeutische Ergänzung der analytischen Methodik, genauer eine synkretistische Kombination verschiedenster Methoden, von der Psychoanalyse und Gestalttherapie bis zur behaviouristischen Verhaltensbeobachtung und Gruppentherapie.[1] In *Der progressiv domestizierte Mensch und seine Neurosen* (mit Vorwort von Konrad Lorenz, 1965)[2] erläutert Dr. Schulze seine »Erkenntnis, daß der heutige in der Vermassung vereinsamende, sich zunehmend treiben- und gehenlassende Mensch ›perversen‹ Formen der Ekstase, der Sucht und des Rausches mehr und mehr anheimfällt, weil er die regulierende und aus einem uralten Erfahrungsschatz der Menschheit stammende Askese aufgab«.[3] Während so der Askese als »Überwindung von übertriebenen Sicherheitsbedürfnissen« ein therapeutischer Wert zugeschrieben wird,[4] betrachtet Dr. Schulze die Neurose als »Entlastungs-

1 Vgl. Helmut Schulze: *Entspannende und anspannende Psychotherapie – Alternative oder Polarität.* In: Hellmut Binder (Hg.): *Zwanzig Jahre praktische und klinische Psychotherapie. Psychotherapeutische Erfahrungen mit dem Autogenen Training, der Hypnose und anderen kombinierten Verfahren*. München 1973, S. 97-112.

2 Helmut Schulze: *Der progressiv domestizierte Mensch und seine Neurosen. Die Rolle von Entlastung und Belastung für Krankheit und Heilung*. München 1965.

3 Ebd., S. 134. Eine Auseinandersetzung Ingeborg Bachmanns mit dem ideologischen »Bodensatz« einer solchen Therapie ist nicht erhalten.

4 Ebd.; Die Askese »gehört zu den gesunderhaltenden, krankheits-

tendenz« und »Bequemlichkeitshaltung«.[1] Psychophysische Stresssituationen wie die Kriegsfront oder das Konzentrationslager könnten deshalb – so Dr. Schulze, der hier aus Dr. Kurt Kolles Lehrbüchern zitiert – Neurosen zum Verschwinden bringen:

> Bekannt sind die Beobachtungen aus KZ-Lagern, wo Neueingelieferte durchweg ihre Neurosen, sogar alteingefahrene Zwangsneurosen, in kürzester Zeit verloren. ›In den Konzentrations-, Internierungs- und Gefangenenlagern, im Bombenhagel, dem die Zivilbevölkerung ausgesetzt war, im [unerhört] harten Kampf an den Fronten, während der Hunger- und Unterdrückungszeit nach dem Kriege sind nach übereinstimmender Auffassung aller kompetenten Beurteiler auffallend wenige seelische Krisen beobachtet worden.‹[2]

Vor dem Hintergrund historischer Schrecken und Traumata konzipiert Dr. Schulze seine therapeutischen »Grenzsituationserlebnisse« als »asketische Akte«,[3] die »zu einer Konzentrierung und Potenzierung der Lebenskräfte«[4] führen sollen. Herausfordernde sportliche Unternehmungen in Extremsituationen, wie etwa Klettern, Fliegen, Skilaufen, Schwimmen und Tauchen, sollen nicht nur der »Optimierung der

und entartungsheilenden, damit aber zu den lebensnotwendigen Prinzipien« (ebd., S. 19).

1 Schulze, *Der progressiv domestizierte Mensch und seine Neurosen*, S. 22.

2 Ebd., S. 35 (zit. nach Kurt Kolle: *Psychiatrie. Ein Lehrbuch für Studierende und Ärzte.* Stuttgart 1961, S. 35).

3 Ebd., S. 125.

4 Ebd., S. 133.

Leibesfunktion« dienen, sondern auch für »die innerseelische Dauerhaltung«[1] von Belang sein. Dr. Schulzes »Grenzsituationstherapie« beabsichtigt eine Angstdesensibilisierung, die auf persönliche Erfolgserlebnisse ausgerichtet ist und den Kampf in ausgewählten, vom Patienten als risikohaft erlebten Realsituationen vorsieht: »jede aufdeckende und aktivierende Psychotherapie ist weitgehend ein hintergründiges Kampfgeschehen.«[2] In diesem heldischen Kampf zeige sich auch die Bedeutung des Therapeuten, der sich persönlich und aktiv als »Kampfgefährte« und »ärztlicher Erzieher« einzusetzen habe.[3]

Als Ingeborg Bachmann Anfang Februar 1965 erneut einen sehr schweren Rückfall erleidet, lässt sie sich zu Dr. Schulze nach Baden-Baden bringen; rückblickend schreibt sie an Klaus Piper: »Ich konnte auch Sie nicht mehr verständigen Anfang Feber, es ging so rasch, ich musste innerhalb weniger Stunden aus Berlin abtransportiert werden.«[4] An Adolf Opel schickt sie noch im Februar einen Brief aus Baden-Baden, in welchem sie ihre Therapie als eine »Tortur« bezeichnet, sich aber dennoch optimistisch und hoffnungsvoll äußert: »ich werde auch herauskommen, ich fühle das zum erstenmal.«[5] Ein Brief an Uwe Johnson schildert dann im Detail ein sogenanntes Grenzsituationserlebnis:

> Wenn Sie wüssten, was ich neuerdings machen muss und wie mir die letzten Ängste ausgetrieben werden, würden

1 Schulze, *Entspannende und anspannende Psychotherapie*, S. 104.

2 Ebd., S. 109.

3 Schulze, *Der progressiv domestizierte Mensch und seine Neurosen*, S. 30.

4 Ingeborg Bachmann an Klaus Piper, 12. April 1965.

5 Ingeborg Bachmann an Adolf Opel, 25. Februar 1965.

> Sie mich vielleicht beneiden. Ich bin zum erstenmal in einem Segelflugzeug geflogen und studiere mit Interesse dieses Fliegen, bei dem man erst einen Begriff von der ganzen Fliegerei bekommt. Ich klammre mich auch nicht mehr verzweifelt an einen Aermel, sondern lese gelassen die Instrumente und das Gelände, den Kopf voll von Einstell-, Anstellwinkeln, Thermik und Zentrieren. Und die Kopfstörungen bleiben schon über Tage ganz aus. Natürlich nicht davon, aber über das Angenehme lässt sich leichter reden. Sie sind aber dafür mit der Arbeit sicher weiter, denn ich kann erst seit ein paar Tagen, und auch nur eine Stunde pro Tag, mich ans Lügen machen.[1]

Dr. Schulzes synkretistische Therapie sah auch die Traumdeutung vor, weshalb Ingeborg Bachmann wahrscheinlich mehrere Traumnotate in seinem Auftrag niedergeschrieben hat. Diese Vermutung wird dadurch bekräftigt, dass die Traumaufzeichnungen (Texte 5, 6, 11, 17, 25) handschriftliche Einfügungen aufweisen, die von der Hand des Therapeuten stammen, auch das Datum und inhaltliche Indizien legen dies nahe sowie Bachmanns Korrekturen, die zeigen, dass der Text für ihn als Leser verbessert wurde. Die Traumdeutung scheint allerdings nicht der Schwerpunkt von Dr. Schulzes Therapie gewesen zu sein. Viele Äußerungen Ingeborg Bachmanns bezeugen vielmehr die zentrale Rolle von Askese und sportlichen Übungen, die in dem Vorsatz resultieren, die auferlegte Disziplin durch Selbstdisziplin zu ersetzen: »Ich tue jetzt alles, was mir aufgetragen ist, gehe immerzu spazieren, schwimmen im eiskalten See, der Alkohol ist gestrichen, die Zigaretten sind es auch beinahe, aber

1 Ingeborg Bachmann an Uwe Johnson, 19. März 1965.

noch nicht ganz, und dass ich trotzdem zum Schreiben komme, das wundert mich, weil die Askese so anstrengend ist.«[1] Auch in den Briefen an den Therapeuten finden sich immer wieder Hinweise auf Spaziergänge und sportliche Vorhaben. Noch 1970, als die Therapie schon längst beendet ist, wird der Name Schulze weiterhin für dergleichen »Torturen« stehen: »So habe ich also unsre Wälder also durchstreift und Spaziergänge und Gesundheitstorturen à la Schulze über mich verhängt, damit ich dann in Rom fit bin für den Herbst und die kommenden Belastungen.«[2]
Die Briefe, die Ingeborg Bachmann nach dem ersten Aufenthalt in Baden-Baden schreibt, erzählen von Kraft und neuem Leben, von der Hoffnung auf ein Ende der »deprimierenden Zeiten«[3] sowie von der Absicht, den guten Gesundheitszustand durch Disziplin zu befestigen. Doch zugleich mit der Bereitwilligkeit zur Askese und Selbstdisziplin gesteht Bachmann ihre »Angst vor Rückfällen« (Text 20), eine Angst, die später, beim Fortbestehen der Symptome, noch zuzunehmen scheint. Sie wird in all ihren Spielarten später zum dominanten Thema, die Angst vor den Kliniken, vor dem Alleinsein, oft auch vor der Armut und dem Mangel an Geld, das als Chiffre für das reine Überleben betrachtet werden kann: »Der Rest ist noch eine Bemühung, Geld zu verdienen, damit man durchkommt, ich denke nur mehr an Geld, damit ich nirgends abgeschoben und eingewiesen werden kann. Geld ist etwas ungeheuer Wichtiges, wenn man krank ist«,[4] heißt es in einem vermutlich 1966 ver-

1 Ingeborg Bachmann an Adolf Opel, 10. April 1965.
2 Ingeborg Bachmann an Heidi Auer, 8. August 1970.
3 Ingeborg Bachmann an Klaus Piper, 12. April 1965.
4 Briefentwurf Ingeborg Bachmann an Siegfried Unseld, undatiert,

fassten Brief. Der Angst und der Krankheit wird Ingeborg Bachmann allerdings keineswegs ihre öffentliche Rolle auf der Bühne des literarischen und politischen Lebens opfern, im Gegenteil: Gleich nach dem ersten Aufenthalt in Baden-Baden beschäftigt sie sich mit den Vorbereitungen für die Premiere von *Der junge Lord*, im Sommer 1965 nimmt sie am »Festival dei Due Mondi« in Spoleto teil, im September wirkt sie bei einer Wahlveranstaltung der SPD mit und im Herbst lässt sie sich zusammen mit Enzensberger in den Vorstand der COMES (Comunità Europea degli Scrittori) wählen. Im Jänner und im März 1966, nach dem Umzug nach Rom und einem weiteren Aufenthalt in Baden-Baden, ist sie auf Lesereisen in der Schweiz und in Deutschland unterwegs, um dem Publikum die ersten Fassungen des *Franza*-Romans zu präsentieren. Eine Reihe von Träumen, die um das Rollenspiel auf der Bühne der Gesellschaft kreisen (Texte 11, 15, 19), zeigen den Preis für diese angestrengte Selbstinszenierung.[1]

Die Brieffragmente an den »Caro Dottore« (Texte 22, 23), die vermutlich 1966 geschrieben werden,[2] lassen eine indirekte Kritik an Dr. Schulzes Therapieversuchen erkennen. Der Therapeut habe ihr zwar ein Bewusstsein der eigenen »Krankengeschichte« vermittelt und ihr so auch die »wahnwitzige Angst, ermordet zu werden« (Text 22), verständlich gemacht, ein Motiv, das bereits in einer Entstehungsvariante zum *Wüstenbuch* vorkommt: »Das Leben, traurig oder schön, für

vermutlich Anfang 1966 (Incipit: Lieber Siegfried, ich habe zwar keine Zeit im Moment,).

1 Vgl. den Abschnitt »Mord oder Selbstmord« im *Literaturwissenschaftlichen Kommentar*.

2 Vgl. *Stellenkommentar*, S. 215 f.

lebenswert gehalten, eines Tags als Kampf erkannt, als Mordschauplatz. Ich könnte töten, aber ich kann nicht töten. Nur ausweichen, nur die Waffe gegen mich selber richten.«[1] Die emotionale Bilanz, die Ingeborg Bachmann nun in den Briefentwürfen an Dr. Schulze zieht, muss mit einem aufgestauten maßlosen »Haß« rechnen, der ohne Worte geblieben ist, »eine Zerstörungswut ohne Sinn und Ziel und ohne Ventil« (Text 22), die nur in konkreten Attacken abreagiert werden kann, beispielsweise durch die Zerstörung einer Schallplatte mit Max Frischs Lesung aus *Mein Name sei Gantenbein*: »Es war meine erste Handlung in all den Jahren.« (Text 23) Der Bericht über diese Wut wird zum Anlass für eine bittere Kritik an der Psychologie und ihrem therapeutischen Anspruch: »So sehr kann man sich auch durch einen Arzt nicht verstanden fühlen, um am Ende nicht zu sagen: was weiß denn jemand – was weiß denn irgendjemand von diesen wahnsinnigen Leiden, von diesem ganzen Wahnsinn, der ja nicht aufhört, von dieser Besessenheit, auf die nur die mittelaltersten Begriffe zutreffen können.« (Text 23) Die Begriffe der Geologie, die zu dieser Zeit auch in die Arbeit am *Buch Franza* eingehen,[2] verweisen auf die tiefliegenden Schichten in der Psyche, an deren hartem Widerstand sowohl die psychologische Analyse als auch die Verhaltenstherapie scheitern:

> Wir sind wahrscheinlich viel älter, als man es uns zubilligt, viel großartiger, viel törichter, – sehr wenig die Personen, die man durchanalysiert. Ich habe oft das Gefühl, daß darunter, wie für die Geologen, etwas an Gestein ist,

1 TA 1, S. 248.

2 Vgl. den Abschnitt »Versuch, es herauszubekommen« im *Literaturwissenschaftlichen Kommentar*.

> an das man nicht herankommt, weder mit Worten noch mit dem Springen ins kalte Wasser. (Text 23)

Nur der kranke, stigmatisierte Körper kann Zeugnis ablegen von diesen archaischen Schichten. Unter dem Titel »2 Vorfälle, bei denen mir schlecht wurde« zeichnet Ingeborg Bachmann für den Therapeuten die Symptome der Panikattacken auf, in denen Übelkeit und Aphasie wiederum in »einer rasenden sinnlosen Wut« (Text 25) kulminieren. Auf den tiefempfundenen Hass,[1] der inkommensurabel und rational nicht auflösbar ist, wird sie auch später in einem Brief an Karl Markus Michel zurückkommen, in dem sie gegen die Rhetorik der 68er-Generation polemisiert:

> Der Hass ist etwas, was auf keine Mauer geschrieben wird, dann wäre er keiner mehr, [...] er ist etwas wie eine Geisteskrankheit, man kann sich betäuben, man kann sich gut zureden, man kann vernünftig sein, aber im nächsten Augenblick ist es aus, man weiss nicht einmal warum.[2]

1 »Ich habe Angst, zu schreiben, weil ich hasse, weil ich nicht die Menschen, aber doch, was sie zuweg bringen, seit einiger Zeit zu sehr hasse, weil mich die Lektüre von unsren Zeitungen jeden Tag in einen Zustand bringt, von dem kein Nervenarzt, kein Fatalist, kein Gläubiger einen je heilen könnten« (TA 1, S. 166). Vgl. dazu Elke Schlinsog: *Berliner Zufälle. Ingeborg Bachmanns* »Todesarten«-Projekt. Würzburg 2008, S. 28 f.

2 Ingeborg Bachmann an Karl Markus Michel, undatiert (Incipit: Lieber Herr Michel, ich habe Ihren Essay). Die Schriftstellerin reagiert auf Michels Essay *Ein Kranz für die Literatur. Fünf Variationen über eine These*, der 1968 im *Kursbuch* (H. 15), S. 169-186, erschienen ist.

Der Hass auf »diese Welt«, der Ekel am Literaturbetrieb sowie die eigene Zerstörungswut werden in den Briefentwürfen an Dr. Schulze immer wieder thematisiert. Zunehmend macht sich dabei ein verzweifelter Tonfall bemerkbar: »Ich will einfach nicht mehr. Ich will zu den Fellachen und den Sand sehen.« (Text 23) Auch die Erinnerung an die Wüste, welche die asketische »Grenzsituationstherapie« des Arztes zu bestätigen scheint, wird nun zur Fata Morgana einer wahren und gesunden Welt, die in Wirklichkeit unerreichbar bleibt:

> ein einziger Gedanke an die Wüste macht mich »krank« in dem besten Sinn, dort war alles wahr, alles richtig, alles tödlich, alles gesund. Dort hat man keine Neurosen, immer denke ich an die Tage, wie die paar letzten Europäer zusammengebrochen sind, (sehr gesunde, junge), und ich habe es ausgehalten, ich war plötzlich gesund. Das bestätigt ja wohl Ihre Theorie, aber wie komme ich noch einmal an diese Wirklichkeit heran? Wie denn? (Text 23)

In den Briefen an den Therapeuten zeichnet sich schließlich immer deutlicher eine Tendenz ab: der progressive Verlust des Interesses an sich selbst.[1] Sie klingen wie ein spätes Echo auf einen früheren Brief von Hans Werner Henze, der sich über die Krankheit der Freundin und ihre literarische Verarbeitung in *Ein Ort für Zufälle* geäußert hatte: »Die vielen

1 Vgl. z.B. Ingeborg Bachmann an Adolf Opel, 15. Mai 1965: »Ich habe nicht gedacht, dass der Prozess so verlaufen würde, dass das langsame Abklingen der Torturen zu einem Desinteresse in mancher Hinsicht führen könnte.«

schlimmen Traurigkeiten und Einsamkeiten, die kann man nur ertragen, indem man arbeitet (im Dunkeln singt) und sich selbst weitgehend ignoriert.«[1] Neben dem Desinteresse am eigenen Leben wird von nun an immer wieder das Schreiben als einzige Überlebensform angeführt, wie etwa in einem Brief an Otto F. Best:

> in Mantua habe ich eine Tafel gelesen, die Garibaldi betrifft. Roma o morte. Und für mich heisst das, weniger pathetisch: Das Buch oder morte. Es wird fertig werden. Manchmal weiss ich nicht wie, aber es muss sein. Und nicht eines Termins wegen. Den Glauben an meine Termine können Sie ruhig verlieren, – es wäre mir wichtiger, dass Sie das andre begreifen und was ich meine damit und was Wichtigkeit für mich hat. Denn von dem Rest, dem Literaturleben, den Terminen, den Programmen etc bin ich längst frei. Es ist etwas zwischen mir und mir, zwischen einer Krankheit und mir, und ich will überleben. Glauben Sie mir keine Redensart, aber an etwas anderes. Seit vier Jahren geht das, Roma o morte, und ich habe nicht aufgegeben. Und ich gehe nicht zum Spass nach Baden-Baden, sondern weil ich nicht untergehen will. Ich könnte hier die vierzig Seconal schlucken, dann wäre es vorbei. Aber ich will nicht.[2]

»[I]ch bin schon tot« – heißt es lapidar in einem der Briefentwürfe an Dr. Schulze, in dem sich Bachmann bei ihrem Therapeuten bedankt: »Ihnen verdanke ich es sicher, daß ich

1 Hans Werner Henze an Ingeborg Bachmann, 31. Oktober 1964. In: Briefe einer Freundschaft, S. 254.

2 Ingeborg Bachmann an Otto F. Best, 3. September 1966.

noch lebe. Aber das ist ja auch nicht genug, ich möchte gern wissen, für mich, warum ich noch lebe.« (Text 23) Im letzten Brief an ihn vom 17. März 1968, der auf eine besorgte Nachfrage Fred Auers reagiert,[1] lehnt Ingeborg Bachmann jede Hilfe ab und versichert, »mit den Resten dieses malessere selber fertigzuwerden« (Text 26). Sie betont ihre Unempfindlichkeit in privaten »nebensächlichen Dingen«, um den Akzent ganz auf die Askese und die Disziplin für das »Werk« zu legen. Viele Briefe dieser Zeit geben Einsicht in selbstdestruktive Gedanken und depressive Stimmungen und sie zeigen so die andere Seite des Lebens der Schriftstellerin nach dem Ende der Therapie. An Heidi Auer, die in den Jahren der Arbeit an *Malina* die Rolle als Vermittlerin der »Wunderpille«[2] übernehmen wird, schreibt Ingeborg Bachmann ebenfalls im März 1968: »Du sollst Dich aber freuen dran, dass es Dir so gut geht, und geniess jeden Augenblick, denn manchmal denk ich, wir werden bald nichts mehr haben, was zum Freuen ist.«[3]

1 Vgl. *Stellenkommentar*, S. 222.

2 Vgl. auch Ingeborg Bachmann an Heidi Auer, 11. Oktober 1967: »Mit der Wunderpille werde ich das Manuskript bestimmt fertigschreiben können«, sowie Ingeborg Bachmann an Heidi Auer, 30. September 1967: »über die andere namens Seresta war ich überglücklich«. Auch dem in Rom in Bachmanns Nachbarschaft wohnenden Tänzer und Schauspieler Luigi Bonino »entging der exzessive Umgang mit Tabletten nicht, in Kombination mit häufigem Alkoholgenuss eine verheerende Mischung«. (Andrea Stoll: *Ingeborg Bachmann. Der dunkle Glanz der Freiheit. Biografie*. München 2013, S. 316)

3 Ingeborg Bachmann an Heidi Auer, 3. März 1968.

Male oscuro: Rede an die Ärzteschaft

Die eindrucksvollsten Dokumente zu Ingeborg Bachmanns Krankengeschichte und Psychiatrie-Erfahrung stellen zweifellos zwei Entwürfe (Texte 27, 28) dar, die die Autorin vermutlich als Teile einer Rede an die Ärzteschaft konzipierte. Ob sie die Absicht hatte, diese je zu halten, ist schwer zu entscheiden. Der erste auslösende Faktor für die Niederschrift der Texte war zweifellos – wie Bachmann präzisiert – der Roman *Male oscuro*.[1] Sie las die Krankengeschichte von Giuseppe Berto wahrscheinlich schon Ende 1964,[2] der Umstand allerdings, dass die Schriftstellerin im zweiten Entwurf von vier Jahren Leiden (Text 28) spricht, legt die Vermutung nahe, dass beide Aufzeichnungen zur Rede erst im Jahr 1966 entstanden sind. Was Bachmann in Bertos Roman besonders getroffen hat, war nicht allein und nicht so sehr dessen literarische Qualität,[3] sondern – so hebt sie im ersten Redeentwurf an die Ärzte hervor – die »penible präzise Schilderung von erschreckender Genauigkeit über die Zustände, die Sie in Ihren Aufsätzen und Büchern behandeln, Neurosenlehre und Psychotherapie.« (Text 27)

Bachmann spricht in ihrer Rede an die Ärzte in der Rolle des »Patienten oder des Ex-Patienten« in der Absicht, diesem eine Stimme und eine Sprache zu verleihen: »Der Pa-

1 Giuseppe Berto: *Male oscuro*. Milano 1964. Der Roman, der im Verlag Rizzoli erschien, erregte in Italien viel Aufsehen.

2 Vgl. *Stellenkommentar*, S. 222f.

3 Ingeborg Bachmann an Klaus Piper, 22. Jänner 1965 zu Bertos Buch: »Es macht einen sehr zwiespältigen Eindruck, hat einige sehr interessante Partien und leider gegen Ende eine lange, die schlecht ist.«

tient, Sie dürfen immer ruhig mich an dessen Stelle setzen«, so stellt sie sich selbst als Subjekt der Rede den Herren der Ärzteschaft gegenüber, und zu Beginn will sie klarmachen: »Ich habe nicht die Absicht, über meine Krankheit zu berichten, aber ich möchte Sie, die Anwesenden und Nichtanwesenden über etwas informieren.« (Text 27) Unverkennbar ist der Anklang an Franz Kafkas *Bericht an eine Akademie*, dessen Name ja im Text auch genannt wird. Wie Kafkas »gewesener Affe« beabsichtigt hier ein »Ex-Patient«, der nicht über Sprache verfügte, die Vertreter der Wissenschaft über eine im wörtlichen Sinn unerhörte Erfahrung zu informieren. Wenn sich Bachmann in der Rolle eines Ex-Patienten an die Ärzteschaft richtet, will sie keine autobiographische Krankengeschichte erzählen, doch gerade die unpersönliche Sprechhaltung ermöglicht es ihr, konkrete Fakten der eigenen Klinikerfahrung zur Sprache zu bringen. Damit wird die Rede an die Ärzte zu einem einzigartigen Dokument, das die Erfahrung der eigenen Krankheit schriftlich festhält in einer persönlichen wie unpersönlichen Sprache, für die der häufige Wechsel der Personalpronomen charakteristisch ist. Im ersten Entwurf (Text 27), in dem die Erfahrung der Klinik anschaulich wird, spricht ein Ich, dessen Stimme im Laufe der Erzählung immer weniger hörbar ist, die erste Person verbirgt sich hinter einem allgemeinen »der Patient« und weicht schließlich dem unpersönlichen »man«, um zuletzt doch wieder zur Ich-Form zurückzukehren. Im zweiten Entwurf (Text 28) meldet sich dann das Ich »in einer tödlichen Panik« zu Wort, um seine höhnische und provokatorische Anklage gegen die Ärzteschaft zu richten und am Ende im Namen aller Kranken zu sprechen: »Ich darf Ihnen versichern, daß wir keine Begriffe haben, wir haben die Krankheit. Und wir brauchen den Arzt. Wir haben den male oscuro«.

Schon am Beginn ihrer Rede bezieht sich Bachmann explizit auf den Roman von Giuseppe Berto, die »Odyssee eines Mannes, der sieben Jahre lang von einem Arzt zum anderen irrt« (Text 27). *Male oscuro* ist das luzide Bekenntnis eines Mannes, der seine Krankengeschichte mit kalter Ironie und beinah unheimlicher Präzision wiedergibt. Im Medium eines sprachlich dichten Bewusstseinsstroms wird hier von einer Krankheit erzählt, die durch den Tod des Vaters ausgelöst wird, etwa zehn Jahre dauert und den Protagonisten unter schrecklichen psychosomatischen Symptomen leiden lässt. »Male oscuro« ist der Name einer Krankheit, der der Protagonist analytisch auf die Spur kommt, die jedoch ihre symbolisch dunkle Dimension in sich selbst verschließt, vom Krebsgeschwür bildhaft verkörpert, das den Vater des Protagonisten getötet hat. Die Geschichte der Krankheit wird im Roman als die Geschichte eines langen Kampfes mit dem Vater beschrieben, von dessen Erinnerung der Protagonist nahezu besessen ist. Den Vater-Komplex versucht er mit Hilfe eines Psychoanalytikers zu heilen, nachdem wiederholte medizinische Versuche und Operationen gescheitert sind. Das sich im Laufe der Behandlung ergebende Krankheitsbild zeigt ein Individuum, das unter einer mächtigen Vater-Imago leidet, das sich zum Bewahrer der Kultur und der Tradition machen will und doch letztlich mit seinem Plan, ein Meisterwerk zu schreiben, am extremen Perfektionismus und an der Angst vor der Lächerlichkeit scheitert. In Anlehnung an die Romanhandlung konzipiert Ingeborg Bachmann ihre eigene Krankheitsgeschichte als eine Geschichte der Entmündigung des Patienten in der Welt der modernen Medizin, sie übernimmt somit nur einen Aspekt des Romans, der sich in ihre spezifische Perspektive einfügt. Es ist jedoch zu vermuten, dass die besondere Faszination des Romans für die Autorin vor allem auch von der psychosomatischen Dimension der Krankheit ausging, die hier eindringlich geschildert wird, und nicht zuletzt auch von der mächtigen Vater-Imago, der der Protagonist auf die Spur kommt.

In Bachmanns erstem Redeentwurf (Text 27) setzt nach dem Hinweis auf den Roman *Male oscuro* unvermittelt die eigentliche Erzählung der Klinikerfahrung ein. An deren Anfang steht der »Hohn« auf die eigene »Vernünftigkeit« und die Warnung an die Ärzte: Der »vernünftige, der intelligente Patient« könne wie »ein Wunder an Einsicht« wirken, auch wenn »er schon die vierzig Nembutaltabletten in der Tasche hat.« Bruchstückartig folgen die Fakten der Krankengeschichte: »Gebärmutterentfernung, es gibt einige Tage mit Morphium«, die Operation scheint »gelungen, der Patient zwar nicht tot, aber in einer irrsinnigen Aufregung, Weinkrämpfe, Schreie, Verzweiflung.« In kurzen, lapidaren Sätzen wird dann die Begegnung des Patienten mit der Psychiatrie berichtet, die ersten Lügen des Kranken, der etwas »von privaten Schwierigkeiten« murmelt, die vorgetäuschte Normalität »langweiliger Ehekomik«, vor allem aber die Stummheit und das bewusste Verschweigen, eine »Teufelei«, die durch Alkohol und Beruhigungsmittel betäubt werden soll, bis das Inferno ausbricht mit einem »furchtbaren Anfall«, der den Patienten wieder in die Klinik bringt: »EKG, Schlafspritze, man liegt in einem Krankenhaus, auf einer internen Abteilung. Man ist in einem Krankenhaus. Man weiß überhaupt nicht, was man hat, jeden Tag Erstickungsanfälle«. Auf das Leiden des namenlosen unpersönlichen Patienten antwortet die Sprache der Klinik mit ihren Messgeräten, Medikamenten und Psychopharmaka, schließlich mit einer lächerlichen Diagnose: »Drei Monate interne Abteilung, immerzu Mittel.

Mittel, Spritzen, Medikamente, und auf der Rechnung steht ein Wort, – ich hoffe, Sie lachen – vegetative Dystonie.« Bachmanns Rede thematisiert die Entmündigung des Patienten und rechnet mit dem Modell der traditionellen Klinik ab, das im technologischen Zeitalter die Krankheit zu einem technischen Problem macht, sie dem Kranken enteignet und ihn der Möglichkeit beraubt, sich mit dem eigenen Leiden auseinanderzusetzen.[1] Der Erfahrungswelt des leidenden Menschen steht die Fachterminologie der Psychiatrie entgegen, für die die Befunde und nicht die Befindlichkeit der Kranken zählen. Beleuchtet wird damit die symbolisch-kulturelle Misere einer Epoche, die die Kultur des Leidens tilgt, gezeigt wird die Gewaltbereitschaft einer gesellschaftlichen Ordnung, die sich von der Krankheit in Frage gestellt sieht und sie folgerichtig an den Rand der Gesellschaft drängen will: »Der Verbrecher und der Kranke, beide verpflegt, beide im Rigorosum am Rand der Gesellschaft«,[2] heißt es in einer

1 In einer Besprechung der medizinischen Werke des Heidelberger Arztes Herbert Plügge (1906-1972) schreibt Jean Améry in diesem Sinne von der Relevanz einer ganzheitlichen phänomenologischen Annäherung an die Welt der Kranken, die nicht nur klinische Fachprobleme in den Blick nimmt. Durch die Lektüre der leibphänomenologischen Analysen Plügges – Améry bezieht sich auf die Abhandlungen *Wohlbefinden und Mißbefinden* und *Der Mensch und sein Leib* – wird nach Améry dem Kranken die Möglichkeit gewährt, zur »›Ich-Findung‹ im wörtlichen Sinne« zu gelangen, das heißt zur Erkenntnis der Krankheit als einer Art, »in der Welt zu sein«, die den Selbstentwurf fördert. Vgl. Jean Améry: *Die Welt des leidenden Menschen*. In: Jean Améry: *Der integrale Humanismus. Aufsätze und Kritiken eines Lesers 1966-1978*. Hg. und mit einem Nachwort vers. von Helmut Heißenbüttel. Stuttgart 1985, S. 159-165.

2 N2019.

undatierten Notiz, die wahrscheinlich in diese Zeit fällt. Die Medizin wird so als eine Wissenschaft entlarvt, die sich in den Dienst der Gewaltordnung stellt, ein Motiv, das in der Produktion dieser Jahre oft mit Bezug auf das NS-Regime auftaucht. In einer unveröffentlichten Entstehungsvariante des *Wüstenbuchs* wird dieses Motiv zum Anlass einer vehementen gesellschaftskritischen Anklage:

> sie werden dich abführen aus diesem Leben, sie werden dich abführen und fesseln und in ihre Zuchthäuser oder Irrenanstalten bringen, weil du hingehn und töten wirst, weil du plötzlich schreien und weinen wirst, weil sie mit deinen Tränen nichts werden anfangen können, so wenig wie du selber, sie werden nur eine Spritze dagegen haben, ein weisses Zimmer, eine Gummizelle, sie werden alles tun, damit deine Tränen nicht aus diesem Zimmer herausrinnen, bis auf den Gang und in die Gassen hinaus, sie werden dich unschädlich machen, sie werden Dich mit ihrer infernalischen Unkenntnis des Infernos in den Schlaf befördern.[1]

Im zweiten Redeentwurf an die Ärzteschaft, der in dramatischem Ton einsetzt, spricht ein Ich, das dieses Inferno der Klinik kennengelernt hat: »ich war in einer tödlichen Panik, jeden Tag drauf und dran, Selbstmord zu machen.« (Text 28) Eine entscheidende Wende wird auch jetzt fast »zufällig« durch Lektüre ausgelöst: »eines dieser dümmlichen Bücher, vorn Theologie, danach dies oder jenes, dann ein Aufsatz eines deutschen Psychiaters.« Die Charakterisierung des Buches legt nahe, dass es sich um den 1963 bei Piper erschiene-

1 N2037.

nen Band *Die Hoffnungen unserer Zeit. Zehn Beiträge* handelte, in dem der Aufsatz *Hoffnung und Angst in ihren körperlichen Auswirkungen* des Mediziners Thure von Uexküll (1908-2004), eines der Gründer der psychosomatischen Medizin, enthalten ist.[1] In diesem Beitrag kritisiert Uexküll den Fortschrittsglauben der naturwissenschaftlichen Epoche als Illusion und erläutert die neuen Krankheitsbilder der modernen, von einem immer stärkeren Unbehagen an der Kultur geprägten Gesellschaft. Hier konnte Ingeborg Bachmann lesen, wie die Weisheit des Körpers ihre Grenzen dort zeigt, wo die emotionalen Weltdeutungen versagen, und wie folglich Angst, Langeweile und Vereinsamung in körperliche Beschwerden umschlagen können. Hier konnte sie vor allem von der Somatisierung der Angst in körperlichen Symptomen sowie von der destruktiven Erfahrung eines Angstanfalls Genaueres erfahren. So heißt es bei Uexküll:

> Solche Angstanfälle sind für den Betroffenen etwas außerordentlich Dramatisches. Der Unbeteiligte kann sich kaum vorstellen, wie entsetzlich und furchtbar sie für die Patienten sind. Akute Angst ist ganz sicher schwerer zu ertragen als akuter Schmerz, und sei er auch noch so heftig. Ein Angstanfall wird immer als vernichtender Einbruch in das Leben erfahren, und so ist es leicht zu verstehen, daß er als Lebensvernichtung erlebt, und oft als Schlaganfall, als Herzinfarkt oder als ausbrechender Wahnsinn gedeutet wird.[2]

1 Vgl. *Stellenkommentar*, S. 224.

2 Thure von Uexküll: *Hoffnung und Angst in ihren körperlichen Auswirkungen*. In: Johannes Schlemmer (Hg.): *Die Hoffnungen unserer Zeit. Zehn Beiträge*. München 1963, S. 25-43, hier S. 31.

Ingeborg Bachmann liest diesen Aufsatz mit »kindischer Hysterie«, da er ihr den psychosomatischen Ursprung der »Erstickungsanfälle oder Kopfanfälle« klarmacht: »Ich war ja nicht krank – ich war nur krank, aber ganz anders.« Das Lustgefühl einer solchen Lektüreerfahrung, durch die das Leben gleichsam eine neue Transparenz erhält, übersetzt sich in ihrem Appell an die Ärzteschaft jedoch unmittelbar in den höhnischen Gestus der Anklage: »man hat mich hineingestoßen, ohne es zu wissen, in einen kompletten Wahnsinn.« Die Erfahrung der Krankheit, die bei Bachmann den Stellenwert einer immensen psychophysischen Erschütterung annimmt, findet ihren Ausdruck in desperaten Hinweisen auf ihre Schmerzen, die sie, ähnlich wie in einer Entstehungsvariante von *Das Buch Franza*, nur als maßlos und sinnlos umreißen kann:

> Ich habe weder eine Seele noch eine Kinderstube anzubieten. Ich habe bloss ein Gehirn, das wie ein schwärender Fuss geplagt wird von masslosen Schmerzen, von sinnlosen Schmerzen, von Todesangst, (ach nicht Tod mein ich, aber es ist doch Todesangst, ich meine aber nicht Tod, meine Quacksalber) ich meine Schmerzen, ich meine ich versinke, wie Atlantis, während die fünf Kontinente von nichts wissen machen, ich versinke inmitten meiner Freunde, ich versinke in einen Schmerz, für den jeder Schrei zu kurz ausfallen würde.[1]

Nur der Kranke, der die Angst und das Leiden selbst erfahren hat, verfügt über ein Wissen, das weder begrifflich erfassbar noch durch die Systematisierungs- und Quantifizie-

1 N2021.

rungsversuche der Wissenschaften angemessen beschreibbar oder gar mitteilbar ist. Für dieses unsagbare Wissen um einen tödlichen Schmerz steht der Name »male oscuro«, der sich nun mit dem Hohn auf jede Wissenschaft und jeden theoretischen Diskurs verbindet: »Ich darf Ihnen versichern, daß wir keine Begriffe haben, wir haben die Krankheit. Und wir brauchen den Arzt. Wir haben den male oscuro«. Aus dieser »Hölle für einen Menschen«, an die kein Begriff heranreicht und in der kein Medikament helfen kann, gibt es nur eine Erlösung, die Ingeborg Bachmann am Schluss ihrer Rede als Zeichen der Hoffnung ansprechen will, in einer »hommage à Praha«, wo sie in einer sozialistischen Poliklinik zum ersten Mal die Wahrheit als Patient erfahren habe: »die erste richtige Diagnose ist eine Erlösung.«
Ingeborg Bachmann konzipiert ihren Appell an die Ärzteschaft in Anlehnung an die Erkenntnisse der psychosomatischen Medizin, die sie dann vor allem bei ihrer Beschäftigung mit dem Werk von Georg Groddeck vertiefen wird. An dem ›gewöhnlichen Arzt‹ Groddeck, den die Autorin als »den bedeutendsten Vorläufer der Psychosomatik«[1] bezeichnet, hebt sie den revolutionären, »kindliche[n] erste[n]« Blick auf die Phänomene hervor, den Mut zu einer Rückkehr zu den Anfängen, zum »Erforschen in einem altmodischen Sinne«.[2] Ingeborg Bachmann bezieht sich auf das *Buch vom Es*, in dem das Es als »ein Hilfswort, [...] kein Ding an sich«,[3] betrachtet werde, und sie definiert Groddeck als einen Arzt, der ›unbekümmerter‹ als Freud und als Theoretiker wohl

1 Ingeborg Bachmann, <Über Georg Groddeck>, Entwurf. In: KS, S. 430-438, hier S. 431.

2 Ebd., S. 436 f.

3 Ebd., S. 434.

auch ›schwächer‹ sei, der sich aber gerade deshalb durch die Kühnheit seines Gedankens auszeichne:

> Groddecks erste und kühnste Vermutung hat sich als richtig erwiesen, es gibt keine Krankheit, die nicht vom Kranken produziert wird, auch kein Beinbruch, kein Nierenstein. Es ist eine Produktion wie eine künstlerische, und die Krankheit bedeutet etwas. Sie will etwas sagen, sie sagt es durch eine bestimmte Art zu erscheinen, zu verlaufen und zu vergehen oder tödlich zu enden. Sie sagt das, was der Kranke nicht versteht, obwohl sie sein eigenster Ausdruck ist, und man kann dennoch den Kranken dazu bringen, wenn es nötig ist (Groddeck hielt es nicht in allen ⟨Fällen⟩ für nötig zu analysieren, oder nur kurz, manchmal aber lange), was er damit sagen wolle.[1]

Wenn Ingeborg Bachmann bemerkt, dass Groddeck in seiner therapeutischen Tätigkeit die Lüge als »ein Faktum wie das Leben«[2] beachte, so geht es ihr um die Problematik der therapeutischen Wahrheit, um eine Wahrheit, die im Sinne Nietzsches auch in der Lüge liegen kann und die somit die Frage nach der Produktivität der Fiktion für den therapeutischen Prozess aufwirft. Groddecks Dialog mit seinen Kranken, in den er deren ganze Welt einbezog, um die Faktizität der Krankheit vollkommen zu erfassen, stellt für Bachmann den Gegenentwurf zur bürokratisierten organischen Medizin dar, die in der Rede an die Ärzteschaft am Beispiel der eigenen Krankengeschichte zu einer brisanten Darstellung kommt. Dem rationalen Diskurs der medizini-

1 Ebd., S. 433.

2 Ebd., S. 436.

schen Vernunft setzt die Autorin die »abstruse Symbiose«[1] zwischen Arzt und Patienten entgegen, die bei Groddeck zu einer Demaskierung der Rollen führt: »Er hat seinen weißen Kittel als eine Farce betrachtet und das Ich des Kranken als Farce.«[2] Groddecks Einsicht, dass es »nicht da den Arzt und dort den Patienten, den Leidenden«, gibt, bezeichnet Bachmann als den Kern seiner therapeutischen Praxis, von dem sie sich eine neue Medizin verspricht: »Es müßte heute auch Ärzte geben, die kongeniale Patienten haben, denn man kann ja niemand heilen, man kann nur gemeinsam weiterkommen.«[3]

1 Ebd., S. 437.
2 Ebd., S. 436.
3 Ebd., S. 437.

Literaturwissenschaftlicher Kommentar

Das »Briefgeheimnis« der »Todesarten«

In einer autobiographischen Aufzeichnung vom 5. August 1962, die Ingeborg Bachmann in Uetikon zu Papier bringt, um Bilanz zu ziehen über ihre letzten Lebensjahre, ist vom »Untergehen, Auslöschen, Krankwerden« und einer damit verbundenen »Agonie« des Schreibens die Rede.[1] Bachmanns Zusammenbruch und die physische und psychische Erkrankung, die ab 1962 ihre Lebensgeschichte bestimmt, bedeuten dennoch nicht das Ende ihres Schreibens. In diesen Jahren beginnt sie ein literarisches Großprojekt, das unter dem Titel »Todesarten« bekannt wurde.[2]

Die Briefentwürfe und Traumnotate dieses Bandes kommunizieren in mehrfacher Hinsicht mit dem Textkorpus der »Todesarten«. Es sind private Aufzeichnungen, die die Poetik des Spätwerks in einem neuen Licht erscheinen lassen. Die Einsicht, dass die Albträume im sogenannten Traum-

1 Vgl. die autobiographische Notiz vom 5. August 1962 (N2413).

2 Schon am 7. August 1962, also wenige Tage danach, teilt Ingeborg Bachmann dem Verleger Klaus Piper ihr Vorhaben mit, »eine neue Arbeit anzufangen« (zit. nach Bachmann-Handbuch, S. 17), und am 12. August entsteht eine Aufzeichnung, die als Keimzelle der »Todesarten« betrachtet werden kann: Die Stadt Wien erscheint hier als der Ort einer Sehnsucht, der zum Schauplatz eines neuen Werkes werden soll: »Über dem Stadtplan von Wien liegen, wie ein Ertrinkender, ein Sehnsüchtiger, der nicht mehr weiß, wohin eine Sehnsucht geht. Die Namen vor allem sind es, das Röntgenbild der Stadt, die mich verrückt machen vor Sehnsucht.« (TA 1, S. 166)

kapitel von *Malina* auf authentische Träume zurückgehen, die die Autorin schon Jahre vorher aufgezeichnet hat, bezeichnet nur den eklatantesten Aspekt dieser Neu-Edition. Der exemplarische poetologische Stellenwert der Texte kann thesenhaft formuliert werden: Es sind Zeugnisse für die Verankerung der Literatur in einer radikalen lebensgeschichtlichen Erfahrung, Dokumente der engen Verschränkung von Lebens- und Werkgeschichte. Sie erzählen nicht nur von der Krankheit und ihren Traumbildern, von der Angst und Verzweiflung des schreibenden Ich, das sich der Zerstörung und Selbstzerstörung ausgesetzt sieht, sie kommentieren auch einen Schreibprozess, der aus der Artikulation der Krankheit hervorgeht und sich als ein Kampf um das psychische und physische Überleben darstellt. In diesen Texten zeigt sich, wie die Krankheit als *Male oscuro* in den Symptomen um ihren Ausdruck ringt, wie sie sich in Begriffen wie »Besessenheit« und »Stigmatisierung« zu denken gibt, die dem modernen Bewusstsein fremd sind. Die literarische Bearbeitung der eigenen Träume im Roman *Malina* stellt dabei nur den Höhepunkt eines jahrelangen Erfahrungsprozesses dar, in welchem Ingeborg Bachmann ihre eigene Krankheit als existentielles Schicksal und vor allem als literarische Aufgabe und Herausforderung annimmt. Dabei erweist sich die Krankheit auch als ein Seismograph kollektiver Destruktivität und gesellschaftlicher Gewalt, und sie bestätigt so ein Politikverständnis, wie man es auf einem Blatt aus dem Nachlass unter dem Titel *Politik und Physis* findet. Politik bezeichnet Bachmann in dieser Aufzeichnung »nicht als ein Resultat denkender Überlegungen, sondern als eines der Physis«, sie sei keine Theorie oder gar Ideologie, sondern eine körperliche Erfahrung: »das heißt, daß ein im Prozeß befindliches Körperwerk, dessen Tentakel die andren Tentakel des gesellschaftlichen Körpers dauernd berührt, von ihnen abgestoßen und angezogen wird.«[1] Bachmanns literarische Phänomenologie der Krankheit unterscheidet sich auf signifikante Weise von der großen ästhetischen und kulturellen Tradition, in der seit jeher Liebesleid und Melancholie die Poesie des Abendlandes inspirierten, in der die Krankheit als »große Gesundheit« (Friedrich Nietzsche) das Leben steigern konnte oder, wie im *Zauberberg* von Thomas Mann,[2] als fiebrige Intensivierung der Vitalität zur Diagnose der Dekadenz wurde. Die Krankheit wird bei ihr auf radikal andere Weise gesehen, konkreter und verstörend. Im Groddek-Essay vergleicht sie deren Symptome zwar mit einer künstlerischen Produktion, die etwas sagen will, »was der Kranke nicht versteht«,[3] doch im Entwurf zum Roman *Die Glasglocke* von Sylvia Plath schreibt sie: »Nichts ist poetisch an Krankheit, und die großen Kranken von Dostojewski bis Sylvia Plath wissen es, die Krankheit ist das schlechthin Entsetzliche, es ist etwas mit tödlichem Ausgang.«[4]

Die hier edierten Aufzeichnungen geben Einblick in die Genese einer einmaligen Poetik des »verstörten und verstören-

1 Ingeborg Bachmann: *Politik und Physis. Entwurf.* In: KS, S. 373 f. Vgl. dazu Hans Höller: *Krankheit und Politik. Bachmanns ›Eintritt in die Partei‹.* In: Arturo Larcati und Isolde Schiffermüller (Hg.): *Ingeborg Bachmanns Gedichte aus dem Nachlass. Eine kritische Bilanz.* Darmstadt 2010, S. 19-32, hier S. 25.

2 Zu den Metaphern der Krankheit und ihrer Kritik vgl. Susan Sontag: *Krankheit als Metapher.* Frankfurt am Main 1981.

3 Ingeborg Bachmann: *<Über Georg Groddeck>. Entwurf.* In: KS, S. 430-438, hier S. 433.

4 Ingeborg Bachmann: *Die Glasglocke/Das Tremendum (über Sylvia Plath).* In: KS, S. 450-452, hier S. 451.

den Schreibens«,[1] bei dem sich keine strenge Trennlinie ziehen lässt zwischen Leben und Literatur. Darum stellen diese Texte eine Provokation für die Literaturwissenschaft dar, welche die poetologische Relevanz von Briefen und Traumnotaten betrifft, die zunächst in einem therapeutischen Kontext entstanden sind: Wird mit der Publikation dieser Aufzeichnungen nicht jenes »Briefgeheimnis« verletzt, von dem im Roman *Malina* die Rede ist?[2] Sind diese Träume nicht eine intime Bilderschrift, die nur das träumende Ich selbst angeht und sich an keinen Leser richtet? Verlangt der Traum, will er nicht verraten werden, nicht nach der Gegenwart des Träumenden? Oder, die Frage allgemeiner gestellt: Welche Lesart ist diesen Dokumenten angemessen, die an der Schwelle zwischen Leben und Literatur entstehen? Sicherlich würde es eine Verkürzung bedeuten, die Texte auf eine biographische Lesart festzulegen, um die Krankengeschichte der Autorin zu rekonstruieren. Im gegebenen literaturwissenschaftlichen Rahmen kann es auch nicht um eine psychoanalytische Deutung der Träume gehen, die eine therapeutische Situation voraussetzt. Es finden sich im Übrigen auch wenig stichhaltige Belege dafür, ob die Notate gleich nach dem Erwachen oder in größerem zeitlichen Abstand zum Traum aufgeschrieben wurden. Dagegen kann die literarische Verarbeitung der Träume gezeigt werden, die zum Teil schon in *Das Buch Franza* und im Be-

1 Hans Höller: Ingeborg Bachmann: Man sollte die Gedichte als zentralen Teil des Werks verstehen. In: *Die Zeit*, 9. November 2000.

2 Vgl. dazu: Sigrid Weigel: *Ingeborg Bachmann. Hinterlassenschaften unter Wahrung des Briefgeheimnisses*. Wien 1999; Sigrid Weigel: *Zur Genese, Topographie und Komposition von* Malina. In: Matthias Mayer (Hg.): *Werke von Ingeborg Bachmann*. Stuttgart 2002, S. 220-246.

sonderen dann ins Traumkapitel von *Malina* in überarbeiteter Form aufgenommen wurden.

Die Traumnotate (Texte 1-19) erzählen nicht die Geschichte einer kranken Schriftstellerin, sie lesen sich eher wie ein unterirdisches Netzwerk von Figuren, Motiven und Konstellationen, das die »Todesarten«-Romane motiviert und inspiriert hat. Auch Bachmanns Briefe an den Therapeuten (Texte 20-26) sind vor allem im Hinblick auf ihre werkgenetische Bedeutung interessant. Die Autorin spricht in diesen Briefen nicht nur von der eigenen Krankheit, sie erhellt mit der Angst und deren Symptomen die lebensgeschichtliche Signifikanz von zentralen Metaphern und Themenkomplexen des Prosawerks. Allerdings setzt sich die Poetik der späten Prosa – wie Bachmann in Interviews betont hat – bewusst ab vom autobiographischen Schreiben im traditionellen Sinn. Ihr Roman *Malina* will nicht als Autobiographie, sondern als »geistiger Prozeß« (GuI, S. 71) verstanden werden, der sich polemisch gegen »das Erzählen von Lebensläufen, Privatgeschichten und ähnlichen Peinlichkeiten« (GuI, S. 88) wendet.

Von besonderer werkgenetischer Relevanz ist die Beobachtung, dass in den ersten Jahren der Krankheit der ›andere Schauplatz‹ der Träume kaum mit den Werkentwürfen zu kommunizieren scheint. Erst nach und nach stellt das schreibende Ich eine Beziehung zu den eigenen Träumen her, mitunter gehen die Traumprotokolle erst mit einer jahrelangen zeitlichen Verschiebung in das literarische Schreiben ein. Was die Chronologie der Aufzeichnungen, soweit sie rekonstruierbar ist, zeigen kann, ist der Weg einer Erfahrung, auf dem sich allmählich die »inwendigen« Schauplätze (TA 2, S. 75) der Krankheit erschließen und das Ich zu seinen Träumen findet. Zu durchmessen ist dabei immer wieder die

Distanz, die sich zwischen dem Schauplatz des Unbewussten und der lebensgeschichtlichen Realität auftut, zwischen der Intimität privater Aufzeichnungen und einer Form des Schreibens, die an den literarischen Diskurs und an die Strukturen gesellschaftlicher Kommunikation gebunden ist. Auf exemplarische Weise stellt sich am Beispiel dieser Texte die Frage nach dem Verhältnis von persönlicher Mitteilung und öffentlichem Sprechen, die Frage nach einer Konzeption von Literatur, die auf der Verschlüsselung versteckter Briefe und Notizen beruht, einem poetologischen Konzept, das in *Malina* explizit erörtert wird. Eine literarisch beispielhafte Bedeutung gewinnen die Texte im Hinblick auf das literarische Werk nicht zuletzt auch deshalb, weil sie das Ich der Literatur radikal zur Diskussion stellen. Im Roman *Malina*, der vom Verschwinden des weiblichen Ich und von seinem Überleben im männlichen Erzähler Malina handelt, wird das Konzept der Autorschaft problematisiert, wobei das Ich die paradoxe Frage nach seinem eigenen Vermächtnis stellt: »Ich möchte das Briefgeheimnis wahren. Aber ich möchte auch etwas hinterlassen.« (TA 3.1, S. 682) Der Wunsch nach Wahrung des Briefgeheimnisses bezieht sich auf die sogenannten privaten Korrespondenzen und Aufzeichnungen, die dem Roman eingeschrieben und in seinem Textkörper zugleich verborgen und aufbewahrt sind. Er richtet sich gegen die biographische Neugier der Leser und gegen den Verrat der Intimität und kann in diesem Sinn wohl auch als eine Leseanweisung für die hier publizierten Briefe, Traumnotate und Aufzeichnungen verstanden werden.

»Womit begann es eigentlich«

Die Traumnotate, die auf Februar und März 1963 datiert sind, können dazu beitragen, eine Phase im Leben von Ingeborg Bachmann, die von wiederholten Zusammenbrüchen und Krankenhausaufenthalten bestimmt ist, dem Verständnis näherzubringen. Im lebensgeschichtlichen Kontext sind die Traumprotokolle als Reaktionen auf die Trennung von Max Frisch lesbar, dessen Name auch immer wieder genannt wird. Wie erwähnt, scheinen diese ersten Träume kaum mit den literarischen Entwürfen derselben Zeit zu kommunizieren, in denen sich das unpersönliche Subjekt einer unbekannten Krankheit zu Wort meldet: »Womit begann es eigentlich. Es begann wahrscheinlich nicht, sondern es lauerte in ihm, es brach auf, es brach aus, es lauerte wieder, es stampfte durch seinen Körper und durch sein Hirn, durch seine Blutbahnen, es stampfte gemächlich, es legte sich nieder, es lauerte, es stand auf.« (TA 1, S. 87) Protagonist der Krankheit ist hier noch ein männlicher Held namens Eugen, der von Angstzuständen und Todesfurcht heimgesucht wird: »Ja, das ganze ist eigentlich eine Furcht, ermordet zu werden. Ich fürchte mich vor Mord.« (TA 1, S. 104) Die Traumnotate werfen ein Schlaglicht auf das innere Drama, das die Symptome der Krankheit und die Angst vor dem Mord motiviert. Sie bebildern nicht allein die Verzweiflung und Isolation der Träumenden, sie entwerfen auch eine seelische Topographie, die mit ihren Orten und Topoi die Geographie des Prosawerks inspiriert.

Der erste Traum, 13. Februar 1963, beginnt am Heimatort, in »Vellach oder vielleicht in Kötschach«, wo sich das Traum-Ich jedoch »verzweifelt allein« fühlt, alles ist »grau und stürmisch und inselhaft und winterhaft rundherum.« (Text 1) Erst »beim Aufwachen, im Halbschlaf« wird bemerkt, »daß es eher ausgesehen hat wie Ischia beim Einsetzen der ersten Winterstürme, es war auch wie eine kleine Insel, abgeschnitten, Boote irgendwo, ich aber in der Meinung, es sei das Gailtal«. Das Bild von der mediterranen Insel des Südens, die in den *Liedern von einer Insel* als vulkanisch-dionysischer Ort einer leibhaften Auferstehung besungen wurde, präsentiert sich nun winterlich kalt, die poetische Landschaft erscheint wie tot. Der Wunsch einer Rückkehr nach Hause lässt sich nicht erfüllen, wie der Traum deutlich macht. Er signalisiert die Dislokation des weiblichen Ich, das auch im Traum die Fernverbindung mit »Max« und mit »New York« nicht aufgeben will: »Dann werde ich ans Telefon gerufen, der Anruf kommt aus New York«. Schon dieser erste Traum geht zum Teil wörtlich ins Traumkapitel von *Malina* ein. Im Roman ist es nicht »Max«, sondern der Vater, der anruft, während das Ich »auf einer Insel hier, die weit draußen im Wasser liegt« (TA 3.1, S. 508), um seine Rückkehr bittet: »Und während ich auf Antwort warte, sehe ich, wie verdüstert die Sonneninsel ist, die Oleanderbüsche sind umgesunken, der Vulkan hat Eiskristalle angesetzt, auch er ist erfroren, es ist das alte Klima nicht mehr.« (TA 3.1, S. 508 f.) Die Antwort im Traum wie auch im späteren Traumkapitel des Romans ist das Lachen des anderen: »Max lacht und lacht immer mehr, nicht gerade höhnisch, aber ziemlich belustigt«, so heißt es im frühen Traumnotat, in dem dieses Lachen die Missachtung und Geringschätzung des eigenen Schmerzes zum Ausdruck bringt. In *Malina* wird sich dieses Gelächter dann dramatisch verstärken, zu einem grotesken und grausigen »HAHAHA« (TA 3.1, S. 509) des Vaters, dessen Hohn die Bühne des Unbewussten beherrscht.

Wie andere Traumprotokolle Ingeborg Bachmanns hält auch die Aufzeichnung vom 13. Februar 1963 den Moment des Erwachens fest. Im »Halbwachtraum« wandert die Imagination wieder fort nach New York, doch kurz vor dem Erwachen stellt sich der Gedanke an Wien und Berlin ein, »dann fällt mir ein, daß ich nicht nach Wien gehen kann, ich sage, ich muß also doch nach Berlin gehen und sofort abreisen«. Wenig später wird Bachmann ihre ›subventionierte Agonie‹ in Berlin erleben, an einem Ort, der »nach Krankheit und Tod riecht«,[1] wie es im Gombrowicz-Essay heißt. Aus den Traumprotokollen, die der Übersiedlung nach Berlin unmittelbar vorausgehen, spricht ein ›unbehaustes‹ Ich, das vom Ort seiner Herkunft abgeschnitten bleibt und »kein Dach mehr über dem Kopf«[2] hat. Immer wieder wird Bachmann von ihrer ›Heimatlosigkeit‹ und »Vagabondage« sprechen, von ihrem Schicksal, keinen »Boden unter den Füßen«[3] zu haben.

Die ersten Traumprotokolle zeigen nicht nur die Orte einer seelischen Geographie und Pathographie, die das Prosawerk inspirieren, in diesen Träumen spielt auch die Familie eine »dominierende Rolle«, wie Ingeborg Bachmann selbst in einer späteren Traumreflexion (Text 14) bemerkt, die sich wahrscheinlich an den Therapeuten Dr. Helmut Schulze richtet. Sie denkt dabei an ihre ersten Träume zurück, in denen »M.[ax] F.[risch]« die Hauptperson war, »immer mit dem Vater verwechselt«, und erinnert sich an den »Horror«

1 Ingeborg Bachmann: <*Witold Gombrowicz*>. *Entwurf*. In: KS, S. 481-485, hier S. 481.

2 Ebd.

3 Ingeborg Bachmann an Klaus Piper, Ende März 1964, zit. nach Bachmann-Handbuch, S. 15.

vor den »Inzestträume[n]«. Vor allem aber fragt sie nach der großen Bedeutung ihrer Familie in den Träumen, was sie nicht verstehe, denn sie habe, soviel sie auch darüber nachdenke, »nur eine normale Beziehung« zu ihr; dennoch seien schon in den frühen »dramatischen Angstträumen« fast immer die Schwester und auch die Mutter aufgetreten. Bestätigt wird diese Beobachtung im Traumprotokoll vom 13. Februar 1963 (Text 1), in welchem die Schwester in Kötschach anwesend ist. Das Ich will mit ihr von seiner Verzweiflung und Isolation sprechen, doch der Anruf aus New York unterbricht den möglichen Dialog. Wie in vielen anderen Träumen bleibt in solchen Szenen etwas sprachlos und stumm: »Ich habe etwas versäumt« (TA 3.1, S. 542), so wird das Ich später Malina antworten, als dieser nach der Rolle der Schwester fragt. Versäumt wird, wie die ersten Träume zeigen, nicht nur der Dialog mit der Schwester, sondern auch die Möglichkeit eines intimen Selbstgesprächs. Die Träume inszenieren die Dissoziation weiblicher Identität, wenn sie von unbekannten Wohnungen und Räumen, von Küchentischen und Schlafzimmern erzählen, die von fremden Frauen besetzt sind (Texte 2, 5, 6, 7, 8). Das Drama einer verletzten und verratenen Intimität, das als ein grundlegender Aspekt in die Prosa der »Todesarten« eingehen wird, ist in diesen Traumbildern schon vorgeprägt. Eine zentrale, wenn auch verschwiegene Rolle spielen darin die Mütter. Dies zeigt beispielsweise die Aufzeichnung vom 3. März 1963, in der »nach dem Erwachen« ein Gespräch mit der Mutter von »Max« über die Briefe des Sohnes erinnert wird:

> Von mir steht kein Wort in dem Brief, auch nichts, wann und ob er mich hier sehen will. Es ist schon, als existiere ich überhaupt nicht mehr. Zum Glück merkt die Mutter

> es nicht, sie meint, ich müsse erst ganz gesund werden, ehe Max mich wiedersehen will. Aus unerfindlichen Gründen hält sie Krankheit für einen Trennungsgrund. Sie sagt, Sie müssen dann wieder gut aussehen, wenn Max zurückkommt. (Text 2)

Aus diesen verständnislosen Worten spricht eine ganze Generation von Müttern, deren Sprache vernichtend auf die Töchter wirkt. Mit dem Erwachen aus dem Traum wirkt daher »plötzlich alles ganz unlösbar und so unendlich mühsam auch für die Zukunft.«
Auch die eigene Mutter des Traum-Ich bleibt in den Träumen hilflos und stumm, wie in der folgenden Aufzeichnung vom 6. März 1963, die von der Heimkehr der Familie handelt. Es ist einer der frühesten Träume, in denen der Vater Max Frisch ersetzt und das Inzest-Motiv auftaucht, das im Traumkapitel von *Malina* dominant wird:

> Traum: Mein Vater (anders und jünger aussehend), meine Mutter und Marianne kommen aus Amerika zurück. Wir fahren zuerst auf einem Planwagen. Unausgesprochen dabei als Faktum, daß mein Vater und Marianne (wie in Wirklichkeit jetzt Max und Marianne) in Amerika waren und mit aller Bedeutung davon. (Text 3)

Wie die Pioniere, die eine neue Welt erobern wollten, kehren die Mitglieder dieser Familie von ihrem Abenteuer zurück, doch die Stelle der Tochter wird nun von Marianne besetzt, der Rivalin und Gegenspielerin des Ich, die ihren Platz neben dem Vater einnimmt. Mag der Name »Marianne« in einer biographischen Lesart auch an »Frau Oellers« erinnern, wie sie in anderen Traumprotokollen genannt wird, so ist auf der innerpsychischen Bühne des Traumgeschehens jedoch ihre Rolle als Akteurin des Unbewussten ausschlaggebend: »goldblond, fast golden, strahlend, glücklich« spielt sie im Traum die Tanzpartnerin des Vaters und vertritt dabei ein siegreiches und triumphierendes Selbstbild und Ich-Ideal. In *Malina* bekommt diese inzestuöse Tochter den Namen Melanie und sie hält mit dem Vater Einzug »in den Ballsaal aus KRIEG UND FRIEDEN« (TA 3.1, S. 513). Als ehrgeiziges »kleine[s] Krokodil« (TA 3.1, S. 553), das gierig ist nach Ruhm und Erfolg, vertritt sie die weibliche Komplizenschaft und Teilhabe an der Herrschaft der Väter, die schon die ersten Träume in *Malina* mit großer Evidenz vor Augen führen.

Im Traumkapitel von *Malina* schweigt die betrogene Mutter, »aufrecht und stumm« (TA 3.1, S. 514) wohnt sie dem Geschehen im Ballsaal bei oder sie versteckt sich im Korallenriff und starrt »stumm und mahnend« auf das Ich, das bange an ihr hängt und Zuflucht sucht »in ihrer verästelten, tausendgliedrigen, zunehmend wachsenden Tiefseestarre« (TA 3.1, S. 520). Hier dominiert das Schweigen einer Unterwasserwelt, in der die Schreie des weiblichen Opfers ersticken. Im früheren Traumprotokoll dagegen will das Ich noch von seiner Krankheit sprechen, obwohl die Mutter nur »mit Ausflüchten« antwortet. Erschütternd wirkt im Traum die Insistenz dieses Ich, das um Ausdruck kämpft und gesund werden will, das den anderen trotz der allgemeinen Verlegenheit immer wieder »ins Gespräch« fährt mit seinen Sätzen: »Ich habe etwas unangenehm Insistierendes, ich will nur davon sprechen, obwohl sonst niemand davon sprechen will, auch meine Mutter nicht.« (Text 3) Besondere Bedeutung gewinnt schließlich die Traumszene, in der die goldblonde Marianne aufsteht, um mit dem Vater zu tanzen, und das Ich sich verzweifelt an sie wendet, in einem letzten

Versuch, der Krankheit und dem Schmerz eine Sprache zu geben: »Wissen Sie, wie das mit Morphium ist? (Anspielung auf meine Morphiumtage.) Sie sagt, im Weggehen mit meinem Vater, im Konversationston: Morphium, das soll wunderbar sein.« Der Traum erzählt von Aphasie und Narkose, von der Scham und vom Sprachverbot, das auf dem Leiden liegt, aber auch vom Drängen nach Ausdruck; er liest sich wie ein Kommentar zu den Symptomen der Krankheit, die sprechen wollen und sich nachdrücklich an der Schwelle des Bewusstseins bemerkbar machen.

»Die Gnade Morphium, aber nicht die Gnade eines Briefs« (UG, S. 54), so heißt es in einem der Nachlassgedichte (*Gloriastrasse*), die in der frühen Zeit der Krankheit, wahrscheinlich Anfang 1963, entstanden sind. Diese Gedichte sind erste Artikulationsversuche der Krankheit, die sich nur symptomatisch äußern kann und den Körper zu ihrem Ausdrucksmedium macht: »ein Körper, auf dem die Geschichte / und nicht die eigne, ausgetragen wird« (UG, S. 60). Die Krankheit ist in diesen Gedichtentwürfen kein Thema unter anderen, sie setzt die Sprache einer radikalen Krise aus, die die Wurzeln des poetischen Sprechens erfasst. In einem frühen Entwurf leidet Fanny, die erste weibliche Protagonistin der »Todesarten«, an dieser Aphasie. Auch sie träumt von der »Blutschande«, von der sie im Traum zu sprechen sucht: »aber sie hat keine Stimme im Traum«, ihre Worte bleiben »unhörbar, ein Bewegen ihrer Lippen, ein grausiges Bewegen ihrer Lippen und kein Ton« (TA 1, S. 127). Stattdessen spricht Fannys stigmatisierter Körper: »ihre Haut zuckte am ganzen Körper, als teilte man auf sie elektrische Schläge aus, dann wieder rann über das Bein ein Strom dicht unter der Haut, ein neuer Strom setzte in der Kreuzgegend ein und floß den Rücken hinauf, bis unter ihre Kopfhaut.«

(TA 1, S. 134) Am Beispiel dieser Figur wird nicht nur die Symptomsprache des weiblichen Körpers inszeniert, an ihr wird auch eine spezifischere Form der Todesart verhandelt: Fanny wird zum Opfer der Literatur, sie wird mit anderen Worten zum Gegenstand eines Romans, in dem ihr Leben »ausgeraubt« und »ausgeschlachtet« wird (TA 1, S. 118).[1] Der bis in Details rekonstruierbare biographische Hintergrund ist die Entstehung und Publikation von Max Frischs *Mein Name sei Gantenbein* (1964), in welchem sie persönliche Details ihres gemeinsamen Lebens preisgegeben sieht.[2] Der Verrat der Intimität, der schon in den ersten Träumen als innerpsychisches Drama gegenwärtig ist, wird damit zu einem moralisch-ästhetischen Problem des Schriftstellermilieus; es geht nun um das Schreiben, um die Fragwürdigkeit einer Literatur, in der der private »Schrecken des Lebens« – wie Jean Améry in seiner Rezension von Max Frischs später Erzählung *Montauk* (1975) ausführt – »zum Material für geschickte Hände«[3] wird. Fanny, »eine Musterschülerin der neuen Literatur«, befasst sich von nun an nur noch mit den weiblichen Opfern der Literatur und richtet in ihrer Bibliothek »eine Geschädigtenecke« ein (TA 1, S. 135). Hier wird vom Beginn jener neuen Poetik erzählt, die auch in den frühen Entwürfen zur Büchnerpreis-Rede klar formu-

1 Zur Entwicklung des Fanny-Komplexes im »Todesarten«-Projekt vgl. Ingeborg Bachmann: *Das Buch Goldmann*. Hg. von Marie Luise Wandruszka. Salzburger Bachmann Edition. Berlin 2017.

2 In ihren Briefen an Max Frisch verlangt Bachmann dezidiert das Weglassen bzw. die Veränderung von Stellen, die eindeutig auf sie verweisen.

3 Jean Améry: *Mein Name sei Frisch. Über Max Frischs Erzählung* Montauk. In: Jean Améry: *Werke*. Bd. 5: *Aufsätze zur Literatur und zum Film*. Hg. von Hans Höller. Stuttgart 2003, S. 158-173, hier S. 169.

liert wird als Projekt eines anderen Schreibens, das sich auf die Kranken beruft: »[E]s sind also die Kranken, ⟨auf⟩ die zu zählen ist und denen das Gefühl für Unrecht und Ungeheuerlichkeit noch nicht abhanden gekommen ist.« (TA 1, S. 175) Ein Celan-Wort aufnehmend,[1] spricht Bachmann von »einem kunstfernen Weg, der einmal einmünden kann, dort wo wieder Kunst kommt. [...] Eine unendliche Übung, endliche Übung, ein Eintauchen und Abwehren der Selbstvernichtung, und die andre Selbstvernichtung dann in der Kunst, dann gerechtfertigt« (TA 1, S. 174).

Diesen neuen Begriff von Literatur hat Ingeborg Bachmann in der Büchnerpreis-Rede (*Ort für Zufälle*, 1964) theoretisch am einprägsamsten begründet. In ihre poetologische Auseinandersetzung mit der Krankheit gehen die geschichtsbewussten literarischen Positionen von Georg Büchners *Lenz*-Novelle und Paul Celans historische Radikalisierung der psychischen Krisenerfahrung nach Auschwitz ein, wobei der »Zufall« der Krankheit als das »uns Zugefallene und Zufallende«[2] verstanden wird. Die Krankheit hat in Berlin, an diesem *Ort für Zufälle*, keine individuelle Geschichte, sie spricht, ohne dass jemals ein persönliches Ich zu Wort kommt, aus dem Nicht-Ort eines Klinikzimmers, in der die Kranken dem Lärm der Stadt ausgesetzt sind und ihre Körper vom kollektiven Wahnsinn heimgesucht werden. In die Rede sind auch die Erfahrungen der Reise nach Ägypten und in den Sudan eingegangen, die Ingeborg Bachmann von Ende April bis Anfang Juni 1964 mit Adolf Opel unternommen hatte. Aus den ersten Rede-Entwürfen geht hervor, dass die

1 Sie bezieht sich auf Paul Celans Brief vom 21. September 1963. In: Herzzeit, S. 158 f.

2 Paul Celan an Max Frisch, 29. Mai 1960. In: Herzzeit, S. 173 f.

Themenkomplexe von Berlin und Wüste zunächst eng verbunden waren und erst später das sogenannte *Wüstenbuch* als selbständiger Komplex herausgelöst wurde. Von Beginn an ist damit der kranken Stadt eine therapeutische Bewegung eingeschrieben. In einem frühen Vorrede-Entwurf ist von zwei Bewegungen, die sich überschneiden, die Rede: »Berlin, das nicht von einer Person besucht wird, sondern von einem Delirium, von einer Krankheit, könnte man sagen, von schlechten Träumen, und kontrapunktisch ein Ich, dem zuzutrauen ist, daß es sich auf einer Reise befindet, vielleicht weniger auf einer Reise als auf einem Weg der Heilung« (TA 1, S. 181).

Ein Traum, der wahrscheinlich noch in die Berliner Zeit fällt (Text 10), spricht vom Weg der Heilung, den das Traum-Ich beschreiten will, zugleich zeigt er eine existenzbedrohende Wunde, die zunächst »wie verheilt« aussieht: »[...] ein schöner Schnitt unter der Kniescheibe, ich kann nachhause gehen«. Aber dann führt der Traum vor Augen, wie weit das Ich von zu Hause entfernt ist. »Ich muss in New York sein«, so vermutet das Traum-Ich, das nun in der Fremdsprache, auf Englisch, spricht. Ein Mann fragt nach den Dokumenten, doch die Papiere fallen auseinander, nur »etwas wie ›Kurzl Elixxxx‹« ist darin lesbar, »ich tu, als wäre das mein Name«. Mit der Verleugnung des eigenen Namens und dem drohenden Identitätsverlust wird nun auch evident, dass die Wunde keineswegs verheilt ist, sondern dass sie »blutunterlaufen« unter der Haut weiter schwärt und immer noch gefährlich werden kann.

»Versuch, es herauszubekommen«

Der Großteil der hier edierten Traumprotokolle, die vermutlich im Rahmen der Therapie bei Dr. Helmut Schulze entstanden sind, wird später in überarbeiteter Form ins Traumkapitel von *Malina* eingehen. Es sind anfangs oft konfuse und chaotische Träume, denen auch das Schriftbild einiger Protokolle entspricht (Texte 5, 6). Die vielen Frauenfiguren, die die Bühne des Traumgeschehens bevölkern, verraten die Dissoziation weiblicher Identität, sie verkörpern Widerstände, Wünsche und Ängste in einem psychischen Drama, dessen geschlechtsspezifische Konturen sich nun klarer abzuzeichnen beginnen. Eine Wahrsagerin vertritt die magischen Hoffnungen auf Heilung, »Spielkarten mit schwarzen Nummern« (Text 6) scheinen ein fatales Schicksal anzudeuten, eine wütende Revolverfrau (Text 8) will sich rächen für das erlittene Unrecht, eine exaltierte Schauspielerin rezitiert mit unerträglich hysterischer Stimme ein französisches Gedicht (Text 9). Der Schauplatz dieser Dramen sind Wohnungen und Innenräume, die oft von der Rivalin besetzt sind. Diese verwehrt dem Traum-Ich das Recht auf die eigene Existenz und enteignet ihm die emotional besetzten Dinge, »die zwei kleinen Tassen« etwa, »aus denen wir immer Kaffee getrunken haben« (Text 6), persönliche Gegenstände, die auch im *Gantenbein*-Roman von Max Frisch vorkommen und in *Malina* eine fast magische Bedeutung annehmen. Die Träume dieser Zeit verraten die emotionale Verletzung, die Rachegefühle und den Hass der Träumenden (Texte 6, 7, 8), sie enthalten aber auch positive Momente wie das Versprechen eines neuen, intensiven Liebesglücks mit einem jungen Mädchen, die Utopie einer homoerotischen

Liebe, die in den weiblichen Träumen eng an das Selbstgefühl und die Sorge für sich selbst gebunden ist. Mit der Musik aus dem dritten Akt von Richard Wagners *Tristan* (Text 5), zu der die Frauen zu singen versuchen, wird nun erstmals der Klang weiblicher Affekte laut, er bleibt zögerlich und prekär – »wir irren uns einige Male« –, weit entfernt von den großen Opern, in denen die Träumende ihre Rolle spielen will. Dieser utopischen Musik weiblicher Stimmen, die in den Träumen zaghaft erklingt, wird im späteren Traumkapitel von *Malina* dann ein tödliches Ende bereitet durch den Warnruf der Brangäne aus Wagners Oper: »Habet acht! habet acht! Bald entweicht die Nacht!« (TA 3.1, S. 546)

Die Traumprotokolle, die wahrscheinlich auf die ersten Monate des Jahres 1965 zu datieren sind, inszenieren nicht nur die Potentialitäten und Widerstände, die Ängste und Hoffnungen eines weiblichen Dramas, sie thematisieren vor allem das Schreiben, das der Spur dieser Träume folgen will. Der Traum vom Gesang der Frauen beispielsweise beginnt mit »zahllosen, kaum erzählbaren Seltsamkeiten«, zu denen auch die Schreibversuche des Ich zählen: »Ich fahre Ski auf einem geschriebenen Satz, der von größter Wichtigkeit für mich ist« (Text 5). Das Schreiben erscheint hier noch wie eine technische Übung oder ein therapeutischer Sport, der von der Hoffnung auf Heilung motiviert ist. Zu dem in den Schnee geschriebenen Satz wird die weibliche Stimme in *Malina* nachträglich ihre Assoziationen beisteuern:

> Der Satz könnte aus der früheren Zeit sein, weithin geschrieben mit einer ungeschickten Kinderhandschrift, in dem liegengebliebenen Schnee aus meiner Jugend. Es kommt mir eine Ahnung, daß er aus dem braunen Schulhelft ist, auf dessen erste Seite ich in der Neujahrs-

nacht geschrieben habe: Wer ein Warum zu leben hat, erträgt fast jedes Wie.« (TA 3.1, S. 544)

Das leicht veränderte Nietzsche-Zitat aus der *Götzen-Dämmerung* (»Hat man sein w a r u m ? des Lebens, so verträgt man sich fast mit jedem w i e ? –«)[1] bezeichnet die Suche nach einem sinnstiftenden Lebensprinzip, dem das Schreiben nachgeht, das an dieser Stelle jedoch nur als Bereitschaft zum Selbstopfer formuliert werden kann.

Ein anderes Traumprotokoll, das wahrscheinlich im selben Zeitraum entsteht, verzeichnet einen »Dilemmatraum«, der von der Notwendigkeit eines Schreibens handelt, das »nicht personlos, nicht in allgemeinen Sätzen« (Text 4) formuliert werden darf. Die autobiographische Reflexion unter dem Titel »Versuch, es herauszubekommen«, die vor diesem Traum steht, liest sich wie ein symptomatischer Text. Er markiert den Beginn eines neuen Schreibens, das aus der Traumerfahrung hervorgeht und sich der Therapie anheimstellt. Die Aufzeichnung setzt mit der Erkenntnis ein, dass die eigene Erfahrung der Krankheit nicht mitteilbar ist, dass »rundherum alle Leute keine Ahnung von einer derartigen Krankheit haben«. Zitiert wird die psychiatrische Diagnose – »Angstneurose« – und damit eine rein theoretische Einsicht, die keine Besserung für die Kranken bringen kann. Hilfreich erscheint nur der Gedanke an das Schreiben: »die Idee, das aufzuschreiben, ja, was? Und ich versuche es, will es versuchen«. Die Genese dieses Schreibversuchs wird in den

1 Friedrich Nietzsche: *Götzen-Dämmerung. Sprüche und Pfeile*, *12*. In: Friedrich Nietzsche: *Sämtliche Werke. Kritische Studienausgabe in 15 Bänden*. Bd. 6. Hg. von Giorgio Colli und Mazzino Montinari. München; Berlin; New York 1980, S. 60 f.

folgenden Zeilen protokollartig illustriert. Der Versuch beginnt mit einer Notiz, die sich wie der Einsatz eines Traumprotokolls liest: »Traum: (nicht heute, sondern vor zwei Tagen)«. Die Traumerzählung wird jedoch noch vor ihrem Beginn unterbrochen durch den Einbruch von Symptomen, die das schreibende Ich heimsuchen und die es auf Papier aufzeichnen will: »– aber während ich schreibe, dröhnt der Kopf so, durch den Körper gehen dauernd Wellen von Erregung, an den Händen geht mir die Haut ab von den letzten nervösen Bläschen, die ich in den vorigen Wochen plötzlich stundenweis bekommen habe.« In *Malina* wird dieses symptomgeplagte Schreiben, das mit versehrter Hand die Worte zu Papier bringt, als poetologisches Credo und Flaubert-Zitat formuliert: »Avec ma main brulée, j'écris sur la nature du feu.« (TA 3.1, S. 390)[1] In dem autobiographischen »Versuch, es herauszubekommen« wird dagegen die physische Realität hinter dem literarischen Topos sichtbar: »Konnte nicht mehr weiterschreiben, das Furchtbare ist wieder dagewesen«. Die Aufzeichnung scheint damit abzubrechen, doch das mächtige unpersönliche Subjekt der Krankheit, das sich in den Symptomen zu Wort meldet, kann dieses Mal die Traumerzählung nicht verhindern, die gleich danach neu einsetzt mit den Worten: »Ehe ich zu schreiben aufhörte, ist mir der Traum so schrecklich vorgekommen, den ich erzählen wollte. Frauen sind ermordet worden, lauter arme Frauen.« Das folgende Traumnotat zeigt einen Mordschauplatz, wobei das Ich die Rolle des Detektivs einnimmt, der

1 Übers.: »Mit meiner verbrannten Hand schreibe ich über die Natur des Feuers.« Gustav Flaubert an Louise Colet, 5./6. Juli 1852. In: *Œuvres complètes*. Bd. 1/12. Paris 1926, S. 458-464, hier S. 463 (zit. nach TA 3.2, S. 945).

nachforscht, um weitere Morde zu verhindern, und dabei auf das Schweigen und die Furcht der Frauen trifft. Dem kriminalistischen Schema folgend, kommt es zur Durchsuchung des Tatorts, bei der sich ein noch unbenutzter, auf Papier gehefteter »Perlmutterknopf« findet, auf dem der Name der Mutter, ›Olga‹, steht, ein erster scheinbar banaler und insignifikanter »Anhaltspunkt« für eine mögliche Verknüpfung und Integration der Indizien, den das Ich zum »Beweismaterial« legt.

In das Material der Traumerzählung könnten mehrere literarische Reminiszenzen eingegangen sein. Angespielt wird in Bachmanns Aufzeichnung auf die Erzählung von E.A. Poe *The Murders in the Rue Morgue* (1841), in der ein Doppelmord an Mutter und Tochter (Madame und Mademoiselle l'Espanaye) berichtet wird und sich als Mörder ein riesiger Orang-Utan herausstellt.[1] Abgesehen von dieser bewussten Assoziation lassen sich aber auch Bezüge zum Hörspiel *Knöpfe* (1953) von Ilse Aichinger herstellen, in dem es um das Verschwinden von Frauen geht, die in einer Knopffabrik arbeiten: Jedes Mal, wenn ein Schmuckknopf in Produktion geht, der einen Frauennamen trägt, ist davor die Fabrikarbeiterin jenes Namens verschwunden.

1 Was die Anspielung auf die Erzählung von E.A. Poe *The Murders in the Rue Morgue* betrifft, so wird der tödliche Furor des Affen, der im Traum für die Gewalt der Verdrängung stehen könnte, durch ein instinktives Missverständnis der menschlichen Sprache der Affekte ausgelöst. Bestätigt wird dies auch in der folgenden Traumszene, die drei Hunde zeigt, welche direkt auf den Schauplatz des Mordes zujagen. Doch der dritte Hund hat »keine Chance« neben den anderen und bleibt zurück. Er könnte – so wird vermutet – der Mörder sein, da er »die Zärtlichkeiten und Neckereien der Opfer mißverstanden« habe.

Es geht in diesem Hörspiel um den Mord an Frauen, der durch ein seltsames Prasseln (wie von Feuer) hinter der Wand und die unbestimmbare Materialität der Knöpfe in den Kontext der Judenvernichtung gesetzt werden kann. Das Nach-Auschwitz bricht also in Bachmanns Träumen in ihre Familie ein, wenn ihre Mutter zum Knopf-Opfer wird. Der latente Trauminhalt scheint sich weniger auf den männlichen oder bestialischen Mörder als vielmehr auf die unheimliche Stummheit der Frauen zu beziehen.

Aus werkgenetischer Perspektive ist relevant, dass sich mit der Entdeckung des Mordschauplatzes nun das narrative Schema einer Kriminalgeschichte ergibt, die – wie Ingeborg Bachmann später präzisiert – nicht nur den Mörder, sondern auch das »Virus Verbrechen« aufspüren will (TA 2, S. 74), um »die Beweise« anzutreten, »daß noch heute die meisten Menschen nicht sterben, sondern ermordet werden.« (TA 2, S. 75) Im *Buch Franza*, das etwa Mitte des Jahres 1965 aus dem sogenannten *Wüstenbuch* hervorgeht, konstituiert sich das weibliche Subjekt der Krankheit als Opfer und als exemplarischer Fall. In den Vorrede-Entwürfen wird die Geschichte Franzas als »Reise durch eine Krankheit« (TA 2, S. 77) bezeichnet, welche die »wirklichen Schauplätze, die inwendigen« (TA 2, S. 75), entdecken will. Diese Reise führt nicht nur an geographisch ferne Orte wie die ägyptische Wüste, sie erschließt auch verborgene historische Tiefenschichten, wobei die Metaphern der Geologie einen Bildraum eröffnen, in welchem mit den Schichtungen, Fossilien und Bruchstellen die psychophysische Dimension der Krankheit erforscht wird. In einem Brief an den Therapeuten erläutert Ingeborg Bachmann ihre Entdeckung der »inwendigen« Topographie, wenn sie von »Vorstellungen« spricht, »die nicht nur aus unsren Marktflecken kommen, sondern aus der Geschichte, oder, wie ich lieber sage, aus unsrer Geologie«, und diese mit Dingen vergleicht, »die nicht außerhalb liegen, sondern die sich in uns überlagern und schon früh überlagert haben.« (Text 22) Die Genese der geologischen Metapher kann auch eine frühe Skizze bezeugen, die noch in der ersten Person formuliert wird: »Aber ich bin wie alle Gesteine oft im Zustand des Magma, ich bin dann nichts, aber diese gefährliche Lotion, die wieder auskristallisieren kann zum Granit, die umkristallisieren kann in Kalk, die die Erdgeschichte wiederholt.« (TA 2, S. 11) Schon in diesem Entwurf deutet sich die poetologische Konsequenz eines ›kunstfernen‹ Programms an, nämlich die Leidenschaft, »diese ganze Literatur abzutragen, die unsere Geschichte verdeckt, und ich werde über ihre Gesteine und ihre Gefühle, über den Erdrutsch und den Selbstmord sprechen wie ein Wahnsinniger, der die Fakultäten vermischt, aber zu wach ist, um noch an Kompetenzen glauben zu können.« (TA 2, S. 12)

»Mord oder Selbstmord?«

Mit dem Projekt einer Sprache des wachen Wahnsinns, welches die geologischen Stratifikationen und unterirdischen Querverbindungen erforscht, geht eine Vertiefung der Traumkonzeption einher, ja, eine neue Poetologie des Traums, die im *Buch Franza* als großartige theatralische Traumvision in Szene gesetzt wird:

> früher habe ich nie geachtet auf die Träume, und sie waren vielleicht auch nicht viel mehr, bevölkert und bewandert eben und gefärbt manchmal, aber jetzt, wie quälend, weil es nichts Fremdes ist, es gehört zu mir, ich bin zu meinen eigenen Träumen gekommen, meine Tagrätsel sind größer als meine Traumrätsel, du merkst dann, daß es keine Traumrätsel gibt, sondern nur Rätsel, Tagrätsel, unverlautbare chaotische Wirklichkeit, die sich im Traum zu artikulieren versucht, die dir manchmal genial zeigt, in einer Komposition, was mit dir ist, denn anders würdest du's nie begreifen, und dann pfuscht dein Träumen, dann dilettiert es, dann kommt es mit nichts zurecht, ein schlechter Dramatiker, dem die Akte auseinanderbrechen, die Motive sich verwirren, dem der Held zu früh stirbt, der die Personen aus einer früheren Szene mit einer späteren verwechselt, plötzlich aber nimmt sich dein Traum zusammen und tut den großen Wurf, ein Shakespeare hat ihm die Hand geliehen, ein Goya ihm die Bühnenbilder gemalt, plötzlich erhebt er sich aus den Niederungen deiner Banalität und zeigt dir dein großes Drama, deinen Vater und einen Gesellen, der Jordan heißt, in einer Person, und ebenbürtig einer großen

> Figur fängt der Hymnus an, die ersten unterirdischen Querverbindungen, die Alten sind immer dabei, deine Mutter, an die du nie denkst, lehnt an jeder Wand, deine flottierende Angst, für die du keinen Grund weißt, spielt dir eine Geschichte vor, daß dir Hören und Sehen vergeht, jetzt erst weißt du, warum du dich ängstigtest, und so sah ich auf einen Friedhof beim Sonnenuntergang, und in dem Traum hieß es: das ist der Friedhof der Töchter. (TA 2, S. 229)

Der ›andere Schauplatz‹ der Träume, der in den ersten Jahren der Krankheit kaum mit den literarischen Entwürfen kommunizierte, findet nun Eingang in die Prosa und eröffnet dem schreibenden Ich eine bisher unbeachtete nächtliche Bühne, auf der das ›große Drama‹ des eigenen Lebens inszeniert wird und sich die unterirdischen Tiefenschichten erschließen, die der Geschichte des Ich und seiner Todesangst zugrunde liegen. Diesen ›Todesarten‹ kann – wie Michel Foucault in seiner Einleitung zu Binswangers *Traum und Existenz* ausführt – nur die Sprache des Traums gerecht werden, denn sie zeigt, wie sich das Drama der Existenz begründet und entfremdet, wie es sich konstituiert und fallen lässt in den Angst- und Todesträumen, in den authentischen und gewaltsamen Todesarten.[1]

Erstmals wird jetzt ins fiktionale Prosawerk der Text eines Traumprotokolls aufgenommen, zitiert wird der Schlusssatz eines handschriftlich notierten Traumnotats vom 9.11.1965:

1 Vgl. Michel Foucault: *Einführung zu* Traum und Existenz *von Ludwig Binswanger*. In: Michel Foucault: *Schriften in vier Bänden. Dits et Ecrits.* Bd. 1: 1954-1969. Hg. von Daniel Defert und François Ewald. Frankfurt am Main 2001, S 107-174.

»Der Friedhof: wo die Töchter |liegen, die| Selbstmord begangen haben.« (Text 11) Die Traumaufzeichnung, die diesem Satz vorhergeht, führt in ihren Gewaltszenen (»M. Frisch schlägt Frau Oellers, danach einen großen Hund, der sich voller Ergebenheit prügeln läßt«) den weiblichen Masochismus und die sexuelle Hörigkeit vor Augen. Mit der isolierten Zeile, in der dann ›der Friedhof der Töchter‹ genannt wird, schließt – ähnlich wie die *subscriptio* eines Emblems – das Traumnotat von den weiblichen Formen des Selbstmords.

Das Bild vom Friedhof der Töchter, das hier erstmals notiert wird, geht nicht nur in *Das Buch Franza* ein, sondern es wird auch das Traumkapitel des Romans *Malina* leitmotivisch skandieren, allerdings mit signifikanten Variationen, in denen anstelle des Selbstmordes nun die Ermordung der Töchter tritt: »Das ist der Friedhof der ermordeten Töchter.« (TA 3.1, S. 502)

Die Ambivalenz von Mord und Selbstmord wird in einem als erste Romanseite vorgesehenen Typoskript von *Malina* in Form einer offenen Frage formuliert »Mord oder Selbstmord?« (TA 3.1, M, S. 141)

Aus anderer Perspektive wird sie bereits im sogenannten »Wüstenbuch A« thematisiert, wo Ingeborg Bachmann von der »Ohnmacht von Frauen, deren Ehre verletzt worden ist«, spricht: »Sie können den Stärkeren nicht wirklich bedrohen. Sie können nur sich selber den Tod geben«, und sie setzt fort: »Der Selbstmord darum ein Mord, an einem anderen vollzogen, den man nicht ermorden kann.« (TA 1, S. 248) Bachmann kannte wohl Freuds Analysen des Selbstmords, seine Ausführungen zur pathologischen Trauer über den Verlust des Liebesobjekts, über die Ambivalenzkonflikte von Liebe und Hass und über den Selbstmord als Mordimpuls, den der bzw. die Kranke auf sich selbst zurückwendet.[1] Die individualpsychologische Analyse erscheint allerdings reduktiv angesichts des geradezu mythischen Bildes im *Buch Franza*, das den Friedhof der Töchter ins Licht der untergehenden Sonne taucht und so zur Gedenkstätte begrabener und enttäuschter Utopien und Ideale macht.

Wie Bachmann an ihren »Caro Dottore« schreibt, zerbricht in dieser Zeit auch der Glaube an die schöne Literatur (Text 22), begraben wird die Utopie einer Poesie, die die Schönheit der Sonne und die »Sendung von Licht« (Werke I, S. 137) besingt. Schon im »Wüstenbuch C« zeichnet sich damit ein existenzielles Drama ab, das über die psychologische Problematik hinaus die Dimension des Glaubens und der ethischen Werte erfasst und den Vatermythos zu Fall bringt:

> Mein Gott, warum hat du mich verlassen. […]
> Mein Vater, ich will nicht mehr leben. Du bist ja mein Vater, das entdecke ich erst jetzt. Mein Mörder ist ganz einfach mein Vater, was für eine unliebsame Überraschung. Ich habe an meinen Mörder geglaubt, wie an meinen Vater. So sag ichs wohl besser. Denn mein Vater ist nicht mein Mörder. (TA 1, S. 277)

In einigen Briefen an Siegfried Unseld spricht Ingeborg Bachmann später vom Ende eines »eingefleischt[en]«[2] Wertsystems und vom Verbrechen einer Liebe, die den Todes-

1 Sigmund Freud: *Trauer und Melancholie*. In: Sigmund Freud: *Psychologie des Unbewussten*. Studienausgabe. Bd. 3. Frankfurt am Main 1989, S. 193-212.

2 Briefentwurf Ingeborg Bachmann an Siegfried Unseld, undatiert (Incipit: Lieber Siegfried, ich habe wohl gespürt, dass Du von mir etwas wissen wolltest,).

wunsch zur Folge hat: »Es dauert nicht mehr lange, dann ist das zuende. Ich sterbe an dieser Liebe, an dieser Stellvertretung, ich liebe nur ihn, so wie ich Gott lieben würde, der eben so gemein und so verbrecherisch ist und so viele Tode auf seinem Gewissen hat, – ich liebe nur ihn, da ich keinen Gott kenne.«[1] Die Krankheit zeigt sich in diesen Worten als tödliche Liebe zum Bösen, und dieses *Male oscuro* schreibt sich in die alttestamentarischen Namen und Titel von *Das Buch Franza* ein, in die Kapitelbezeichnungen *Jordanische Zeit* und *Die ägyptische Finsternis*, und übersetzt sich schließlich auch in die Diskurse der Zeit, um seinen mörderischen Schatten auf die Generation der Väter zu werfen, deren Mitschuld in diesen Jahren mit dem Beginn der Auschwitzprozesse zum Thema wurde.

Bereits in einem relativ frühen Traumnotat, das in die Berliner Zeit fällt, ist die Rede von einem großen Unbekannten, den das Ich im Rücken hat und den es noch nicht erkennen kann: »Die Verzweiflung über den Unsichtbaren. Ich frage, wer es ist, weil ich immer noch denke, es sei jemand, den ich gut kenne. Aber die Stimme ist ziemlich fremd. Er gibt schließlich zu, daß er Fritz Ertl ist…« (Text 9). Der historisch dokumentierbare Fritz Ertl, Mitglied der NSDAP und der SS, leitete als Stellvertreter des Bauleiters der Sonderbauabteilung für die Errichtung des Kriegsgefangenenlagers Auschwitz die Bauarbeiten für das KZ Auschwitz-Birkenau. Der »Fritz Ertel« des Traums ist hingegen nicht identifizierbar, er erscheint fremd und vertraut zugleich. Die unheimliche Familiarität, die ihn an das Traum-Ich bindet, kann ganz im Sinn von Freuds berühmter Definition verstanden werden, nach der das Unheimliche jene Art des Grauens be-

1 Ingeborg Bachmann an Siegfried Unseld, 24. Jänner 1966.

zeichnet, »welche auf das Altbekannte, Längstvertraute zurückgeht«:[1] ein »Geheimnis, [das] im Verborgenen bleiben sollte und hervorgetreten ist«,[2] mit anderen Worten, »etwas dem Seelenleben von alters her Vertrautes, das ihm durch den Prozeß der Verdrängung entfremdet worden ist.«[3] In diesem Sinn betrifft die latente Botschaft des Traums ein familiäres Geheimnis, das mit den Vätern und Tätern der NS-Zeit zu tun hat.[4] Die Konfrontation mit diesem Unsichtbaren, der sich schließlich zu erkennen gibt, geht Ende des Jahres 1965 in die Arbeit am *Buch Franza* ein. Anhand von Standardwerken wie etwa Alexander Mitscherlichs *Medizin ohne Menschlichkeit* (1960) und einer Reihe von Dokumentationen, die der Piper Verlag für die Autorin zusammenstellt,[5] arbeitet sich Ingeborg Bachmann durch eine Literaturliste des Schreckens und studiert die KZ-Experimente an weiblichen Häftlingen. Diesen Versuch, die individuelle Krankengeschichte mit den Grauen der kollektiven Geschichte zu verschränken, findet man im Spätwerk in *Das Buch Franza*

1 Sigmund Freud: *Das Unheimliche*. In: Sigmund Freud: *Psychologische Schriften*. Studienausgabe. Bd. 4. Frankfurt am Main 1989, S. 241-274, hier S. 244. Zur Freud-Lektüre von Ingeborg Bachmann vgl. Christine Kanz: *Psychologie, Psychoanalyse und Psychiatrie in Bachmanns Werk*. In: Bachmann-Handbuch, S. 223-236, hier S. 223-229.

2 Freud, *Das Unheimliche*, S. 249.

3 Ebd., S. 264.

4 Zum ›Familiengedächtnis‹ vgl. den unvollendeten Text, der wahrscheinlich um 1965 geschrieben wurde, mit dem Titel *Der Tod wird kommen* (Werke II, S. 266-276).

5 Zu Bachmanns Leseliste vgl. Elke Schlinsog: *Berliner Zufälle. Ingeborg Bachmanns* »Todesarten«-Projekt. Würzburg 2005, S. 208-216.

und am eindringlichsten im Traumkapitel von *Malina*, in der Verflechtung von Vernichtungsgeschichte und patriarchalischer Familiengeschichte. In einem Briefentwurf, den sie an »Professor Mitscherlich« richtet, berichtet Bachmann ihm von ihrem Buch, das keine ›Vergangenheit bewältigt‹, sondern fragt: »wohin ist das Virus Verbrechen gegangen, das ist doch nicht eines Tags im Frühling 1945 verschwunden«. Ihr ganzes Buch sei

> mit dem Auffinden von den Verbrechen beschäftigt, die nur so sublim geworden sind, dass kein Gerichtshof je sich mit ihnen beschäftigen wird, vielleicht auch kein Psychiater. Obwohl doch die Psychiater, für die ich, aus Gründen, die höchste Achtung habe, als einzige verstehen müssten, dass die Verbrechen – was man abgekürzt so nennt und am Ende wieder so nennen darf, – in einer saturierten Gesellschaft nur andre Formen annehmen.[1]

Wenn sich Ingeborg Bachmann kurzschlussartig mit den Opfern und Spätschäden der Nazi-Zeit identifiziert, so bedeutet dies für sie keine Form der Zeugenschaft, denn ihrer explizit formulierten Überzeugung entspricht, dass auf »das Opfer keiner sich berufen darf«: »Es ist nicht wahr, daß die Opfer mahnen, bezeugen, Zeugenschaft für etwas ablegen, das ist eine der furchtbarsten und gedankenlosesten, schwächsten Poetisierungen.« (KS, S. 351) Die Ambivalenz, die die Töchter der Tätergeneration an ihre geliebten Väter bindet, ist hoch komplex. Sie kann nur in der doppel-

1 Briefentwurf, Ingeborg Bachmann an Alexander Mitscherlich, undatiert (Incipit: Sehr verehrter Herr Professor Mitscherlich, dass Ihr Name).

deutigen Sprache der Traumbilder adäquat zum Ausdruck kommen, die nun auch ins Prosawerk eingeht und in ihrer spezifischen Aussagekraft reflektiert wird. Im Kapitel *Jordanische Zeit* (TA 2, S. 215, 228) erzählt Franza ihrem Bruder den schrecklichen Traum von einer Gaskammer mit dicken Schläuchen, in der sie von ihrem Mann, dem Psychiater Jordan, umgebracht wird. Ihr Kommentar zu diesem Traum zielt auf das, was dem bewussten Denken »tausendmal komplizierter« erscheinen muss:

> alle Türen sind verschlossen, kein Fenster, und Jordan befestigt die Schläuche und läßt das Gas einströmen und, wie kann ich sowas träumen, wie kann ich nur, gleich möchte man um Verzeihung bitten, er wäre unfähig, es zu tun, keiner würde es mehr verabscheuen, aber nun träum ich es doch und drücke es so aus, was tausendmal komplizierter ist. Spätschäden. (TA 2, S. 215)[1]

Der Traum von der Gaskammer wird eine entscheidende Stelle im Traumkapitel von *Malina* einnehmen, in den hier edierten Traumnotaten ist er nicht nachweisbar. Dokumentiert sind dagegen andere Träume, die den Verfall des Vaterkomplexes illustrieren. Ein Traumnotat beispielsweise, das auf das Jahresende 1965 datierbar ist, spricht vom Versuch, eine Aussprache mit dem Vater herbeizuführen, um endlich die Beziehungen mit ihm abzubrechen (Text 15). Noch einmal wird der Inzest angesprochen, wenn das Ich bereit

1 Vgl. dazu Renate Böschenstein: *Der Traum als Medium der Erkenntnis des Faschismus*. In: Bernhard Böschenstein und Sigrid Weigel (Hg.): *Ingeborg Bachmann und Paul Celan. Poetische Korrespondenzen*. Frankfurt am Main 1997, S. 131-148.

ist, seine »›Pflicht‹« zu tun, aber »nur den andern zuliebe«; auch der Vater ist »da, aber sehr niedergeschlagen«, doch als das Traum-Ich zu sprechen beginnen will, »reißt die Erinnerung ab«. Ein vermutlich an Siegfried Unseld gerichteter Briefentwurf aus dieser Zeit bezeugt die zerrüttete Reaktion auf den Verfall des Vater-Mythos: »Mein Vater ist sehr viel bedeutender, als Du ihn Dir vorstellen kannst. Und er leidet meinetwegen furchtbar. [...] Mein Vater ist mehr als irgendjemand, viel mehr, und er allein weiss, was wir alle durchgemacht haben, und dieser Mann ist leider alt, sonst wäre alles anders für mich.«[1] Im späteren Traumkapitel von *Malina* wird dann mit der Agonie des Vaters auch die psychische Verwüstung der Tochter evident: »alles ist zerstört, verwüstet, ich lege mich neben meinen Vater, in die Verwüstung, denn hier ist mein Platz, neben ihm, der schlaff und traurig und alt schläft.« (TA 3.1, S. 534)

Die Traumprotokolle, die gegen Ende des Jahres 1965 entstehen, zeigen Szenarien, in denen das Ich weiterhin die ihm von der Regie des Vaters zugedachte Rolle als Film- und Operndiva spielen soll. Im Traumkapitel von *Malina*, in das diese Theater-, Opern- und Filmträume eingehen, ist der Vater der einzige Regisseur, der die Bühne der Träume beherrscht und dem Ich als seiner Spielfigur das Genick bricht. In den authentischen Traumprotokollen treten dagegen mehrere Regisseure auf, die alle ihre eigene Regie über das Leben führen, »keineswegs eine höhere, sondern eine unbeachtete, die in den Menschen selbst und ihrer Verdammtheit liegt« (TA 1, S. 452), wie Ingeborg Bachmann

1 Briefentwurf, Ingeborg Bachmann an Siegfried Unseld, undatiert, vermutlich Anfang 1966 (Incipit: Lieber Siegfried, ich habe zwar keine Zeit im Moment,).

im *Goldmann/Rottwitz*-Roman schreibt. Im bereits zitierten Traumnotat vom November 1965, das mit dem Bild des Friedhofs der Töchter abgeschlossen wird (Text 11), ist von Hans Werner Henzes Oper *Der junge Lord* die Rede, deren Libretto Ingeborg Bachmann geschrieben hat. Anlässlich der Aufführung ist das Traum-Ich »verzweifelt und sehr aufgeregt«, da es nun »auch die weibliche Hauptrolle« übernehmen soll, die es nicht einstudiert hat; dann jedoch erfährt es, dass die weibliche Stimme im Duett mit dem männlichen Sänger gar nicht »richtig zu hören« ist, denn es soll der Auftritt der Autorin nur besonders »attraktiv für das Publikum« sein. Der Traum erzählt von einer Selbstinszenierung, in der die eigene Stimme stumm bleibt. In einem anderen Traumprotokoll, das auf einen Besuch des Verlegers Klaus Piper in Rom antwortet und auf Weihnachten 1965 datiert werden kann, rebelliert das Ich gegen eine Filmregie, die das intime Privatleben verrät und der Öffentlichkeit preisgibt (Text 15). Der Name des Regisseurs »Hansjörg Felmy«, der »deutlich und wiederholt in dem Traum« vorkommt, steht – wie Ingeborg Bachmann erst nachträglich in Erfahrung brachte[1] – für einen deutschen »Filmschauspieler, der schon wieder vergessen ist, kurze Zeit Erfolg hatte, in einem Film, in dem er einen Journalisten spielt, der sich, durch unlautere Mittel, Einblicke in das Privatleben verschiedener Personen der Öffentlichkeit verschafft und auf diese schmutzige Weise ›Karriere‹ macht«. Die Verletzung und Ausschlachtung der Privatsphäre, die durch Max Frischs Roman *Mein Name sei*

1 Im Kontext der Traumerzählung, in der auch ein Maniküre-Schälchen erwähnt wird, ist die Reminiszenz des unbekannten Namens »Felmy« interpretierbar als unbewusster »Tagesrest« einer Zeitschriftenlektüre beim Friseur.

Gantenbein zu ihrem Thema wurde, wird in diesem Traum zum Anlass der weiblichen Revanche. Als die Dreharbeiten auf einem kleinen Schiff beginnen, noch bevor das weibliche Traum-Ich »für die Aufnahme fertig« ist, schüttet es ein kleines »Schälchen mit warmer aufgelöster Seife (wie sie beim Friseur für die Maniküre verwendet werden)« in die Aufnahme-Apparate, so dass das Schiff zu dampfen beginnt und schließlich explodiert. In der Wut über den erlebten Verrat der eigenen Intimität kann eine Kleinigkeit zum Zündstoff werden und eine Katastrophe auslösen.[1]

Zu den Träumen von weiblichen Rollenspielen, in denen eine mörderische Regie erkennbar wird, zählt auch der spätere Traum anlässlich der Salzburger Aufführung von Hans Werner Henzes Oper *Die Bassariden* nach dem Libretto von W.H. Auden (Text 19), in dem das Ich einen scheinbar souveränen Part spielt. Es trifft sich mit dem Regisseur »an einer seltsamen Maschine«, um die Hebel, die »etwas mit der ›Inszenierungsarbeit‹, zu tun« haben, zu bewegen, und erwartet einen »Filmmann«, der um ein dringendes Gespräch bittet. Statt auf »Herrn X« trifft das Traum-Ich jedoch auf ein junges Mädchen, das die bekannte Autorin nicht zu kennen scheint: »[…] ich wundere mich über ihre totale Unkenntnis und fange ein Verhör mit ihr an«. Es folgt ein ironisch-sarkastisches Verhör, in dem das naive Mädchen zwei Namen lebender deutschsprachiger Schriftsteller nennen soll, bis es »immer unsicherer« wird und schließlich hilflos zusammenbricht: »sie wird von mir und anderen, halb ohnmächtig, durch die Stadt gefahren, sie liegt auf einer fahr-

1 Der Traum kann auch im Zusammenhang mit Bachmanns Erzählung *Probleme Probleme* gelesen werden, in der der Friseurbesuch der Protagonistin Beatrix eine psychische Katastrophe auslöst.

baren Matratze auf dem Bauch, gestützt von einem langen Kissen und ist in einem erbarmungswürdigen Zustand.« Der Traum zeigt, dass jede große Inszenierung ihre Opfer fordert. Dass dies keine symbolischen Opfer, sondern sehr reale sind, macht schon die erste Traumszene klar, in der die ungeheuer starke Wirkung der Oper bewundert wird, die im wilden Gesang der Frauen in den Worten kulminiert: »…. is a symbol«. Das Traum-Ich protestiert beim Regisseur gegen das Wort »Symbol«, das nicht verwendet werden soll, da es »alles um die Wirkung bringt«. Ein starkes Schauspiel fordert – so wird hier deutlich – konkrete Opfer, um seinen vollen Effekt zu entfalten.

Die Symptome der Krankheit wie Aphasie, Übelkeit und Ohnmacht, die Ingeborg Bachmann zu Beginn des Jahres 1966 in der Korrespondenz mit dem Therapeuten (Texte 22, 23) und in den Aufzeichnungen unter dem Titel »2 Vorfälle, bei denen mir schlecht wurde« (Text 25) verzeichnet, werden nicht nur im Traum von der Salzburger Oper erhellt. Sie verdichten sich in einem anderen Traumprotokoll, in welchem das Datum »circa 20.2.66« (Text 16) vermerkt ist. Dieser Traum spricht vom verrückten und doch überklaren Bewusstsein eines Wahnsinns, in dem das Ich gefangen ist. Die Welt des Wahnsinns wird in grellen Farben inszeniert, als grinsendes Maskenspiel, in dem die Menschen wie Strohpuppen auftauchen und umfallen. Mit aller Kraft versucht das Ich, aus dieser Wahnsinnswelt herauszukommen. Wenn es die Augen zumacht oder sich zu Boden fallen lässt, so werden damit nicht nur die Schwindel- und Ohnmachtsanfälle motiviert, die die Symptomatik der Krankheit prägen, im Traum ist auch von Hilferufen die Rede: »ich muß die Menschen rufen, laut rufen und mit klarer Stimme, die mich retten können. Ich rufe meine Mutter, meine

Schwester und meinen Bruder.« Wie im Märchen muss in diesen magischen Invokationen tieferer Schichten des Bewusstseins die Reihenfolge der Namen eingehalten werden, damit der Gegenzauber der Affekte wirksam ist, und erst beim Aufwachen kommt der Gedanke, »daß ich nicht nach meinem Vater gerufen habe.« Verzweifelt und vergeblich wirkt im Traum dieser Appell an die »Kosenamen aus der Kinderzeit«, da er ein »katastrophales Fallen ins Nichts« zur Folge hat. Mit einem »Elektroschock«, der die Gewalt und Brutalität der mentalen Maschinerie stoppt und das Ich zur Besinnung bringt, erwacht es im Traum und hat »lauter Metalldrähte auf dem Kopf«. Was dieser Traum, »einer von denen, an die man sich noch nach einem Jahrzehnt erinnern wird«, zeigt, ist nicht nur die Krankheit der Patientin, die im Kopf verortet wird, sichtbar wird auch die Unbeugsamkeit eines selbstbewussten Geistes, »der sich eher verrücken läßt, als daß er nachgibt« (TA 1, S. 175).

»Das Buch oder morte«

»Einen Tag später« (Text 16), das heißt nach der Aufzeichnung des Traums vom wachen Wahnsinn, notiert Ingeborg Bachmann auf demselben Blatt noch einen weiteren Traum. Er handelt vom Zwang und von der Aporie des Schreibens in einer ausweglosen Situation: »Herr F. hat mich ins Gefängnis gebracht, ich bin nicht allzu überrascht, aber ich hoffe, daß man mich gut behandeln und mich schreiben lassen wird. Immerhin könnte ich dann das Buch fertigschreiben.« Das Traum-Ich rebelliert nicht gegen »das Gefängnis«, das »im Gegenteil« besser sei als die Wahnsinnswelt draußen, der einzige Gedanke richtet sich auf »das Buch«. Das Ich im Traum bittet »nur um Papier und um die Möglichkeit zu arbeiten«, aber es darf nicht schreiben und ist deshalb »vernichtet«. Die radikale Schreibkrise, die der Traum deutlich macht und die auch Briefe und Aufzeichnungen dieser Zeit thematisieren, wird sich im Herbst desselben Jahres dramatisch zuspitzen zu einem Kampf, den Ingeborg Bachmann in einem Brief an Otto F. Best als »eine bataille« bezeichnet »zwischen einem kaputten Körper und einem Willen, zwischen unerträglichen Schmerzen und einem rabiaten Willen«.[1] Das Schreiben, das Überleben bedeutet, bringt Ingeborg Bachmann in demselben Brief auf eine bündige Formel: »Das Buch oder morte.« Diese Formel, die ein Garibaldi-Zitat variiert (»Roma o morte«), wird auch in einem anderen Text derselben Zeit genannt, in welchem der wahnsinnige Zwang eines Schreibens evident wird, das sich als Höllenfahrt versteht:

1 Ingeborg Bachmann an Otto F. Best, 3. September 1966.

> Ich will schreiben mit meinem Fleisch und meinem Wahnsinn und meiner Hirnkatastrophe, die ich jemand verdanke, der ein Leben zerstört hat. Es gibt für mich nicht mehr Bücher und Literatur, es gibt nur noch DAS, und es ist in manchen Büchern, und ich hoffe, ich kann ein Buch schreiben, in dem das sein wird. Das, was mein Leben ausmacht. Es ist in meinem Kopf, es ist das Inferno.[1]

Eine der entscheidenden Motivationen für die Neukonzeption der »Todesarten« ist der Schock, den Ingeborg Bachmann bei der Wiederlektüre des *Buchs Franza* im Herbst 1966 empfindet, die ›katastrophale Einsicht‹,[2] dass das Buch neu zu schreiben ist: »der Schock war groß, denn ich habe plötzlich begriffen, daß es so nicht geht. [...] das Manuskript kommt mir wie eine hilflose Anspielung auf etwas vor, das erst geschrieben werden muß.«[3] In der Korrespondenz mit Otto F. Best spricht Bachmann ein unerbittliches Urteil über *Das Buch Franza* aus: Es sei »miserabel« geschrieben, »das sind ja keine Flüchtigkeitsfehler, die Löchrigkeit obendrein ist auf Schlimmres zurückzuführen.«[4] Der Vorsatz, sich »ein richtiges Verarbeiten dessen, was schon da ist«,[5] vorzunehmen, führt zur Suche nach einer ästhetischen Struktur, die

1 Briefentwurf, Ingeborg Bachmann an Unbekannt, undatiert (Incipit: Was meine Hochachtung ausmacht, für Sie,).

2 Ingeborg Bachmann an Klaus Piper, 20. November 1966 (zit. nach TA2, S. 397).

3 Ingeborg Bachmann an Otto F. Best, 25. November 1966 (zit. nach TA2, S. 397).

4 Ingeborg Bachmann an Otto F. Best, 6. Oktober 1966.

5 Ingeborg Bachmann an Hans Rössner, 22. Dezember 1966 (zit. nach TA 3.2, S. 787).

über das narrative Opfer-Täter-Schema des Falls Franza hinausweist.[1] Aus den Versuchen mit der neu geschaffenen Figur Malina, die schon vor November 1966 dokumentiert sind,[2] entsteht schließlich, mit der Konstellation von Ich und Malina, eine »Gedankenbühne« (TA 3.1, S. 630), auf der das imaginäre Drama des weiblichen Ich inszeniert werden kann, allerdings nur um den Preis einer Spaltung zwischen der Stimme der Leidenschaft und der Stimme der Vernunft, zwischen der »pathologischen Erregung« des Ich und der rationalen Indifferenz Malinas. Nicht das Leben, sondern das Überleben wird durch Malina erzählbar, genauer die Zerstörung des weiblichen Ich und sein Überleben in Malina.

Im Kontext der frühen Entwürfe zu *Malina* entstehen 1967 auch zwei Traumprotokolle, die den Neueinsatz des Schreibens kommentieren; beide handeln von einem poetischen Mandat, das aus der Zerstörungsgeschichte hervorgeht und das über diese hinausweisen kann. Wie in den Nachlassblättern klar erkennbar (vgl. Faksimiles), sind diese Aufzeichnungen in den bereits konzipierten Dialog von Ich und Malina eingebunden, beruhen jedoch aller Wahrscheinlichkeit nach auf authentischen Traumerlebnissen und tragen in den ersten Entwürfen auch explizit die Überschrift »Traum«.[3] Das erste Traumnotat, in der Ausgabe des *»Todesarten«-Pro-*

1 Vgl. dazu den textkritischen Kommentar zu *Das Buch Franza* (TA 2, S. 397).

2 Vgl. TA 3.2, S. 789 f.

3 Diese Träume wurden daher schon in der Kritischen Ausgabe des *»Todesarten«-Projekts* (TA 3.1, S. 49 f. u. 97 f.) publiziert, um die Genese des Romans *Malina* zu dokumentieren. In diesem Band werden sie deshalb nicht ediert, sie sollen aber im vorliegenden Kommentar etwas ausführlicher zitiert werden.

jekts unter »Entwürfe zum Traumkapitel« abgedruckt (TA 3.1, S. 97 f.), verweist in biographischer Perspektive auf eine Begegnung zwischen Ingeborg Bachmann und Gershom Scholem, die in Rom tatsächlich stattgefunden hat und die durch die Widmung in Scholems Buch *Judaica* bezeugt ist: »Ein Prosaist an eine Dichterin. Kleines Angebinde für Ingeborg Bachmann zur Bekanntschaft in Rom 10.1.1967«. Die Traumerzählung beginnt mit folgenden Worten:

> Traum
>
> ich habe den sibirischen Judenmantel an, wie die anderen, auch Scholem kommt, und während meine Bibliothek zusammenfällt, und meine Fotos, die dort stehen, die von Menschen, die mich ansehen, verzweifle ⟨ich⟩ darüber, daß ich ihn, X., nicht aufhalten kann zu sehen, daß er dazugehört (TA 3.1, S. 97 f.).

Die Traumszene zeigt die Zerstörung des literarischen Gedächtnisses und der Erinnerungen an die Vergangenheit, womit auch das Bild des hier noch mit der Chiffre X. bezeichneten geliebten Vaters zusammenbricht. Die Verzweiflung darüber verdichtet sich in den Bildern des Traums zur Identifikation mit den jüdischen Opfern, die sich jedoch in der ersten Fassung der Traumerzählung noch nicht – wie später im Roman *Malina* – mit der Vorstellung des Lagers und der Deportation verbindet. Erzählt wird vielmehr der Aufbruch zu einer Reise, auf der X. zurückbleiben muss, so dass das Ich seine »erste Liebe« wiederfinden kann. Das Namenskürzel Cz. verweist auf den in Czernowitz geborenen Paul Celan. Der Traum handelt von einem Aufbruch und vom Wunsch nach Zugehörigkeit zu einer anderen Gemeinschaft, die im Zeichen der Poesie steht, und von der Todesangst, die der Geliebte abwenden möchte: »sei ganz ruhig, sei ganz ruhig.« Erst in der Endfassung von *Malina* wird diese Reise zur Deportation.[1] Nach Celans Freitod im April 1970 arbeitet Bachmann diese Traumaufzeichnung vor allem durch die eingefügten Zitate aus Celans Gedichten, insbesondere aus dem Band *Mohn und Gedächtnis*, zu einem »Totengedächtnis«[2] um.

Von der poetischen Existenz handelt auch der zweite Traum, der 1967 aufgezeichnet wurde und in der Textgenese von *Malina* dokumentiert ist. Auch hier geht es um ein Mandat, das die individuelle Zerstörungsgeschichte transzendiert. Walter Zettl, der damalige Direktor des österreichischen Kultur-

1 Ingrid Riedel: *Traum und Legende in Ingeborg Bachmanns* Malina. In: Bernd Urban und Winfried Kudszus (Hg.): *Psychoanalytische und psychopathologische Literaturinterpretation*. Darmstadt 1981, S. 178-207, hier S. 195.

2 Erwähnt wird beispielsweise das vertrocknete »Riesen / blatt der Paulownia«. Vgl. Paul Celan: *Gesammelte Werke in fünf Bänden*. Bd. 2. Hg. von Beda Allemann und Stefan Reichert unter Mitwirkung von Rolf Bücher. Frankfurt am Main 1983, S. 144. Bezug genommen wird auch auf das Motto »Facile«, das in Celans Gedichten als Zeichen der Transformation steht, vom Traum-Ich jedoch missverstanden wird: »Facile! Und ich verstehe es falsch, ich schreie, ohne Stimme, es heißt: Facit! Im Fluß, im tiefen Fluß«, und weiter: »Mein Leben ist zu Ende, denn er ist auf dem Transport im Fluß ertrunken, er war mein Leben. Ich habe ihn mehr geliebt als mein Leben.« (TA 3.1, S. 524) Die Poesie kann nicht mehr wiedererweckt, nur noch in Zitaten und Erinnerungsspuren aufbewahrt werden, wobei die Prosa der »Todesarten« ihr ein Denk- und Mahnmal setzt (vgl. Sigrid Weigel: *Die Erinnerungs- und Erregungsspuren von Zitat und Lektüre. Die Intertextualität Bachmann-Celan, gelesen mit Benjamin*. In: Böschenstein/Weigel (Hg.), *Ingeborg Bachmann und Paul Celan. Poetische Korrespondenzen*, S. 231-249).

institutes in Rom, der im Mai 1967 anlässlich einer Lesung mit Ingeborg Bachmann in Triest war, berichtet von diesem Traum, den Ingeborg Bachmann dort geträumt habe und in dem sie, wie die Autorin selbst in einem späteren Brief vom 3. Dezember 1970 an Walter Zettl schreibt, ihr Buch »gefunden«[1] habe. Die erste Fassung dieses Traums lautet:

> Traum
> Geschickt werden mir drei Steine. Von der höchsten Instanz.
> Die Steine sind marmoriert, gezeichnet, durchlebt.
> Jeder ⟨der⟩ Steine hat eine Bedeutung.
> Im Traum sagt nicht die Instanz, sondern eine Stimme im Auftrag (vielleicht die Post, ein Postfräulein, ein Postherr): der I. Stein bedeutet:
> Leben, im sich Verwundern.

1 Walter Zettl: *Das verborgene Ich. Gedanken zu Ingeborg Bachmanns Roman* Malina. In: *Jahrbuch des Wiener Goethe-Vereins* (1991) 95, S. 119-130, hier S. 120. In einem Artikel des Jahres 1973 bestätigt auch Alfred Focke diesen Traum als »auslösendes Moment« von *Malina*: »Bei unserem letzten Beisammensein in Wien erzählte sie vom Zustandekommen, vom auslösenden Moment ihres Romans *Malina*. Ein Traum war es, den sie bei einem Aufenthalt in Triest hatte. Auf diesen Traum hin fuhr sie nach Rom und begann zu schreiben. Er war ihr, wie sie wörtlich und ernst versicherte, ›von der höchsten Instanz‹ geschickt worden, ein Traum von drei Steinen, die ihr ›vom Himmel‹ herabfielen.« (Alfred Focke: *Unvergessen, unverloren. Zum Tod Ingeborg Bachmanns in Rom*. In: *Die Furche* (27. Oktober 1973), S. 19. Bei den Korrekturen zu *Malina* in Frankfurt am Main im Jänner 1971 berichtet Ingeborg Bachmann dem Verleger Siegfried Unseld ebenfalls von der zentralen Stellung dieses Traums; vgl. Siegfried Unseld: *Chronik 1971*. Herausgegeben von Ulrike Anders, Raimund Fellinger und Katharina Karduck. Berlin 2014, S. 15.

2. (der zweite Stein)
Schreiben, im Sichwundern.
3. (der dritte Stein, der der schönste ist) –

Da wache ich auf und bin verzweifelt. Nun werde ich nie wissen, ⟨ ⟩ und nun gehe ich herum und beruhige mich nicht, denn ich will das Dritte finden und sehe den Stein, in den es eingezeichnet ist, und ich muß es finden.

Vivere meravigliandosi,
scrivere meravigliandosi

– – – –

(Fehlen der Aussage)

Ich habe das nicht auf deutsch geträumt.

Malina sagt, man muß nicht alle Träume in der eigenen Sprache träumen.
(TA 3.1, S. 49 f.)

Der Traum thematisiert das Staunen am Ursprung des Schreibens und die poetische Inspiration. Boten dieses Auftrags sind die drei Steine, die hier nicht auf die Geologie der Erde verweisen wie im *Buch Franza*, das Dauerhafte und Unzerstörbare der Steine zeigt im Traum vielmehr eine Zeichnung, ein »durchlebtes« Muster, in dem sich Leben und Schreiben verbinden. Wie die Typoskriptblätter aus dem Nachlass bezeugen,[1] hat Ingeborg Bachmann diese Traumaufzeichnung mehrfach abgeschrieben und korrigiert und die Steine mit den Farben Rot, Blau und Weiß verbunden,

1 Vgl. N4412-4414 (TA 3.1, S. 271-273).

in deren Symbolik sich Leben und Schreiben verschränken, wobei sich im Weiß auch das strahlende Versprechen einer hellen Botschaft abzeichnet. In der letzten Fassung von *Malina* wird dieser Traum, wie eine Antwort auf den Gefängnistraum vom Februar 1966, mit der Aporie des Schreibens verknüpft:

> Es sind drei harte, leuchtende Steine, die mir zugeworfen worden sind von der höchsten Instanz, auf die auch mein Vater keinen Einfluß hat, und ich allein weiß, welche Botschaft durch jeden Stein kommt. Der erste rötliche Stein, in dem immerzu junge Blitze zucken, der in die Zelle gefallen ist, vom Himmel, sagt: Staunend leben. Der zweite blaue Stein, in dem alle Blaus zucken, sagt: Schreiben im Staunen. Und ich halte schon den dritten weißen strahlenden Stein in der Hand, dessen Niederfallen niemand aufhalten konnte, auch mein Vater nicht, aber da wird es so finster in der Zelle, daß die Botschaft von dem dritten Stein nicht laut wird. Der Stein ist nicht mehr zu sehen. Ich werde die letzte Botschaft nach meiner Befreiung erfahren. (TA 3.1, S. 559)

Die »höchste Instanz«, über die der Vater keine Macht hat, verspricht im Traum eine letzte Botschaft, die erst nach der Befreiung aus der Zelle erfahren werden kann. Aber fällt diese zukünftige Rettung nicht mit dem Tod, wenn auch mit einem sinnerfüllten Tod, zusammen, der aus der Verschriftlichung der eigenen Krankheits- und Zerstörungsgeschichte hervorgeht? Letztlich läuft *Malina* auf die Geschichte der Verwandlung des kranken, zerstörten weiblichen Ich in die Schrift des Werks hinaus. In *Lieder auf der Flucht* hat es geheißen: »Wart meinen Tod ab und dann hör mich wieder« – »Doch das Lied überm Staub danach / wird uns übersteigen.« (Werke I, S. 147). Die schauerromantische Variante dazu war das Vampir-Motiv in dem »Heimweg« genannten Gedicht. »Heimweg«, das ist der Weg, der das Ich in den Tod führt, damit sich das Werk über den Boden erheben kann: »Mit der Kraft des Übels, / das mich niederschlug, / weitet seine Schwinge / der Vampir im Flug« (Werke I, S. 104). Vielleicht aber brächte der dritte Stein die Botschaft, die über die Zerstörung dieses Lebens hinausweist, das sich im Dienste des Werks verausgaben und sich dem »Buch« zum Opfer bringen will. »Staunend leben« und »Schreiben im Staunen« könnte ein dichterisches Leben bedeuten, das aus der Logik des Opfers ausgebrochen ist, nicht mehr erreichbar von der väterlichen Gewalt.

Das Traumkapitel in *Malina*

Das Versprechen einer Bewahrheitung des eigenen Lebens und Sterbens motiviert dann auch die Inszenierung der Traumvision, die dem ersten Hauptentwurf des Romankapitels von *Malina* vorangeht:

> Manchmal, wenn ich im Bett liege und die Grippe habe [...] wenn ich eben den Virus vom vergangenen Jahr habe, liege ich da, auf dem Bauch, im Halbschlaf, und es gibt nichts, nur den Absturz in diese Träume, die die Welt nach innen ergänzen, dort geht es wirklich zu, oh wie es zugeht, erst gestern habe ich geträumt, was? Es ist doch gleichgültig, was ich träume, aber wie wild ist mein Leben, wenn ich schlafe, wie monoton, wenn ich wach bin [...] nachts diese Ausschweifungen, dieses laszive Leben, diese Erregbarkeit, und Gesichter und Gestalten, die mich tagsüber nie beschäftigen, warum sollten sie es auch, nur nachts, die düstren Auseinandersetzungen, aufgetürmte Geschichten auf der Großleinwand, meine millimetergroße Stelle, dieses Dahintreiben, Abtreibende, Verwesende. In Verwesung übergehen und nachts so leben, während ich verwese, geschieht das, und wer schreibt mein Leben, mein einziges einzigartiges Leben, gegen das alle Tragödien von den Eumeniden bis zu Titus Andronicus Märchen für kleine Kinder sind, diese Brände, in denen ich verflackere, Holzstöße, Galgen, ⟨ ⟩ (TA 3.1, S. 96 f.).

Die Theatralisierung des nächtlichen Lebens, die in diesem Entwurf einsetzt, um den Träumen eine neue Bühne zu erschaffen, wird von einer Frage angetrieben: »wer schreibt mein Leben, mein einziges einzigartiges Leben?« Die Schrift, die aus der »Verwesung« der Existenz hervorgehen soll, kann sich nicht als Lebensgeschichte realisieren, in der Autor und Erzähler identisch und identifizierbar sind. In einem Interview mit Veit Möller auf die folgende Romanpassage aus *Malina* angesprochen: »Aber in der Nacht und allein entstehen die erratischen Monologe, die bleiben, denn der Mensch ist ein dunkles Wesen, er ist nur Herr über sich in der Finsternis, und am Tag kehrt er zurück in die Sklaverei«, antwortete sie: »Wenn wir wahr sind, dann sind wir es in der Nacht« (GuI, 23. März 1971, S. 73).

Am 4. Jänner 1968 teilt Ingeborg Bachmann dem Verleger Siegfried Unseld brieflich mit, dass sie auf ihren Kärntner Spaziergängen die Lösung für den Mittelteil ihres Romans gefunden habe: anstelle eines »beerdigten Fotoromanzo« solle ein neues Kapitel treten, mit dem sie »sofort begonnen« habe.[1] Das Traumkapitel von *Malina*, an dem Bachmann seit dem Jahresbeginn 1968 arbeitet, wird nun als Zentrum des Romans konzipiert, um die Zerstörung des weiblichen Ich, »sein Schon-beinahe-Vernichtetsein«, zu motivieren (GuI S. 89, 97, 102).[2] Im ersten Hauptentwurf zum Traumkapitel

1 An Unseld schickt sie am 18. Oktober 1967 einen »Fotoromanzo«, um ihm die Technik zu zeigen, die sie verwenden will. In einem Brief vom 4. Jänner 1968 schreibt sie im Rückblick: »Auf den Spaziergängen aber ⟨…⟩ ist mir endlich eingefallen, wie ich den Mittelteil lösen kann und den beerdigten Fotoromanzo ersetzen könnte – besser gesagt, ich glaube ich habs, obwohl mir schon wie einem Ertrinkenden zumute war. Oder weil mir so zumute war. Jetzt habe ich sofort begonnen ⟨…⟩.« (TA 3.2, S. 792)

2 Zum Traumkapitel von *Malina* vgl. Christine Steinhoff: *Ingeborg Bachmanns Poetologie des Traumes*. Würzburg 2008.

(TA M-37_2, Bd. 3.1, S. 100), der mit »Der Ort: Wien. / Die Zeit: heute. / Die Träume: von heute nacht.« beginnt, öffnet sich ein Traumfenster auf das Bild vom »Friedhof der toten Töchter« (TA 3.1, S. 100); dann, in der zweiten Szene, folgt der aus dem *Buch Franza* übernommene Gaskammertraum. Eine zentrale Stellung nimmt in diesem Entwurf der Traum vom Wahnsinn ein, der fast wörtlich das Traumprotokoll vom 20. Februar 1966 aufgreift. Die Traumerzählung wird nun durch die Dialoge mit Malina unterbrochen, der nach der Identität des Vaters fragt (»Herrgott, wer ist denn dein Vater«; TA 3.1, S. 101), während das Ich von dem berichtet, was es schrittweise begriffen habe: »Hier stirbt man nicht, hier wird man ermordet.« (TA 3.1, S. 103) Der Traum von den grellen Farben des Irrsinns, der die Masken und Strohpuppen einer verrückten Welt inszenierte, wird nun angereichert mit grotesken und delirierenden Bildern, in denen das Schreiben selbst zum Teil dieser Wahnsinnswelt wird, denn geschrieben wird ein »Buch über die Hölle«:

> Und der große Klaus, der ruft mich, während ich durch das matschige rote Eis wate, und schreit, was für ein Buch suchst du, was für ein Buch willst du lesen.
>
> Ich sage geschwind, ängstlich, ist denn kein Mensch mehr auf der Welt, nur diese Farben, ich frage die Farben ängstlich, hastig, was für ein Buch, meint er lesen, meint er schreiben, was meint er, was will er.
>
> Was will der große Klaus.
>
> Ich schreie plötzlich: ein Buch über die Hölle.
>
> Ein Buch über die Hölle.
>
> (TA 3.1, S. 104)

Dieser erste, relativ kurze Entwurf des Traumkapitels, in welchem der Traum vom Wahnsinn und der Dialog darüber mehr als die Hälfte des Textes umfassen, schließt mit dem Familienszenario, das aus den ersten Traumnotaten des Jahres 1963 übernommen wird, wenn auch mit veränderten Namen: Der Vater, der aus Amerika zurückkommt, tanzt nun nicht mehr mit »Marianne«, sondern mit der blonden »Melanie« im ›Ballsaal von Krieg und Frieden‹.

Die Fortsetzungsentwürfe und Entwurfsreinschriften, die zur endgültigen Fassung des Traumkapitels von *Malina* führen, sind in der Kritischen Ausgabe des *»Todesarten«-Projekts* dokumentiert.[1] In die Komposition dieses Kapitels sind fast alle der hier edierten Traumnotate eingegangen, in Fragmente und Versatzstücke zersplittert, die sich zu einem neuen Puzzle zusammenfügen. Als Wiedergänger betreten die Figuren vergangener Träume nun die Bühne eines imaginären Theaters, ›verortet‹ in einer Zeitlosigkeit, die im Hauptentwurf des Traumkapitels noch akzentuiert wird: »Es ist ein Ort, der heißt Überall und Nirgends. Die Zeit ist nicht heute, die Zeit ist nicht mehr, sie kann gestern sein, nie sein, damals gewesen sein, wieder sein, immerzu sein, für diese Zeit gibt es kein Maß.« (TA 3.1, S. 215)[2]

»Die Träume: von heute nacht«, das sind klaustrophobische Szenarien, in denen die Traumfiguren wie Phantasmen wiederkehren, es sind Albträume, aus denen es nur zeitweise

1 Vgl. TA 3.2, S. 861-865 u. 883-891.

2 Das Zitat antwortet auf eine Stelle in Hans Weigels Roman *Unvollendete Symphonie* (»Der Ort ist Wien. Und die Zeit ist heute. / Wann aber ist heute?«), in dem es um Zeit und Ort der Erinnerung geht; vgl. Elke Brüns: *Aprokryphe Erinnerung. Zu den intertextuellen Bezügen von Ingeborg Bachmanns* Malina *und Hans Weigels* Unvollendete Symphonie. In: *ZdPh* (1994) 113, S. 277-292.

ein kurzes Erwachen gibt. Bezeichnend ist, dass die literarische Inszenierung der Träume sich zu keiner chronologischen Erzählung fügt, die sich zum narrativen Traumbericht einer Krankengeschichte zusammenschließt, sie gehorcht vielmehr einer musikalisch-dramatischen Komposition. Zitate aus Film, Literatur, Musik und Philosophie konstituieren das Bühnenbild dieser theatralischen Dramatisierung. Sie rufen das Repertoire der Schauerromantik auf, Motive aus Märchen, Opern und Liebestragödien, den Blaubart, die Schneekönigin oder die Figuren aus Ibsens Dramen (*Wenn wir Toten erwachen*), die Blumen aus Celans Gedichten oder die Liebesklage der Isolde aus Wagners *Tristan*. Leitmotivisch wird das Traumkapitel skandiert durch das Bild vom »Friedhof der ermordeten Töchter«, wobei die Wiederholung und Steigerung des szenischen Bildes eine Richtung auf Erkenntnis andeutet. Das Bild der »gestorbenen Töchter«, die aus ihren Gräbern auferstehen und mit »wehenden Haaren« die »wächsernen Hände« spreizen, an denen »der Ringfinger« (TA 3.1, S. 548) fehlt, ist Zeugnis einer Amputation und Verstümmelung, als wäre die Unmöglichkeit, jemals eine andere Bindung einzugehen, ein Aspekt der Ermordung der Töchter durch den geliebten Vater.

Das Szenario dieser Träume wird von einer mörderischen Vaterfigur dominiert, deren Regie ihren Höhepunkt in Inzest und Blutschande findet. In die literarische Figur des Vaters gehen nicht nur die Vaterbilder der Traumprotokolle ein, in ihr kehren auch die kollektiven Phantasmen und deren historische Repräsentanten wieder, die Vertreter von Krieg und Gewalt und die Schlächter und sadistischen Ärzte der Nazizeit. Das Traumkapitel, in dem alte Albträume neu montiert werden, erscheint wie eine letzte gespenstische Inszenierung einer monumentalen Vater-Imago, die abgelebt ist und doch nicht sterben will. Die Vaterfigur nimmt daher nicht nur grausige, sondern auch groteske und bizarre Züge an. Ihr Auftritt kulminiert in einem traumdramaturgischen Finale, in dem der Vater schließlich seine verschiedenen Masken und Kostüme abzulegen scheint:

> Mein Vater legt zuerst die Kleider meiner Mutter ab, er steht so weit weg, daß ich nicht weiß, welches Kostüm er darunter anhat, er wechselt in einem fort die Kostüme, er trägt den blutbefleckten weißen Schlächterschurz, vor einem Schlachthaus im Morgengrauen, er trägt den roten Henkersmantel und steigt die Stufen hinauf, er trägt Silber und Schwarz mit schwarzen Stiefeln vor einem elektrisch geladenen Stacheldraht, vor einer Verladerampe, auf einem Wachtturm, er trägt seine Kostüme zu den Reitpeitschen, zu den Gewehren, zu den Genickschußpistolen, die Kostüme werden in der untersten Nacht getragen, blutbefleckt und zum Grauen. (TA 3.1, S. 563 f.)

Nach diesem Kostümwechsel, in dem es nie zu einer wahren Demaskierung kommt, zeigt die letzte filmartige Szene des Traumkapitels, wie sich das Ich von der Vaterfigur seiner Träume entfernt: »Und ich sage weithin, weil wir immer weiter auseinanderkommen und weiter auseinander und weiter: / Ich weiß, wer du bist. / Ich habe alles verstanden.« Und schließlich zu Malina: »Es ist nicht mein Vater. Es ist mein Mörder.« (TA 3.1, S. 564)

Über den Roman *Malina*, der als ein literarisches Vermächtnis gelten kann, äußert sich Ingeborg Bachmann in den Interviews nach dem Erscheinen des Buchs: »Für mich ist das eine der ältesten, wenn auch fast verschütteten Erinnerungen: daß ich immer gewußt habe, ich muß dieses Buch schreiben« (GuI, S. 99). Das einzige zu Lebzeiten der Autorin publizierte Werk der »Todesarten« geht der Fragestellung nach, wie die Literatur die Zerstörung des schreibenden Ich zu bezeugen vermag, wie sie Krankheit, Angst und Vernichtung wiedergeben und dabei die »pathologische Erregung« der weiblichen Stimme im Text bewahren kann. Malina als Instanz des Erzählens übernimmt zuletzt die Geschichten des vernichteten Ich, womit der Roman lesbar wird als Erinnerung an persönliche Briefe und intime Aufzeichnungen, deren Autorschaft nicht mehr identifizierbar ist. Der Text, der die Vorgeschichte weiblicher Autorschaft enthält, kann als Genese, aber auch als Umkehr und Subversion autobiographischen Erzählens verstanden werden.[1] So geben die hier edierten Traumnotate und Arztbriefe einen Einblick in den Erfahrungsprozess, aus dem die Poetik des Spätwerks hervorgeht. Sie machen das »Briefgeheimnis« lesbar, das in der Hinterlassenschaft des literarischen Werks aufbewahrt und zugleich verborgen wird. In der Lektüre dieser Texte wird eine singuläre und faszinierende »Vorgeschichte« des Werks und der literarischen Autorschaft rekonstruierbar, nachvollziehbar wird ein Schreibprozess, der sich zumindest teilweise – denkt man an die Traumnotate – der bewussten Autorintention entzieht.

1 Vgl. Weigel, *Zur Genese, Topographie und Komposition von* Malina, a. a. O., S. 233-236.

Stellenkommentar

[1.]

ÖNB N2420 / 13. Februar 1963 »morgens« / Ts., 1 Bl. / hs. korr. (schwarzer Filzstift)

Seite 17

7-12 *Vellach … Kötschach … Gailtal*] Heimatliche Topographie und Kindheitslandschaft. Vellach, eine Kurzform des Ortsnamens Obervellach im Kärntner Gailtal, das an der Grenze zu Italien liegt, war der Herkunftsort von Ingeborg Bachmanns Vater, wo die Familie oft die Ferien verbrachte (Höller 1999, S. 20). In Kötschach lebt Bachmanns Schwester Isolde Moser.

9 *Ischia*] Von August bis Oktober 1953 lebte Ingeborg Bachmann, von Hans Werner Henze eingeladen, auf Ischia (Höller 1999, S. 77 ff.).

14-15 *New York*] Anfang Jänner 1963 reiste Max Frisch mit Marianne Oellers nach New York, um bei den Vorbereitungen der Premiere von *Biedermann und die Brandstifter* und *Andorra* am Broadway zugegen zu sein. Bachmann hielt sich seit August 1962 allein in der früher gemeinsamen Wohnung in Uetikon am Zürichsee auf.

23 *1. August*] Der Tag, an dem Max Frisch Ingeborg Bachmann seine Beziehung mit Marianne Oellers mitteilte.

31 *Wien oder nach Berlin*] Von September 1946 bis Juli 1953 hatte Bachmann in Wien gelebt. In den sechziger Jahren überlegte sie immer wieder eine Rückkehr nach Wien. Mitte April 1963 trat sie ein Berlin-Stipendium der Ford Foundation an.

Seite 18

15 *Park Avenue*] 993, Park Avenue, c.o. Marlene Dietrich. Ab Mitte Jänner 1963 wohnten Max Frisch und Marianne Oellers in New York im Apartment von Marlene Dietrich, das sie ihnen für die Dauer ihres Aufenthalts zur Verfügung gestellt hatte.

[2.]

ÖNB N2418 / 3. März 1963 / Ts., 1 Bl.

Seite 20

2 *»ein Jahr Mexiko«*] Im Anschluss an den Aufenthalt in New York reiste Max Frisch von Mitte Februar bis März 1963 mit Marianne Oellers nach Mexiko. Ein Brief Ingeborg Bachmanns an Max Frisch (4. März 1963) enthält die Andeutung eines längeren Aufenthalts, sie blieben aber nur bis Mitte März.

4-5 *hier und mit Rom*] Ingeborg Bachmann und Max Frisch hatten bis zu ihrer Trennung im Jahr 1962 die Wohnung im Haus zum Langenbaum in Uetikon und die Wohnung in Rom, Via de Notaris 1F, gemeinsam bewohnt.

5-9 *Mutter … Franz*] Bachmann stand in einem nahen Verhältnis (vgl. Brief an Lina Frisch vom 29. Dezember 1963) zu Max Frischs Mutter Lina Frisch, geb. Wildermuth (1875-1966), und kümmerte sich in der Zeit ihres Aufenthalts im Winter 1962/63 in Uetikon um sie. Lina Frisch war die zweite Frau von Franz Bruno, dem Vater Max Frischs. Nach seinem frühen Tod 1932 war sie finanziell von ihren beiden Söhnen abhängig, litt unter Alleinsein und an Depressionen. Der acht Jahre ältere Bruder Franz (1903-1978), der nach dem Vater benannt worden war, studierte Chemie und schätzte seinen jüngeren Bruder. Als Architekt durfte ihm Max Frisch zwei Einfamilienhäuser planen. Für Frisch war der Bruder eine Vertrauensperson. »Ich bin seit langem wieder einmal in den Bergen; ich denke mit inniger Freude an unsere paar brüderlichen Jahre (sie waren nicht so zahlreich, weil acht Jahre ein grosser Altersunterschied sind für zwei Buben), vor allem an unsere Wanderungen im Wallis, ich sehe Dich da als einen lieben Bruder-Kameraden ich glaube, schöner und selbstverständlicher habe ich ›Familie‹ nicht erlebt als mit Dir.« (Brief Max Frischs an seinen Bruder Franz, 6. August 1953. In: Max Frisch: *Sind Sie sich selber ein Freund?* Hg. von Margit Unser. Berlin 2011)

[3.]

ÖNB N2419 / 6. März 1963 / Ts., 1 Bl.

Seite 21

9 Max und Marianne) in Amerika] Vgl. *Stellenkommentar* zu Text 1.

13-14 daß ich so krank war] Von Mitte Dezember 1962 bis Ende des Jahres wurde Ingeborg Bachmann wegen eines physischen und psychischen Zusammenbruchs in der Zürcher Bircher-Benner-Klinik behandelt. In der zweiten Jänner-Hälfte war sie, nach einer Operation, vermutlich einer Gebärmutterentfernung, bis Ende des Monats im Schwesternhaus vom Roten Kreuz in Zürich (vgl. *Entstehungszusammenhang*, S. 105 f.).

Seite 22

5 meine Morphiumtage] Die »Tage mit Morphium« werden in den Entwürfen einer Rede »An die Ärzteschaft« erwähnt. Die Behandlung mit Morphium kommt in mehreren Gedichten mit dem Titel *Gloriastraße* vor, z. B. »Die Gnade Morphium, aber nicht die Gnade eines Briefs« (UG, S. 54).

8 Hans] Am 4. Februar 1963 schrieb Bachmann an Hans Werner Henze einen Brief aus Uetikon, in welchem sie ihn bat, mit ihr nach Italien zu fahren, »dass Du ein paar Tage mit mir reist, mit mir bist, – ich brauche es so sehr.« (vgl. Briefe einer Freundschaft, S. 245 – das dort angegebene Datum, 4. Jänner 1963, ist auf Februar zu korrigieren)

[4.]

ÖNB N3768 / N3769 / 7. Jänner [1965] / Ts., 1 Bl. (N3769: Rückseite von N3768)

Seite 23

4 Besuch von Herrn R.] Möglicherweise Hans Rössner, Leiter des Piper Verlags, mit dem Bachmann in dieser Zeit korrespondierte. Bachmann dürfte nichts von Rössners NS- und SS-Vergangenheit und seiner Tätigkeit im Reichssicherheitshauptamt gewusst haben. Sie verließ 1967 den Piper Verlag, als dort anstelle des von ihr vorgeschlagenen Paul Celan der frühere NS-Funktionär Hans Baumann mit der Übersetzung der Gedichte von Anna Achmatowa betraut worden war.

18 Dr. S.] Vermutlich der sozialpsychologisch und psychotherapeutisch orientierte Wiener Psychiater Prof. Hans Strotzka (1917-1994), den Ingeborg Bachmann im Sommer 1964 aufgesucht hatte (vgl. *Entstehungszusammenhang*, S. 117 f.). Die Erwähnung des Wiener Arztes lässt vermuten, dass diese Aufzeichnung um die Jahreswende 1964/65 erfolgte, als Bachmann nach der Rückkehr von ihrer Reise nach Taormina in Berlin unter einem neuerlichen schweren Rückfall litt (vgl. Brief an Adolf Opel, 29. Dezember 1964). Am 17. Jänner 1965 schrieb sie an die Wiener Freunde Sandor und Mi Hartwich, dass sie daran denke, die Therapie bei Dr. Strotzka fortzusetzen (vgl. *Entstehungszusammenhang*, S. 119 f.).

29 Fr. u. G.] Damit könnten Alfred und Gisela Andersch gemeint sein, mit denen Bachmann seit den frühen Fünfzigerjahren in freundschaftlichem Kontakt stand. Alfred Andersch, den sie von den Treffen der Gruppe 47 kannte, hatte ihren ersten Gedichtband *Die gestundete Zeit* (1953) in der Buchreihe »studio frankfurt« der Frankfurter Verlagsanstalt herausgebracht.

Seite 24

3 Klinik nach Spandau] Diese Klinik im Berliner Bezirk Spandau konnte nicht mit Sicherheit identifiziert werden. Am ehesten kommt das Evangelische Waldkrankenhaus Spandau (Stadtrandstraße 555) in Frage, da auch das Martin-Luther-Krankenhaus (Caspar-Theyß-Straße 27-31), in dem Ingeborg Bachmann im Sommer 1963 stationär behandelt wurde (vgl. Brief an Max Frisch vom 20. Juli 1963), ebenfalls eine evangelische Einrichtung war (heute beide Paul Gerhardt Diakonie).

18-19 Perlmutterknopf ... »Olga«] Anspielung auf Ilse Aichingers Hörspiel *Knöpfe* (1953) (vgl. *Literaturwissenschaftlicher Kommentar*, S. 165 f.).

Seite 25

1 Doppelmord in der Rue Morgue] *The Murders in the Rue Morgue* (1841), Kurzgeschichte von Edgar Allan Poe. Ein bestialischer Mord an zwei Frauen erweist sich letztlich als Tat eines Tiers, eines Orang-Utans, der die beiden Frauen, allerdings ohne Tötungsabsicht, umgebracht hatte. Ingeborg Bachmann war eine leidenschaftliche Leserin von Kriminalromanen, und in ihrem eigenen literarischen Werk, beginnend mit der frühen Erzählung *Die Mannequins des Ibykus* (1949) bis hin zu *Malina*, das mit dem Satz »Es war Mord« endet, spielen Strukturen des Kriminalromans eine wichtige Rolle.

3 M.] Mit »M.« (bzw. »F.«) ist in den hier abgedruckten Aufzeichnungen Ingeborg Bachmanns immer die Traumfigur Max Frisch angesprochen.

20 *Martha*] Der Name konnte nicht nachgewiesen werden.

21 W.] Vermutlich ist der Filmproduzent Wenzel Lüdecke, ein Freund Hans Werner Henzes, gemeint. Bachmann hatte zu ihm eine freundschaftliche Beziehung und war gelegentlich Gast bei Lüdeckes Gesellschaften (vgl. Adolf Opel: *»Wo mir das Lachen zurückgekommen ist«. Auf Reisen mit Ingeborg Bachmann.* Mit 33 Abbildungen und Dokumenten. München 2001, S. 32).

[5.]

ÖNB N2376–N2378 / Ts., 2-zlg., 2 Bl. (N2378: Rückseite von N2377) / hs. korr. u. erg. (blauer Kugelschreiber), hs. erg. von fremder Hand (dunkelblauer Kugelschreiber), vermutlich von Dr. Helmut Schulze

Die Ergänzungen Dr. Schulzes, u.a. am Beginn des ersten Blattes: »Chaotischer Traum«, »Mitte von Zürs – Vorarlberg, vor Beginn des Skilaufs (Nizza)«, entstanden offensichtlich im Kontext der Therapie. Sie legen die Vermutung nahe, dass diese Traumnotate während eines Aufenthalts in Baden-Baden aufgezeichnet wurden. Alle Unterstreichungen im Dokument stammen ebenfalls von der Hand des Therapeuten (vgl. *Faksimile*, S. 233 f.).

Seite 26

16 *11. des Monats*] Vgl. die auf eine Abtreibung verweisende Datumsangabe in *Ich weiß keine bessere Welt*, S. 51: »AN JEDEM DRITTEN DES MONATS / trifft kein Brief ein, als Antwort auf ein Datum, / da könnte geschlachtet werden, oder ein Kind gezeugt werden, / das auch geschlachtet wird, die Kinder merken es nicht.« (UG, S. 51)

20 *Frau Sch.*] Hs. erg.: »Frau Schulze«. Ulrike Schulze, die Frau von Dr. Helmut Schulze, stand mit Ingeborg Bachmann in einem freundschaftlichen Verhältnis und korrespondierte selbst mit ihr.

22 *Frau W. und Frl. Pf.*] Hs. erg.: »Frau Warzin« und »Frl. Pfaff«. Vermutlich handelt es sich um Mitpatientinnen.

25 *Ilse*] Der Name wird in einem weiteren Traumnotat (Text 18) erwähnt, in dem die Traumfiguren Ilse und Günter vorkommen. Dem Schriftstellerpaar Ilse Aichinger und Günter Eich war Ingeborg Bachmann in einer engen Freundschaft verbunden. Günter Eich lernte sie bei der Gruppe 47 kennen, Ilse Aichinger bereits in ihrer frühen Wiener Zeit. Die Freundschaft endete laut Bachmann mit einem für sie unverständlichen und schmerzlichen Rückzug von Ilse Aichinger (vgl. Brief an Uwe Johnson, 15. Oktober 1970).

28 *Isi*] Hs. erg.: »Schwester von Pat[ientin].« Der in der Familie verwendete Name für Ingeborg Bachmanns Schwester Isolde.

30 *Tempelhof oder Tegel*] Flughäfen in Westberlin.

Seite 27

1 *Frau K.*] Vermutlich Frau Knecht, die Vermieterin von Max Frischs und Ingeborg Bachmanns Domizil im Uetikoner »Haus zum Langenbaum«.

15 *F.*] Mit »F.« (bzw. »M.«) ist in den hier abgedruckten Aufzeichnungen Ingeborg Bachmanns immer die Traumfigur Max Frisch angesprochen.

22 *»Frl. Lüdecke« (Namen eines Berliner Freundes)*] Vermischung zweier Traumfiguren, die Figur Marianne Oellers wird mit dem Namen des Freundes Wenzel Lüdecke versehen (vgl. *Stellenkommentar* zu Text 4). Die Namensunsicherheit bezieht sich in diesem Traum dann auch noch auf Bachmanns »altes Dienstmädchen« Pina: »(Rita heißt sie, denke ich)«.

Seite 28

5 *zu ordnen*] Hs. erg.: »zurückzugeben«.

8 *nu mach mal*] Hs. erg.: »Auf den Knien gelegen und ihn angespuckt deswegen → wegen seiner Gleichgültigkeit«.

8-9 *Wiener Arzt*] Vermutlich wieder Prof. Hans Strotzka (vgl. *Stellenkommentar* zu Text 4). Diese Traumnotate könnten im Februar/März 1965 anlässlich von Ingeborg Bachmanns erstem Aufenthalt in Baden-Baden aufgezeichnet worden sein, da sie in dieser Zeit an eine Fortsetzung der Therapie bei dem Wiener Analytiker dachte (vgl. *Entstehungszusammenhang*, S. 119 f.).

[6.]

ÖNB N2379 / N2380 / Ts., 2 Bl., / hs. korr. u. erg. (schwarzer Filzstift), hs. erg. von fremder Hand (roter Kugelschreiber), vermutlich von Dr. Helmut Schulze

Seite 29

5 *Dr. B und Frau*] Die Abkürzung – wahrscheinlich ein anderer behandelnder Arzt – konnte nicht aufgelöst werden.

6 *Dr. Sch. mit Frau*] Vermutlich Dr. Helmut Schulze und seine Frau.

8-9 *Vor der letzten Kurve gibt es ein Hindernis*] Der Satz ist unterstrichen (vgl. *Faksimile*, S. 238). Alle Unterstreichungen im Dokument stammen von fremder Hand, vermutlich von Dr. Helmut Schulze, was nahelegt, dass diese Traumnotate während eines Aufenthalts in Baden-Baden aufgezeichnet wurden.

Seite 30

9 *Pierre*] Damit könnte der frz. Journalist Pierre Evrard, mit richtigem Namen Pierre Burk, angesprochen sein, mit dem Bachmann eine langjährige, sporadische Liebesbeziehung verband (vgl. Andrea Stoll: *Ingeborg Bachmann. Der dunkle Glanz der Freiheit.* München 2013, S. 166). Er arbeitete als Journalist in Paris bei *Paris Match* und später bei *Le Point*.

14-15 zwei kleinen Tassen … silbernen Brotkorb] In einem Brief an Max Frisch schreibt Ingeborg Bachmann: »Du weisst, ich bin ein Fetischist, alles hängt für mich wahnsinnig mit Orten, Räumen und Gegenständen zusammen« (9. Jänner 1963). Die nach der Trennung in Rom zurückgebliebenen Gegenstände spielen auch im literarischen Werk Bachmanns eine Rolle. Zum ersten Mal im Gedicht *Mild und leise*, in welchem der ›silberne Brotkorb‹ genannt wird (UG, S. 100), aber auch in *Das Buch Franza*: »Ich kann auch nicht mehr leben, weil er meine Gegenstände hat, ja, so meine ich es, unsren silbernen Brotkorb zum Beispiel, unsre Schalen, das ist mir unerträglich, ich denke, seine Hand kann das Brot nicht draus nehmen, sie wird eher aussätzig, eher wird das Brot darin schimmlig, weil ich doch dauernd daran denke, weil dieser Brotkorb in meinen Vorstellungen die Ausmaße von Riesenscheunen annimmt, für alle Ernten, von Tag zu Tag wird dies schlimmer, dieses Leiden« (TA 2, S. 231 f.).
17 Roman] Max Frischs Roman *Mein Name sei Gantenbein* erschien im Herbst 1964.
21 Frau Auer] Eine nahe Freundin Bachmanns. Sie betrieb mit ihrem Mann, dem Arzt Dr. Fred Auer, ein Kurhotel in St. Moritz, in dem sich Ingeborg Bachmann mehrmals aufhielt (vgl. *Entstehungszusammenhang*, S. 110).
31 Oper] Ingeborg Bachmann schrieb in ihrer Berliner Zeit ab Sommer 1963 am Libretto für Hans Werner Henzes Komische Oper *Der junge Lord*; die Uraufführung fand am 7. April 1965 in der Deutschen Oper Berlin statt.

[7.]

ÖNB N2027 / Ts., 1 Bl.

Seite 32
13 mein Verleger] Vermutlich Klaus Piper.
29 Zähl Wüste] Die Erzählung entstand während der Arbeit am *Wüstenbuch*, an dem Bachmann von Juni 1964 bis zum Frühling 1965, nach der Rückkehr von der Ägyptenreise, schrieb.

Seite 33
13 *Tot ist alles*] Zitate aus dem Libretto von *Tristan und Isolde* (3. Aufzug, 3. Szene: Isoldes Liebestod). Vgl. auch die Nachlassgedichte, die sich der Genese des Gedichts *Mild und leise* zuordnen lassen, z. B. *Tot ist alles. Alles tot* (UG, S. 100 u. 106).

[8.]

ÖNB N2375 / »Montag nacht:« */ Ts., 1-zlg., 1 Bl. / hs. korr. u. erg. / dunkelblauer Kugelschreiber)*

Seite 34
5 *A.*] Möglicherweise handelt es sich bei dieser Traumfigur um Adolf Opel.

Seite 35
22 *Zu dem Kind sage ich …*] Im Typoskript befinden sich die drei Zeilen am Seitenende, sie sind erst im Nachhinein mit einem Pfeil an diese Stelle gerückt worden.
30 *wie in Berlin*] Anspielung auf einen Besuch von Alfred und Gisela Andersch, auf den vermutlich auch die Aufzeichnung »Versuch, es herauszubekommen« (Text 4) hinweist.

[9.]

ÖNB N3772 / N3773 / Ts., 2 Bl. / (zu diesen Ts. existiert ein Ts.-Durchschlag, 1 Bl.: N2396)

Seite 36
5 *W.*] Vermutlich Wenzel Lüdecke.

Seite 37
2 *Pötsch*] Eine Schauspielerin namens »Pötsch« konnte nicht identifiziert werden. Denkbar wäre aber in Anbetracht von Bachmanns Neigung zu Verschreibungen die Wiener Schauspielerin und Kabarettistin Trude Pöschl, die 1949 im Konzerthaus (Wien) ein eigenes

Theater (»Das Experiment«) etablierte und 1953 das »Boulevardtheater in der Liliengasse« übernahm; zwischen 1946 und 1950 wurden dort auch »Kabarettprogramme von Alexander Steinbrecher und Hans Weigel (›Seitensprünge‹ usw.) gespielt« (Rudolf Weys: *Courage im Keller. Zeittheater der Wiener Kleinbühnen 1945-1960.* In: *Maske und Kothurn* (1961) 7, S. 155-163, hier S. 160).

3 Baudelaire ... Arbre du soleil] Ingeborg Bachmann las schon als Schülerin Baudelaire. In der Zeit der Bombenangriffe auf Klagenfurt wollte sie im Garten der Eltern sitzen bleiben und Rilke und Baudelaire weiterlesen, »wenn die Bomben kommen«: »Und Baudelaire! Bientot nous tomberons dans les froides tenebres, adieu vive clarte ich brauche nicht mehr ins Buch zu sehen.« (Kriegstagebuch, S. 11) *Arbre du soleil* vermischt bekannte poetische Sprachbilder Baudelaires.

14 Annette] Der Name konnte nicht nachgewiesen werden.

16 A.] Vermutlich Adolf Opel.

24 Fritz Ertl] Österreichischer Architekt, der 1961 angezeigt wurde, »durch die Errichtung und laufende Instandhaltung der Gaskammern und Krematorien in Auschwitz-Birkenau in den Jahren 1941-1944 an der Mordplanung unmittelbar mitgewirkt und dadurch eine nicht bekannte Anzahl an Menschen ermordet zu haben« (http://ausstellung.de.doew.at/b147.html; 1.6.2016). Erst 1972 kam Ertl vor Gericht, wurde von den Medien als »Baumeister des Massenmordes« bezeichnet, letztlich aber freigesprochen (vgl. *Literaturwissenschaftlicher Kommentar*, S. 172 f.).

[10.]

ÖNB N3771 / Ts., 1 Bl.

Seite 39

2 *Döbling*] Der 19. Gemeindebezirk, an der Grenze zum Wienerwald, gilt als noble Wohngegend, dort sind in Bachmanns Roman *Das Buch Franza* zum Beispiel die Altenwyls zuhause (TA 2, S. 329).

10 Telefonhoffnung] Unter Bachmanns Lebensdokumenten im Nachlass befindet sich der Vertrag eines Telefonanschlusses in Berlin, der auf 1965 datiert ist und dem ein langes Warten vorausging.

[11.]

ÖNB N2357–N2361 / »(Sonntag)« [7. November 1965] (Datierung des 1. Traums), 9. November 1965 (Datierung des 2. Traums) / Ms. (grüner Kugelschreiber), 5 Bl., 14,8×21 cm / hs. erg. von fremder Hand (blauer Kugelschreiber), vermutlich von Dr. Helmut Schulze

Seite 40
13 »Wilhelm«] Männliche Hauptfigur aus der Oper *Der junge Lord*.
14 »wer hülfe! mir …«] Diese Traumszene ist in *Malina* (TA 3, S. 516 ff.) eingegangen. Das Ich singt dort um sein Leben, aber ihm fehlen die Worte zu der Musik, die ihm wohlbekannt ist. Am Ende wechselt das Ich zum Text einer anderen Oper, zu Richard Wagners *Tristan und Isolde*.

Seite 41
10 »sempre la stessa cosa«] Ital., »immer das Gleiche«.
11 Kommentar lieber mündlich] Das Datum legt nahe, dass Bachmann die zwei Träume anlässlich ihres zweiten Aufenthalts in Baden-Baden im November 1965 aufgezeichnet hat. Vgl. Brief an Klaus Piper, 16. November 1965: »ich werde morgen (22.) entlassen.« (zit. nach Höller 1999, S. 174) An Adolf Opel schrieb Bachmann (Brief vom 12. Dezember 1965): »Ich wollte Ihnen auch die längste Zeit nicht schreiben, weil ich (habs vermutlich am Telefon nicht gesagt) wieder in Baden-Baden war, ebenfalls nach einem Unfall.«
13-14 Der Friedhof … haben] Literarische Varianten des Motivs sind der »Friedhof der Töchter« in *Das Buch Franza* (TA 2, S. 229) und der »Friedhof der ermordeten Töchter« in *Malina* (TA 3.1, M, S. 502). Die Traumaufzeichnungen dürften in zeitlicher Nähe zur Arbeit am *Buch Franza* entstanden sein (vgl. *Literaturwissenschaftlicher Kommentar*, S. 170 f.).

[12.]

ÖNB N1921 / Ts., 1 Bl.

Seite 42
13 Giancarlo] Wahrscheinlich Giancarlo Vigorelli, mit dem Bachmann spätestens seit dem von ihm organisierten Schriftsteller-Kongress in Leningrad im Sommer 1963 persönlich bekannt war. Vigorelli war Herausgeber der römischen Zeitschrift *L'Europa Letteraria, Artistica e Cinematografica* und Gründer der Organisation *Comunità Europea degli Scrittori*. Enzensberger schreibt dazu in *Tumult*: »Weit und breit gab es, mitten im Kalten Krieg, niemanden, der sich mit so viel Eifer und Bonhomie darum bemühte, die Gräben zwischen den verfeindeten Blöcken wenigstens auf dem Terrain der Kultur zu überbrücken.« (Hans Magnus Enzensberger: *Tumult*. Berlin 2014, S. 9)

[13.]

ÖNB N1922 / Ts., 1 Bl.

Seite 43
5 London] Ingeborg Bachmann kannte London seit ihrem ersten Aufenthalt von Dezember 1950 bis Februar 1951, als sie sich bei Ilse Aichingers Zwillingsschwester Helga aufhielt und damals einige aus Österreich emigrierte Schriftstellerinnen und Schriftsteller kennenlernte. Sie kam später mehrmals nach London, etwa zur Aufführung von Hans Werner Henzes Ballett *Undine* (1958) oder zur Lesung beim Poetry Festival im Sommer 1967 (vgl. *Bachmann-Handbuch*, S. 18).

[14.]

ÖNB N2366 / Ts., 1 Bl. / hs. korr. (dunkelblauer Kugelschreiber) / (zu diesem Ts. existiert ein Ts.-Durchschlag, 1 Bl.: N2411)

Seite 44

6 *vor »unserer« Zeit*] Diese zeitliche Reminiszenz ist offensichtlich an Dr. Helmut Schulze gerichtet.

8 *M. F.*] Mit »M. F.« ist immer die Traumfigur Max Frisch angesprochen.

14 *Angstträumen*] Der ursprüngliche Ausdruck »Konfliktträume« ist im Durchschlag noch lesbar.

[15.]

ÖNB N2391 / N2392 / N2393 / Ts., 3 Bl. / hs. korr. (blauer Kugelschreiber) / (zu diesem Ts. existiert ein Ts.-Durchschlag, 3 Bl.: N2362 / N2412 / N2372)

Seite 46

4 *(nach dem entscheidenden Tag)*] Kurz vor Weihnachten 1965 suchte Piper Bachmann in Rom auf. Möglicherweise empfand sie die Visite als Überprüfung ihrer Situation. Piper resümierte in seinem Brief vom 12. Jänner 1966 seinen Eindruck: »mein Eindruck war und ist ganz stark der, daß Sie jetzt die Kraft, den Abstand und den Grad einer neuen Gelassenheit und Souveränität erreicht haben, der es Ihnen erlaubt, den neuen Anfang zu setzen.« (Vgl. dazu auch den Brief an Dr. Schulze (Text 22))

9 *»Hansjörg Felmy«*] Theater- und Filmschauspieler (1931-2007); 1959 spielte er in dem Kriminalfilm *Der Mann, der sich verkaufte* (R.: Josef von Báky) die Rolle des rücksichtslosen Journalisten Niko Jost, auf den sich die Anspielung in der »Nachgeschichte« des Traums beziehen dürfte.

24 *beim Friseur*] Adolf Opel berichtete über Bachmanns Vorliebe für Friseurbesuche: »Der Gang zum Friseur hat etwas geradezu Rituelles für sie, das weiß ich schon aus Prag und Berlin. Auch zu Zeiten, als das Geld bei ihr knapp war – schon in der Nachkriegszeit in Wien –,

war sie eher bereit, auf Lebenswichtigeres zu verzichten als auf den Luxus des Frisiersalons.« (Adolf Opel: *Ingeborg Bachmann in Ägypten*. Wien 1996, S. 57) Die bekannteste Friseurszene in Bachmanns Werk findet sich in ihrer Erzählung *Probleme Probleme* (1972).

Seite 48

8 *Giancarlo*] Vgl. *Stellenkommentar* zu Text 12.

24 *Dr. Unseld*] Bachmann war mit Siegfried Unseld (1924-2002) seit dem gemeinsamen Aufenthalt 1955 bei der Harvard Summer School befreundet. 1967, nach ihrer Trennung von Piper und ihrem Wechsel zu Suhrkamp, wurde Siegfried Unseld ihr Verleger.

25-26 *Empfang im März*] Unselds Einladung zu einem Empfang, der im März 1966 in Rom stattfinden sollte und zu dem auch Max Frisch geladen war, stürzte Bachmann in eine neue Krise, die offensichtlich noch mit der Kränkung durch die Veröffentlichung von *Mein Name sei Gantenbein* zusammenhing. An Unseld schrieb sie: »Und bist Du denn so unschuldig, wie Du Dich gibst. Hast Du wirklich meinen Brief nicht bekommen, fotokopiert, weisst du seither nichts? Aber Macht geht ja vor Recht, und das Geld ist allmächtig. Das Geld, das viele Geld. Das Geld, das ich auch Dir vor die Füsse spucken möchte. Dieses Geld, das habt Ihr auf meinen drei Jahren Klinik verdient.« (Brief vom 24. Jänner 1966)

Seite 49

4 *Herr W.*] Wie der folgende Absatz verdeutlicht, handelt es sich vermutlich um Hans Weigel, der auf ihre Parteinahme gegen die atomare Bewaffnung Deutschlands in einem 1958 in der Zeitschrift *Forum* erschienenen offenen Brief reagiert hatte und von dem sich die Schriftstellerin bloßgestellt fühlte (vgl. *Bachmann-Handbuch*, S. 10 f.).

6 *»Hauptdrama«*] Die Kränkung, die auf das »Hauptdrama«, die Publikation von *Mein Name sei Gantenbein*, vorausdeutet, war für sie Weigels Schlüsselroman *Unvollendete Symphonie* (1951). In der Neuauflage (Graz, Wien, Köln: Styria 1992) lieferte Weigel im Klappentext die Entschlüsselung: »Und das Mädchen, die angehende Malerin aus dem Provinznest, [...] ist die junge Ingeborg Bachmann.«

[16.]

ÖNB N2364 / N2365 / »circa« 20. Februar 1966 / Ts., 2 Bl. / hs. korr. (blauer Kugelschreiber) / (zu diesem Ts. existiert ein Ts.-Durchschlag, 2 Bl.: N2409 / N2410)

Seite 50

3 *(circa 20. 2. 66)*] In dieser Zeit befand sich Ingeborg Bachmann in Uetikon, wohin sie sich vor der Lesereise nach Deutschland zurückgezogen hatte, mit der Absicht, sich von dem Umzug nach Rom zu erholen und am Roman *Das Buch Franza* zu schreiben. In einem Brief an Uwe Johnson berichtet sie von ihrer Unzufriedenheit mit der Entscheidung, nach Rom zu ziehen, und sie erwähnt, nun für kurze Zeit in die Schweiz zu gehen (24. Jänner 1966): »Und morgen fahre ich selber weg, weil ich hier nicht mehr weiterkann, klinikreif nach diesen letzten Wochen.«

29 *Ich rufe … Bruder*] Umstellung der Reihenfolge im Typoskript, der Bruder war zunächst vor der Schwester genannt worden.

Seite 51

12 *Elektroschock*] Die Elektrokrampftherapie wurde in den dreißiger Jahren als psychiatrische Behandlungsmaßnahme entwickelt, die nur bei sehr schweren Fällen (Katatonie und schwere Depression) angewendet wurde.

[17.]

ÖNB N2374 / 19. [Mai 1966] / Ts., 2-zlg., 1 Bl. / hs. korr. (roter Kugelschreiber), hs. erg. von fremder Hand (blauer Kugelschreiber), vermutlich von Dr. Helmut Schulze / (zu diesem Ts. existiert ein Ts.-Durchschlag, 1 Bl.: N2491)

Seite 53

3 *19.*] Hs. erg.: »5.66«. In diese Zeit fällt ein weiterer Aufenthalt Ingeborg Bachmanns in Baden-Baden, nachdem sie sich während eines Besuchs bei ihren Eltern im März 1966 bei einem Sturz das Bein

gebrochen hatte (Brief an Hans Werner Richter, 14./15. April 1966, zit. nach Bachmann-Handbuch, S. 16). Ihren Zustand resümiert sie in einem Brief an Adolf Opel vom 31. März 1966: »Sonst habe ich noch immer ein schlechtes Gewissen, aber es ist etwas zugedrückt von dem Elend jetzt, ich habe schon zwei Tage nicht die Kraft, von hier wegzukommen, obwohl die Zeit immer knapper wird für alle Termine des nächsten Monats.« Opel erwidert darauf, sie möge wieder eine Therapie bei Prof. Hans Strotzka versuchen: »Ihr Brief ist erst jetzt hier angekommen, liebe Ingeborg. Es tut mir so leid, daß Sie wieder krank waren und ich denke immer wieder daran, ob Sie es nicht doch wieder bei Strotzka versuchen sollten. Sie hatten ja selbst den Eindruck, daß er Sie versteht und Ihnen helfen kann.« (Brief vom 8. Juni 1966)

5-6 das Elternhaus in Klagenfurt] Die Familie Bachmann ist 1933 von der Mietwohnung in der Durchlaßstraße in das neugebaute Haus in der Henselstraße 26 übersiedelt, das noch heute im Besitz der Geschwister Ingeborg Bachmanns ist (vgl. Ingeborg Bachmann: *Jugend in einer österreichischen Stadt.* In: *Werke II*, S. 84-93, hier S. 86 f.).

11 Frl. L.] Die Abkürzung konnte nicht aufgelöst werden.

[18.]

ÖNB N3257 / 6. Juni [1966] / Ts., 1 Bl.

Seite 54

3 6. 6.] Die Jahreszahl konnte aufgrund des kodikologischen Befundes erschlossen werden (Papiersorte wie Texte 17 und 19 Gorsmühle mit Wasserzeichen).

5 Ilse und Günter] Ilse Aichinger und Günter Eich (vgl. *Stellenkommentar* zu Text 5).

7 die Kinder] Ingeborg Bachmann nahm regen Anteil an der Geburt und dem Aufwachsen von Ilse Aichingers und Günter Eichs Kindern Clemens (1954) und Mirjam (1957).

10 Zeno] Der Kulturkritiker Zeno von Liebl und seine Frau, die Journalistin Elisabeth (Bobbie) von Liebl, geb. Löcker, gehörten zu den Ingeborg Bachmann auch später nahestehenden Freunden aus der Wiener Zeit von Herbst 1946 bis Sommer 1953 (vgl. Joseph McVeigh: *Ingeborg Bachmanns Wien. 1946-1953*. Berlin 2016, bes. S. 66).

[19.]

ÖNB N2477 / Ts., 1 Bl.

Seite 55

5 *Salzburg*] Henzes Oper *Die Bassariden* wurde am 6. August 1966 bei den Salzburger Festspielen uraufgeführt. Im August war Ingeborg Bachmann anlässlich der Proben in Salzburg.

6 *Libretto*] Der Autor des Librettos war W. H. Auden. Adolf Opel berichtet, dass Bachmann darauf bedacht war, Auden nicht zu begegnen, und er fragte sich, ob es sich um eine Konkurrenz um die Gunst Henzes handle, »für den sie ja noch mehrere Operntexte schreiben, für den sie ein ähnlicher Genius werden will, wie Hofmannsthal es für Richard Strauss war?« (Opel: *Ingeborg Bachmann in Ägypten*, S. 52)

10 *».... is a symbol«*] Korr. »it's a symbol«. Die traumsprachliche Formulierung wurde in der Transkription bewusst erhalten. Bachmann wehrte sich gegen Interpretationen ihrer eigenen Werke, die naiv den Symbol-Begriff verwendeten. Sie »gehe immer von Gesehenem oder genauen Vorstellungen aus«, wäre »daher nicht auf die Idee gekommen, ›das Tier als rettendes Symbol‹ zu wählen«, schrieb sie in einem Brief an Sabine Hausmann, 22. September 1965; vgl. auch die Ablehnung von »Mystifizierung« und »Symbol« in der Büchnerpreis-Rede (TA 1, S. 231).

Seite 56

4-6 *Böll ... Grass*] Bachmanns Wertschätzung von Heinrich Böll und Günter Grass ist auch durch ihre freundschaftlichen Briefwechsel mit den beiden Schriftstellern dokumentiert. Ihre erste Literatur-Rezension widmete sich Bölls Roman *Der Zug war pünktlich* (KS, S. 13-15). Höllerer gegenüber blieb sie reserviert, ihre strengen Maßstäbe im Hinblick auf den literarischen Rang zeigen sich auch darin, dass sie seine Texte nicht in die ersten Nummern der geplanten internationalen Zeitschrift *Gulliver* aufnehmen wollte.

10 *gestützt*] Der Fehler im Typoskript (»gestürtzt«) wurde in der Transkription stillschweigend korrigiert, die Verschreibung des Wortes wird allerdings im Zusammenhang dieser Traumszene verständlich, umso mehr, als »stürzen« und »Sturz« wiederkehrende Motive in den Texten aus der Zeit der Krankheit sind.

[20.]

ÖNB 423 / B412 / 17 / Ingeborg Bachmann an Dr. Helmut Schulze, Berlin, 20. Mai 1965 / Ts.-Durchschlag, 1 Bl.

Seite 59

20 *Ebersteinburg*] Ortsteil von Baden-Baden. In der Badenerstraße 20 wohnte Dr. Helmut Schulze mit seiner Familie.

23 *Ablösung*] Psychologischer Fachbegriff, mit dem der Prozess zunehmender Außenorientierung eines Kindes bezeichnet wird. In diesem Sinne legt Dr. Helmut Schulze die Neurose als unvollständige »Ablösung von kindhaft-abhängiger Existenzform« (vgl. *Entstehungszusammenhang*, S. 122 f.) aus. Bachmann bezog sich auf ihre erste mehrwöchige Behandlung in Baden-Baden im Februar/März 1965. Am 10. April 1965 schrieb sie an Adolf Opel: »Der letzte Tag bei Dr. Sch. – aber das liegt schon verschüttet unter den Probenaufregungen – war sehr schwierig, ich wollte beinahe nicht weggehen, weil ich befürchtet habe, ich werde dann gleich wieder zurückfallen in die grässlichen Zustände.«

24 *Opern-Strapazen*] Anspielung auf die Uraufführung von Henzes Oper *Der junge Lord* (vgl. *Stellenkommentar* zu Text 6).

[21.]

ÖNB 423 / B412 / 18 / Ingeborg Bachmann an Dr. Helmut Schulze, Rom, 29. November 1965 / Ts.-Durchschlag, 1 Bl., 21×24 cm

Seite 61
13 *Übersiedlung*] Im Oktober 1965 übersiedelt Ingeborg Bachmann abermals nach Rom. Darauf folgt im November eine zweite Behandlung in Baden-Baden (vgl. *Stellenkommentar* zu Text 11).
19 *Geschenk*] In einem am 29. November 1965 verfassten Brief bat Bachmann Klaus Piper um den Erwerb von einzelnen Bänden der Werkausgabe Freuds und um deren Übermittlung an Dr. Helmut Schulze: »Es fehlen mir von Freuds gesammelten Werken (erschienen bei S. Fischer) die Bände IV, X, XIII und der angekündigte Band XVIII. Ich wäre sehr dankbar, wenn der Piper-Verlag für mich diese fehlenden Bände kaufen und dann schicken würde in meinem Auftrag an Herrn Dr. H. Schulze, Augusta-Platz, Baden-Baden.«

[22.]

ÖNB 423 / B412 / 1-4 / Ingeborg Bachmann an Dr. Helmut Schulze / Ts. [Fragment, vermutlich nicht abgesandt], 4 Bl., 21×24 cm / Ts.-Durchschlag, 4 Bl. (ÖNB 423 / B412 / 5-8)

Seite 62
6-7 *Mein Verleger … abgereist*] Vermutlich Anspielung auf den Besuch von Klaus Piper in Rom kurz vor Weihnachten 1965 (vgl. *Stellenkommentar* zu Text 15).
11-12 *ein neues Buch*] Der Roman *Das Buch Franza*, der seit dem Sommer 1965 das Zentrum von Ingeborg Bachmanns literarischer Arbeit bildet.
15 *cauchemar*] Frz., »Albtraum«.

Seite 63
5 *Zimmer von Frau Auer*] Bachmann befindet sich offensichtlich in der Schweiz, im Haus ihrer Freundin Heidi Auer in St. Moritz.

Vermutlich wurden die Briefe (Texte 22 und 23) anlässlich des Aufenthalts in der Schweiz im Jänner/Februar 1966 entworfen (vgl. *Stellenkommentar* zu Text 15), als sie intensiv am *Buch Franza* arbeitete.
6 *eine Platte*] Max Frischs *Mein Name sei Gantenbein* ist 1965 auf Schallplatte aufgenommen worden: *Der Dichter liest aus seinem Roman* (Deutsche Grammophon, Literarisches Archiv 43063).
25 *Grünwiesel*] Wilhelm Hauffs Novelle *Der junge Engländer oder Der Affe als Mensch* (1827) spielt in einem »Grünwiesel« genannten Städtchen, von welchem Bachmann den Namen für die Figur der Baronin übernommen hat.

Seite 64
6 *S-Bahn*] In einem undatierten Briefentwurf an Uwe Johnson (Incipit: Lieber Herr Johnson, schwer habe ich es, Ihnen zu schreiben,) taucht dieses Motiv wieder auf: »Mit den gewöhnlichen Mitteilungen geht es ja, aber der Mitteilungsvirus arbeitet woanders, ich denke an eine Fahrt in der S. Bahn, einen Bummelzug zwischen Zürich und Uetikon, an die wichtigen Verlegenheiten, die mich herausfordern, und die Rückzüge ins Schweigen, ins Abbrechen, wo ich etwas aufbrechen möchte – sie gehen mir nach.«
7 *von dort drüben nach hierher*] Wahrscheinlich von Baden-Baden nach St. Moritz.
22 *Satz von Valéry*] »la marquise sortit à cinq heures«. Valérys ironische Formulierung in Bretons surrealistischem Manifest richtet sich gegen den realistischen Roman und seinen Anspruch, einem Charakter Wahrheit zuzusprechen.

Seite 66
8 *die ältesten Geschichten*] Anspielung auf den Tod Siegfrieds im *Nibelungenlied*, auf die eine verletzbar gebliebene Stelle am Rücken Siegfrieds.
19 *Selbstmordversuche*] Vgl. Ingeborg Bachmanns Brief an Hans Werner Henze, 4. Februar 1963 (*Briefe einer Freundschaft*, S. 244).
28 *saison en l'enfer*] Anspielung auf Rimbaud (vgl. *Stellenkommentar* zu Text 24 und 28).

30 *keine Aufzeichnung*] Anspielung auf die Umarbeitung des Ägypten-Stoffes für das Kapitel *Die ägyptische Finsternis* in *Das Buch Franza*.

Seite 67
6 *Friedenau*] Ein Ortsteil des Berliner Bezirks Tempelhof-Schöneberg, wo in den sechziger und siebziger Jahren u.a. Günter Grass, Uwe Johnson, Max Frisch und Erich Kästner wohnten.

[23.]

ÖNB 423 / B412 / 9-12 / Ingeborg Bachmann an Dr. Helmut Schulze / Ts. [Fragment, vermutlich nicht abgesandt], 4 Bl., 21×24 cm / zu diesem Ts. existiert ein Durchschlag, 4 Bl.: (ÖNB 423 / B412 / 13-16)

Seite 68
18 *diese Platte*] Vgl. *Stellenkommentar* zu Text 22. Wahrscheinlich die Schallplattenaufnahme von *Mein Name sei Gantenbein*, gelesen von Max Frisch. Am Ende von *Malina* findet man eine ähnliche Szene: Die männliche Titelfigur Malina »versucht, eine Schallplatte zu zerbrechen, sie bricht aber nicht, sie biegt sich und leistet den größten Widerstand, und dann kracht es doch« (TA 3.1, S. 693).
23-24 *eine andre Wohnung*] Es ist die Wohnung ihrer Freundin Heidi Auer, der Frau des Arztes Dr. Fred Auer, in St. Moritz. Mit ihnen gab es ein Vertrauensverhältnis, zu dem auch durch all die Jahre der Krankheit Ingeborg Bachmanns die Verschreibungen von und Versorgung mit Psychopharmaka gehörte.

Seite 69
15 *»der Mensch ist ein dunkles Wesen«*] »Übrigens aber ist der Mensch ein dunkeles Wesen, er weiß nicht, woher er kommt, noch wohin er geht, er weiß wenig von der Welt und am wenigsten von sich selber«, 10. April 1829 (Johann Peter Eckermann: *Gespräche mit Goethe in den letzten Jahren seines Lebens. 1823-1832.* Zweyter Theil. Leipzig 1836, S. 132).
23-24 *maintenant… bêtise*] Zitat aus Rimbauds Prosastücken *Une*

saison en enfer (1873). Dort heißt der Satz: »Maintenant je peux dire que l'art est une sottise«, »Jetzt kann ich sagen, dass die Kunst eine Dummheit ist«. In: Arthur Rimbaud: *Œuvres Complètes. Vol. 1: Poésie*. Éd. Steve Murphy. Paris 1999, S. 569.

Seite 70

14 Gesindel] Eine Anspielung auf das *Zarathustra*-Kapitel *Vom Gesindel*, was auch der Kontext und die Verwendung weiterer Nietzsche-Termini (z. B. »anekelt«) nahelegen (Friedrich Nietzsche: *Also sprach Zarathustra*. In: Friedrich Nietzsche: *Sämtliche Werke*. Kritische Studienausgabe in 15 Bänden. Bd. 4. Hg. von Giorgio Colli und Mazzino Montinari. München; Berlin; New York 1980, S. 124 ff.).

20 *Ihre Theorie*] Vgl. *Stellenkommentar* zu Text 26.

31-32 Voglio … deserto.] Ital., »Ich will etwas anderes, ich will alles. Und dies alles ist die Wüste für mich.«

Seite 71

23 *das beste Gedicht*] Bachmann hat *Böhmen liegt am Meer*, das auf die Pragreisen im Jänner und Februar 1964 zurückgeht und das sie zum ersten Mal bei einer Lesung in Wien vorgetragen hat (10. Mai 1965), mehrmals als ihr bestes und schönstes Gedicht bezeichnet, sie wisse, schreibt sie an Hans Magnus Enzensberger (in einem undatierten Brief, vermutlich 1968, Incipit: Lieber Mang, damit Du nicht denkst, ich rede nur so daher,), »dass Böhmen das beste Gedicht ist, das ich je geschrieben habe«.

Seite 72

1 zu den Fellachen] Übers. »Pflüger«, die Landbevölkerung des Vorderen Orients, insbesondere in Ägypten.

16-17 »Abfindungen«] Vgl. *Stellenkommentar* zu Text 15. In Bachmanns Brief vom 24. Jänner 1966 an Siegfried Unseld ist von einer größeren Summe die Rede, die ihr offensichtlich als Abfindung angeboten wurde: »Warum soll ich denn die Wahrheit nicht sagen, Ihr habt an mir verdient, Ihr alle. Ihr habt mich zu Geld gemacht. Ihr habt mich verkauft und verkauft, und ich soll den Mund halten, für 10.000 Mark. Oh nein. Ich halte den Mund, weil mich die Scham überlebt, dass ich mit einem Menschen gelebt habe, der so erbärmlich war. Nur deswegen. Für dieses viele Geld halte ich den Mund nicht. Die Journalisten haben mir die Türen eingetreten, und ich habe gesagt, no comment, aber Herr F. fühlt sich verfolgt.«

22 *Mördergrube*] Der Literaturbetrieb stellte für Bachmann seit der Publikation von *Mein Name sei Gantenbein* einen der zentralen Schauplätze der Verbrechen dar, die sie ›Todesarten‹ nannte. Vgl. z. B. die Darstellung der Frankfurter Buchmesse im *Goldmann/Rottwitz-Roman*: »und wenn dies hier in Frankfurt auch nur eine kleine unendlich beschränkte Welt ist, die sich zwar für wichtig hält, so gehe ich doch verwundert durch, wie durch ein Schlachthaus« (TA 1, S. 352 f., vgl. auch *Entstehungszusammenhang*, S. 114 f.).

[24.]

ÖNB N2425 / Ingeborg Bachmann an Dr. Helmut Schulze / Ts. [Fragment, vermutlich nicht abgesandt], 1 Bl.

Seite 73

6 *Telegramm zum Geburtstag*] Der Brief wurde offensichtlich nach Ingeborg Bachmanns Geburtstag am 25. Juni 1966 geschrieben.

7 *Uli*] Ulrike Schulze, Frau von Dr. Helmut Schulze.

9 *Bein*] Dem Unfall, bei dem sich Ingeborg Bachmann im April 1966 das Bein gebrochen hatte, folgte eine dritte Behandlung in Baden-Baden, wo sie sich bis Ende Mai aufhielt.

20 *Pierre*] Vgl. *Stellenkommentar* zu Text 6.

21-22 *Ich schreibe Ihnen auf, wann mir ganz schlecht wurde*] Vgl. die Aufzeichnung »2 Vorfälle, bei denen mir ganz schlecht wurde« (Text 25).

[25.]

ÖNB N2389 / N2390 / Ts., 2 Bl. / hs. korr. (blauer Kugelschreiber), hs. erg. von fremder Hand (dunkelblauer Kugelschreiber), vermutlich von Dr. Helmut Schulze

Seite 75

3 2 *Vorfälle*] Im Typoskript befinden sich oben links folgende handschriftlich eingefügte Daten: »7.9.66« und »Sept. 66« (vgl. *Faksimile*, S. 251), die wahrscheinlich vom Therapeuten stammen. Im September 1966 erfolgte ein weiterer Aufenthalt in Baden-Baden, den Bachmann in einem Brief an den Piper-Lektor Otto F. Best (Brief vom 3. September 1966) ankündigte: »ich war heute so verlegen am Telefon, aus Feigheit, ich wollte nicht sagen, dass ich morgen nach Baden-Baden muss. Für zwei Wochen. Es geht leider nicht anders. (Denn die maladie hängt mir zum Hals heraus, ich kann nicht mehr drüber reden, aber das bringt sie nicht zum Verschwinden.)«. Möglicherweise wurde diese Aufzeichnung für die Therapie geschrieben und dem Therapeuten übergeben, während der Brief nicht abgeschickt wurde.

5 *Herrn B.*] Die Abkürzung konnte nicht aufgelöst werden.

11-12 *Tablette (die eiserne Reserva*] Seit Ende 1962 hat Bachmann in ihren literarischen Texten die Tablettensucht dargestellt, zuerst in den Gedicht-Entwürfen von *Ich weiß keine bessere Welt* und in den Krankenhaus- und Flugplatz-Passagen des ersten »Todesarten«-Romans (von den Herausgebern *Eugen-Roman II* genannt und auf 1962/63 datiert): »nun nahm er Oblivon, wogegen, er nahm Oblivon Vergessen Umnachtung, er nahm Ertrinken und Umnachtung gegen, er ⟨nahm⟩ etwas gegen.« (TA I, S. 88; vgl. Höller / Larcati, *Ingeborg Bachmanns Winterreise nach Prag*, S. 56)

26-27 *Nun hätte mich das beruhigen müssen. Die unerwartete Bestätigung hätte mich ruhig machen müssen*] Im Typoskript ist die Wiederholung ausgestrichen, es ist aber unsicher, ob Bachmann oder Dr. Schulze die Korrektur durchführte. Die Herausgeberinnen haben sich für die zweite Möglichkeit entschieden.

Seite 76

9 *Pierre*] Vgl. *Stellenkommentar* zu Text 6.

9 *Paestum*] Die Stadt ist vor allem wegen der beiden dorischen Tempel und der nah gelegenen Sandstrände ein beliebtes Tagesausflugsziel von Rom aus.

Seite 77

6-7 *Ha paura?... di me*] Ital., »Haben Sie Angst? Ja, Sie haben Angst vor mir.«

19-20 *das geliebte Spazierengehen*] Die von Dr. Schulze verordnete Bewegung im Freien absolvierte Bachmann, indem sie stundenlange Spaziergänge unternahm, die zur physischen Ertüchtigung und als disziplinarische Maßnahme dienten. Toni Kienlechner berichtet von den Spaziergängen: »Einmal [...] holte Ingeborg ihre Brille aus der Tasche und schaute mir zuliebe herum. ›Mit der Natur hab' ich nun gar nichts im Sinn‹, sagte sie und lächelte entschuldigend. Ich musste meine Ausblicke für mich allein geniessen. Sie wollte nur gehorsam die Füsse bewegen und saubere Luft atmen, um für ihre Arbeit, die ›Todesarten‹, wieder fit zu sein.« (*Ingeborg Bachmann. Das Lächeln der Sphinx.* In: *du. Die Zeitschrift der Kultur* 9 (1994), Sonderheft, S. 64 f.)

30 *Ciao bella*] Ebenfalls ausgestrichen, unklar, ob von Bachmann selbst oder von Dr. Schulze. Die Herausgeberinnen haben sich für die zweite Möglichkeit entschieden.

[26.]

ÖNB 423 / B412 / 19-21 / Ingeborg Bachmann an Dr. Helmut Schulze, Rom, 17. März 1968 / Ts.-Durchschlag, 3 Bl., 22×28 cm

Seite 79

9 *Samadan*] Korr. Samedan. Kurort im Engadin nördlich von St. Moritz, wo Dr. Helmut Schulze »Intensivkurse für Gruppen unter Klausurbedingungen im Hochgebirge« (Grenzsituationstherapie; vgl. *Entstehungszusammenhang*, S. 120 ff.) abhielt. Angeboten wurde eine »Kombination von verschiedenen Techniken«, u. a. die

»Vermittlung neuer, bisher ungelebter Erlebnis- und Leistungsmöglichkeiten, zum Beispiel im Bergwandern, Klettern, Skilauf, Schwimmen in Bergseen und Tauchen in Gletscherbächen«. Auch Segel- und Motorflüge galten als wichtige therapeutische Intervention (http://www.walterdmoch.de/behandlung11.html; 19.02.2015).

20-21 *von Seiten Dr. Auers*] Am 7. Februar 1968 schrieb ihr Dr. Fred Auer, er habe gehört, dass sie mit ihrer Arbeit nicht vorankomme, weshalb er sie einlud, auf einige Zeit ins Engadin zu fahren. Sie könnte bei ihnen oder auch »im Häuschen von Herrn Kollegen Schulze wohnen«. Dr. Helmut Schulze reagierte sofort auf Bachmanns Brief, versicherte, sich nur peripher an der Diskussion beteiligt zu haben, schlug ihr einen weiteren therapeutischen Bergaufenthalt im Engadin vor und schloss jede Indiskretion aus. Er habe Unseld auch nicht gesprochen und sich nur von Dr. Fred Auer informieren lassen, und er lud sie ein, zu der kleinen Gruppe in der Woche vor und nach Ostern in die fertiggestellte Hütte zu kommen (vgl. Brief vom 21. März 1968).

Seite 80

8 *malessere*] Ital., hier im Sinne von »schlechtes Befinden«, »übel sein«.

31 *Roman*] Der Roman *Malina*.

[27.]

ÖNB 423/B526/17-21/fragmentarischer Redeentwurf/Ts., 5 Bl., 21×24 cm

Seite 82

17-18 *Kafka … Scham*] Anspielung auf den Schluss von Franz Kafkas Roman *Der Prozeß*: »›Wie ein Hund!‹ sagte er, es war, als sollte die Scham ihn überleben.«

26-27 *Il male oscuro*] Ital., »das dunkle Übel« (schließt die Konnotationen von Krankheit, Schmerz und moralisch Bösem ein). Autobiographischer Roman von Giuseppe Berto, der 1964 beim Verlag Rizzoli erschien und den Ingeborg Bachmann nach ihrem Aufenthalt in Taormina im Dezember 1964 las: »Von dem Buch Il male oscure [sic!] werden Sie ja sicher gehört haben, es ist im Vorjahr das erfolgreichste Buch in Italien gewesen. Ich habe es erst vor wenigen Tagen gelesen.« (Brief an Klaus Piper, 22. Jänner 1965) Obwohl die Lektüre des Romans in die Zeit Ende 1964 fällt, sind die Redeentwürfe (Texte 27 und 28) möglicherweise später entstanden. Die Papierart (hellblaugrünes Papier ohne Markenzeichen) ist auch die der Briefentwürfe 22 und 23. Sie kommt sonst nicht im in diesem Konvolut vor, was vermuten lässt, dass beide Texte im selben Zeitraum entstanden sind, vielleicht während des Aufenthalts in der Schweiz im Jänner/Februar 1966.

Seite 83
17-18 Operation] Offenbar sind hier die Klinikaufenthalte in Zürich im Winter 1962/63 gemeint. Die Operation, vermutlich eine Gebärmutterentfernung, wird im Brief an Henze vom 4. Februar 1963 erwähnt.
25 vierzig Nembutaltabletten] Hinweis auf den Selbstmordversuch, von dem Bachmann im Brief an Henze vom 4. Februar 1963 berichtet.

Seite 84
13 Balzac] Vermutlich ist Balzacs Essay *Physiologie du Mariage* gemeint.

Seite 85
27 er wird eingeliefert] Die Einlieferung in das Martin-Luther-Krankenhaus in Berlin-Grunewald fand im Juli 1963 statt. Bachmann verbrachte dort mehrere Wochen (vgl. *Entstehungszusammenhang*, S. 110).

Seite 88
6 der Patient, die] Die Autorin, die sonst für die Erzählung der eigenen Krankengeschichte die männliche Form verwendet, wechselt hier zur weiblichen Form.

[28.]

ÖNB 423 / B239 / 14 - 17 / fragmentarischer Redeentwurf / Ts., 4 Bl. (423 / B239 / 14 ist die Rückseite von 423 / B239 / 13, auf dem die erste Seite eines Briefes an Uwe Johnson vom 30. Jänner 1966 notiert ist), 21×24 cm

Seite 89

13-14 *ich las ein Buch*] Gemeint ist die Aufsatzsammlung *Die Hoffnungen unserer Zeit. Zehn Beiträge*, die 1963 bei Piper erschien (vgl. *Entstehungszusammenhang*, S. 138 f.). Bachmann bezieht sich offensichtlich auf den Aufsatz von Thure von Uexküll, *Hoffnung und Angst in ihren körperlichen Auswirkungen*, der die Zusammenhänge zwischen Sorge und Angst und körperlichen Symptomen befragt. Uexküll (1908-2004), zuerst Ordinarius und Leiter der Medizinischen Poliklinik an der Universität Gießen, wurde 1966 auf den Lehrstuhl für Innere Medizin und Psychosomatik der Universität Ulm berufen.

Seite 91

3-4 *Die Angst… Geworfensein*] Bezug auf die von Martin Heidegger beschriebene Angst als Grundbefindlichkeit des Daseins. In ihrer Dissertation hatte sich Bachmann dem Versuch Heideggers entgegengestellt, die Angst begrifflich zu fassen. Die abschließenden Sätze ihrer Dissertation berufen sich auf Goya und auf Baudelaire und stellen das Bekenntnis zu einer Kunst dar, die dem »Bedürfnis nach Ausdruck dieses anderen Wirklichkeitsbereiches […] in ungleich höherem Mass entgegen[kommt]« (Dissertation, S. 130).

Seite 92

21 *Poliklinik*] Adolf Opel zufolge musste Ingeborg Bachmann bei ihrem Prag-Aufenthalt im Jänner 1964 wegen einer Krise in der Nacht eine Poliklinik in Prag aufsuchen (Vgl. *Entstehungszusammenhang*, S. 117 f.).

Seite 93

4 *saison en enfer*] Frz., *Eine Zeit in der Hölle.* Titel von Rimbauds Sammlung lyrischer Texte (vgl. *Stellenkommentar* zu Text 23).

Literatur

Quellen

Zitiert wurde v.a. aus Briefen bzw. Briefdurchschlägen, Briefentwürfen und Brieffragmenten der gesperrten Korrespondenz Ingeborg Bachmanns im Literaturarchiv der Österreichischen Nationalbibliothek (LIT), Wien, Nachlass Ingeborg Bachmann;

– aus dem Briefwechsel von Ingeborg Bachmann mit Adolf Opel in der Sammlung von Handschriften und alten Drucken der Österreichischen Nationalbibliothek (HAD), Wien, Vorlass Adolf Opel bzw. aus einem Brief von Adolf Opel an Ingeborg Bachmann vom 8. Juni 1966 im LIT, Wien, Nachlass Ingeborg Bachmann;

– aus folgenden Einzelblättern: N1978, N2019, N2021, N2037, N2413, N4412–N4414 im LIT, Wien, Nachlass Ingeborg Bachmann;

– aus Briefen von Ingeborg Bachmann an Uwe Johnson vom 19. März 1965, 24. Jänner 1966 und 15. Oktober 1970 im Uwe Johnson-Archiv (Depositum der Johannes und Annitta Fries Stiftung), Universität Rostock;

– aus Briefen Ingeborg Bachmanns an Lina Frisch (Max Frisch-Archiv an der ETH-Bibliothek, Zürich);

– aus Briefen Ingeborg Bachmanns an Max Frisch (Max Frisch-Archiv an der ETH-Bibliothek, Zürich).

Werke von Ingeborg Bachmann

Ingeborg Bachmann: *Werke.* 4 Bde. Hg. von Christine Koschel, Inge von Weidenbaum, Clemens Münster. München; Zürich: Piper 1978 (Werke I-IV)

Ingeborg Bachmann: *Wir müssen wahre Sätze finden. Gespräche und*

Interviews. Hg. von Christine Koschel und Inge von Weidenbaum. München; Zürich: Piper 1983 (GuI)

Ingeborg Bachmann: *Die kritische Aufnahme der Existentialphilosophie Martin Heideggers* (Dissertation Wien 1949). Aufgrund eines Textvergleichs mit dem literarischen Nachlass hg. von Robert Pichl. München; Zürich: Piper 1985 (Dissertation)

Ingeborg Bachmann: *»Todesarten«-Projekt.* Kritische Ausgabe. 4 Bände in 5 Bänden. Unter Leitung von Robert Pichl hg. von Monika Albrecht und Dirk Göttsche. München; Zürich: Piper 1995 (TA)

Ingeborg Bachmann: *Letzte unveröffentlichte Gedichte, Entwürfe und Fassungen.* Edition und Kommentar von Hans Höller. Frankfurt am Main: Suhrkamp 1998 (LuG)

Ingeborg Bachmann: *Ich weiß keine bessere Welt. Unveröffentlichte Gedichte.* Hg. von Isolde Moser, Heinz Bachmann und Christian Moser. München; Zürich: Piper 2000 (UG)

Ingeborg Bachmann: *Kritische Schriften*. Hg. von Monika Albrecht und Dirk Göttsche. München; Zürich: Piper 2005 (KS)

Ingeborg Bachmann: *Kriegstagebuch. Mit Briefen von Jack Hamesh an Ingeborg Bachmann.* Hg. und mit einem Nachwort versehen von Hans Höller. Frankfurt am Main: Suhrkamp 2010 (Kriegstagebuch)

Briefwechsel

Ingeborg Bachmann/Hans Werner Henze: *Briefe einer Freundschaft*. Hg. von Hans Höller. 2. Aufl. München; Zürich: Piper 2004 (Briefe einer Freundschaft)

Ingeborg Bachmann/Paul Celan: *Herzzeit.* Briefwechsel. Hg. und kommentiert von Bertrand Badiou, Hans Höller, Andrea Stoll und Barbara Wiedemann. Frankfurt am Main: Suhrkamp 2008 (Herzzeit)

Werke anderer Autoren

Améry, Jean: *Die Welt des leidenden Menschen*. In: Jean Améry: *Der integrale Humanismus. Aufsätze und Kritiken eines Lesers 1966-1978*. Hg. und mit einem Nachwort vers. von Helmut Heißenbüttel. Stuttgart: Klett-Cotta 1985, S. 159-165

Améry, Jean: *Mein Name sei Frisch. Über Max Frischs Erzählung* Montauk. In: Jean Améry: *Werke*. Bd. 5: *Aufsätze zur Literatur und zum Film*. Hg. von Hans Höller. Stuttgart: Klett-Cotta 2003, S. 158-173

Berto, Giuseppe: *Male oscuro*. Milano: Rizzoli 1964

Celan, Paul: *Gesammelte Werke in fünf Bänden*. Hg. von Beda Allemann und Stefan Reichert unter Mitwirkung von Rolf Bücher. Frankfurt am Main: Suhrkamp 1983-1986

Eckermann, Johann Peter: *Gespräche mit Goethe in den letzten Jahren seines Lebens. 1823-1832. Zweyter Theil.* Leipzig: Brockhaus 1836

Enzensberger, Hans Magnus: *Tumult*. Berlin: Suhrkamp 2014

Frisch, Max: *Mein Name sei Gantenbein*. Frankfurt am Main: Suhrkamp 1964

Frisch, Max: *Sind Sie sich selber ein Freund?* Hg. von Margit Unser. Berlin: Suhrkamp 2011

Michel, Karl Markus: *Ein Kranz für die Literatur. Fünf Variationen über eine These*. In: *Kursbuch* (1968) 15, S. 169-186

Nietzsche, Friedrich: *Sämtliche Werke. Kritische Studienausgabe in 15 Bänden*. Hg. von Giorgio Colli und Mazzino Montinari. München; Berlin; New York: de Gruyter 1980

Rimbaud, Arthur: *Une saison en enfer* (1873). In: *Œuvres Complètes*. Vol. 1: *Poesies*. Éd. Steve Murphy. Paris: Champion 1999

Uwe Johnson/Siegfried Unseld: *Der Briefwechsel*. Hg. von Eberhard Fahlke und Raimund Fellinger. Frankfurt am Main: Suhrkamp 1999

Weigel, Hans: *Unvollendete Symphonie*. Graz; Wien; Köln: Styria 1992

Kritische Literatur zu Ingeborg Bachmann

Albrecht, Monika und Dirk Göttsche (Hg.): *Bachmann-Handbuch. Leben – Werk – Wirkung*. Sonderausgabe. Stuttgart; Weimar: J.B. Metzler 2013 (Bachmann-Handbuch)

Böschenstein, Bernhard und Sigrid Weigel (Hg.): *Ingeborg Bachmann und Paul Celan. Poetische Korrespondenzen*. Frankfurt am Main: Suhrkamp 1997

Böschenstein, Renate: *Der Traum als Medium der Erkenntnis des Faschismus.* In: Böschenstein/Weigel, *Ingeborg Bachmann und Paul Celan. Poetische Korrespondenzen*, S. 131-148

Bossinade, Johanna: *Kranke Welt bei Ingeborg Bachmann. Über literarische Wirklichkeit und psychoanalytische Interpretation.* Freiburg im Breisgau: Rombach 2004

Brüns, Elke: *Aprokryphe Erinnerung. Zu den intertextuellen Bezügen von Ingeborgs Bachmanns* Malina *und Hans Weigels* Unvollendete Symphonie. In: *ZdPh* (1994) 113, S. 277-292

Focke, Alfred: *Unvergessen, unverloren. Zum Tod Ingeborg Bachmanns in Rom*. In: *Die Furche* (27. Oktober 1973), S. 19

Heidelberger-Leonard, Irene (Hg.): *»Text-Tollhaus für Bachmann-Süchtige?« Lesarten zur Kritischen Ausgabe von Ingeborg Bachmanns Todesarten-Projekt. Mit einer Dokumentation zur Rezeption in Zeitschriften und Zeitungen*. Opladen [u.a.]: Westdt. Verlag 1998

Höller, Hans: *Ingeborg Bachmann. Das Werk. Von den frühesten Gedichten bis zum »Todesarten«-Zyklus*. Frankfurt am Main: Athenäum 1987

Höller, Hans: *Ingeborg Bachmann*. Reinbek bei Hamburg: Rowohlt 1999 (Höller 1999)

Höller, Hans: *Ingeborg Bachmann. Man sollte die Gedichte als zentralen Teil des Werks verstehen*. In: *Die Zeit*, 9. November 2000

Höller, Hans: *Die »unvermeidliche dunkle Geschichte hinter den Texten. Überlegungen zum Verhältnis vom Werk und Biographie bei Ingeborg Bachmann*. In: *Querelles. Jahrbuch zur Frauenforschung.* Bd. 6:

Biographisches Erzählen. Hg. von Irmela von der Lühe und Anita Runge. Stuttgart [u.a.]: Metzler 2001, S. 126-136

Höller, Hans: *Krankheit und Politik. Bachmanns ›Eintritt in die Partei‹*. In: Larcati/Schiffermüller, *Ingeborg Bachmanns Gedichte aus dem Nachlass. Eine Kritische Bilanz*, S. 19-32

Höller, Hans und Arturo Larcati: *Ingeborg Bachmanns Winterreise nach Prag. Die Geschichte von* Böhmen liegt am Meer. München; Berlin: Piper 2016

Ingeborg Bachmann. Das Lächeln der Sphinx. In: *du. Die Zeitschrift der Kultur* 9 (1994), Sonderheft

Kanz, Christine: *Angst und Geschlechterdifferenzen. Ingeborg Bachmanns* »Todesarten«-Projekt *in Kontexten der Gegenwartsliteratur*. Stuttgart [u.a.]: Metzler 1999

Kanz, Christine: *Psychologie, Psychoanalyse und Psychiatrie in Bachmanns Werk*. In: Bachmann-Handbuch, S. 223-236

Larcati, Arturo und Isolde Schiffermüller (Hg.): *Ingeborg Bachmanns Gedichte aus dem Nachlass. Eine kritische Bilanz*. Darmstadt: Wissenschaftliche Buchgesellschaft 2010

Larcati, Arturo und Isolde Schiffermüller (Hg.): *Ingeborg Bachmann in Italien. Reinszenierungen*. In: Cultura tedesca (2014) 45

McVeigh, Joseph: *Ingeborg Bachmanns Wien. 1946-1953*. Berlin: Insel 2015

Opel, Adolf: *Ingeborg Bachmann in Ägypten. »Landschaft, für die Augen gemacht sind«*. Wien: Deuticke 1996

Opel, Adolf: *»Wo mir das Lachen zurückgekommen ist …«. Auf Reisen mit Ingeborg Bachmann*. Mit 33 Abbildungen und Dokumenten. München: Langen Müller 2001

Riedel, Ingrid: *Traum und Legende in Ingeborg Bachmanns* Malina. In: *Psychoanalytische und psychopathologische Literaturinterpretation*. Hg. von Bernd Urban und Winfried Kudszus. Darmstadt: Wissenschaftliche Buchgesellschaft 1981, S. 178-207

Schlinsog, Elke: *Berliner Zufälle. Ingeborg Bachmanns* »Todesarten«-Projekt. Würzburg: Königshausen & Neumann 2008

Steinhoff, Christine: *Ingeborg Bachmanns Poetologie des Traumes*. Würzburg: Königshausen & Neumann 2008

Stoll, Andrea: *Ingeborg Bachmann. Der dunkle Glanz der Freiheit. Biografie*. München: Bertelsmann 2013

Unseld, Siegfried: *Chronik 1971*. Herausgegeben von Ulrike Anders, Raimund Fellinger und Katharina Karduck. Berlin: Suhrkamp 2014

Zettl, Walter: *Das verborgene Ich. Gedanken zu Ingeborg Bachmanns Roman* Malina. In: *Jahrbuch des Wiener Goethe-Vereins* (1991) 95, S. 119-130

Literatur zum Thema

Alt, Peter-André: *Der Schlaf der Vernunft. Literatur und Traum in der Kulturgeschichte der Neuzeit.* München: C.H. Beck 2002

Anz, Thomas: *Gesund oder krank? Medizin, Moral und Ästhetik in der deutschen Gegenwartsliteratur*. Stuttgart [u.a.]: Metzler 1989

Bergdolt, Klaus: *Das Gewissen der Medizin. Ärztliche Moral von der Antike bis heute.* München: C.H. Beck 2004

Busch, Walter, Isolde Schiffermüller, Milena Massalongo (Hg.): *La malattia tra sintomo e simbolo. Racconti, immagini e luoghi di cura nella letteratura tedesca*. Verona: Cierre Grafica 2011

Deleuze, Gilles: *Kritik und Klinik.* Aus dem Französischen von Joseph Vogl. Frankfurt am Main: Suhrkamp 2000 (Originalausgabe: *Critique et clinique*. Paris: Les Éditions de Minuit 1993)

Engelhardt, Dietrich von: *Krankheit, Schmerz und Lebenskunst. Eine Kulturgeschichte der Körpererfahrung*. München: C.H. Beck 1999

Foucault, Michel: *Einführung zu* Traum und Existenz *von Ludwig Binswanger*. In: *Schriften in vier Bänden. Dits et Ecrits.* Bd. 1: 1954-1969. Hg. von Daniel Defert und François Ewald. Frankfurt am Main: Suhrkamp 2001, S. 107-174

Foucault, Michel: *Die Geburt der Klinik. Eine Archäologie des ärztlichen Blicks*. Aus dem Französischen von Walter Seitter. München: Hanser 1973 (Originalausgabe: *Naissance de la clinique. Une archéologie du regard médical*. Paris: Presses Universitaires de France 1963)

Foucault, Michel: *Wahnsinn und Gesellschaft. Eine Geschichte des Wahns im Zeitalter der Vernunft.* Aus dem Französischen von Ulrich Koppen. Frankfurt am Main: Suhrkamp 1969 (Originalausgabe: *Histoire de la folie à l'âge classique: Folie et déraison.* Paris: Plon 1961)

Freud, Sigmund: *Trauer und Melancholie*. In: S. F.: *Psychologie des Unbewussten*. Studienausgabe. Bd. 3. Frankfurt am Main: Fischer 1989, S. 193-212

Freud, Sigmund: *Das Unheimliche*. In: S. F.: *Psychologische Schriften*. Studienausgabe. Bd. 4. Frankfurt am Main: Fischer 1989, S. 241-274

Gadamer, Hans-Georg: *Über die Verborgenheit der Gesundheit.* Aufsätze und Vorträge. Frankfurt am Main: Suhrkamp 1993

Gilman, Sander L.: *Wahnsinn, Text und Kontext. Die historischen Wechselbeziehungen der Literatur, Kunst und Psychiatrie*. Frankfurt am Main; Bern: Peter Lang 1981

Groddeck, Georg: *Das Buch vom Es. Psychoanalytische Briefe an eine Freundin*. Leipzig; Wien; Zürich: Internationaler Psychoanalytischer Verlag 1923

Hauer, Nadine: *Hans Strotzka. Eine Biographie*. Wien: Holzhausen 2000

Mitscherlich, Alexander und Fred Mielke (Hg.): *Medizin ohne Menschlichkeit. Dokumente des Nürnberger Ärzteprozesses*. Frankfurt am Main [u.a.]: Fischer 1960

Rothschuh, Karl E. (Hg.): *Was ist Krankheit? Erscheinung, Erklärung, Sinngebung*. Darmstadt: Wissenschaftliche Buchgesellschaft 1975

Schmidt-Hannisa, Hans-Walter: *Zwischen Wissenschaft und Literatur. Zur Genealogie des Traumprotokolls*. In: Michael Niehaus und Hans-Walter Schmidt-Hannisa (Hg.): *Das Protokoll. Kulturelle Funktionen einer Textsorte*. Frankfurt am Main [u.a.]: Peter Lang 2005, S. 135-164

Schulze, Helmut: *Der progressiv domestizierte Mensch und seine Neurosen. Die Rolle von Entlastung und Belastung für Krankheit und Heilung*. München: Lehmann 1965

Schulze, Helmut: *Das Prinzip Handeln in der Psychotherapie*. Stuttgart: Enke 1971

Schulze, Helmut: *Entspannende und anspannende Psychotherapie – Alternative oder Polarität*. In: Hellmut Binder (Hg.): *Zwanzig Jahre praktische und klinische Psychotherapie. Psychotherapeutische Erfahrungen mit dem Autogenen Training, der Hypnose und anderen kombinierten Verfahren*. München: Lehmann 1973, S. 97-112

Schulze, Helmut: *Nesthocker Mensch. Neurosen als Folge verfehlter Nestablösung*. Stuttgart: Enke 1977

Sontag, Susan: *Krankheit als Metapher*. Aus dem Amerikanischen übers. von Karin Kersten und Caroline Neubaur. Frankfurt am Main: Suhrkamp 1981

Uexküll, Thure von: *Hoffnung und Angst in ihren körperlichen Auswirkungen*. In: Johannes Schlemmer (Hg.): *Die Hoffnungen unserer Zeit. Zehn Beiträge*. München; Zürich: Piper 1963, S. 25-43

Faksimiles

2376

Chaotische Träume

2.) Sehr konfuser Traum, mit zahllosen, kaum erzaehlbaren Seltsamkeiten: meine Schwester in unserem Garten in V., auf dessem Boden Draht und Hindernisse ~~am Boden~~ sind. Sie sitzt am Eingang und hat in einer Art Teller einzelne Nadeln von Fichten oder Tannen.

Dann Skifahren, Ich fahre Ski auf einem geschriebenem Satz, der von groesster Wichtigkeit fuer mich ist, es heisst darin, dass ich momentan noch Schwierigkeiten habe und nicht damit rechnen kann, sofort aus der Misere herauszukommen, physische und psychische Schwierigkeiten.

Eine aeltere Frau, eine Wahrsagerin, leitet das Skifahren. Ein Brief, ganz klein geschrieben, betrifft den 11. des Monats und hat etwas mit einem Kind zu tun, mit einer Warnung, er wird mehrfach zusammengefaltet und verschlossen, ist auch voll von einer Wahrsagung.

Dann Frau Schülze mit zwei Maedchen, Versuche, mit ihnen zu fahren oder etwas fuer ihre Heilung zu tun, das scheitert aber nach anfaenglichem Optimismus , Frau W. und Frl. Pf;

Vor allem Frau W., von der ich tags zuvor getraumt habe, sie sei gestorben.

Dann auf dem Weg zu Ilse. Das Schild am Haus mit dem Namen ihres Mannes fehlt. Ich besuche sie, es geht wieder um meine Krankheit und um ihr Nichtkommen, aber diesmal bin ich ~~so verlegen~~ überlegen und erzaehle, meine Mutter und Isi kaemen bald an, ich muesse zum Flugplatz, wisse aber nicht, ob ich nach Tempelhof oder Tegel muesse. (Berlin i. Gr.)

Dann bin ich in einem Zimmer mit einem jungen Maedchen und verliebe mich ploetzlich in sie, umarme sie, waehrend Frau K. (Uetikon) nebenan liegt, dick und schwer, sie merkt offenbar, dass wir einander im Bett umarmen, obwohl wir zugedeckt sind, und sagt, das haette sie nie fuer moeglich gehalten, sie habe gedacht, ich sei seit ~~ich allein bin~~ der Trennung von J. wirklich allein; eine Art Heilige, und ich versuche ihr zu erklaren, dass das doch verstaendlich sei, nach dem vielen Unglueck, ich koenne nicht anders. Ich sehe das Maedchen genauer an, es ist sehr zart; sehr jung;

2377 2

und ich bin ueberwaeltet vor Glueck, wenn ich sie anschaue. Dazu Musik, 3. Akt Tristan, der Liebestod. Spaeter wird von mir und dann auch von ihr, darauf ein Text gesungen, und Frau K. singt bewegend, wir irren uns einige Male, es ist dann, scheints, auch eine andre Musik.

3. Auf dem Weg zu F. treffe ich einen jungen Mann, Studenten, der auch dorthin will, ich kann ihm den Weg zeigen, moechte aber vor der Ture nicht gleichzeitig mit ihm dort ankommen; Er laeutet, waehrend ich im Hintergrund warte. M. oeffnet in einem langen Hauskleid, sehr ueppig, sie begruesst den Studenten und sagt, sie erinnre sich, ihn schon bei einer Lesung oder Diskussion gesehen zu haben, sie sagt ihm, sie sei "Frl. Lüdecke" (Name eines Berliner Freundes) und also die Freundin von F.

Dann sieht sie mich, wir begruessen einander mehr als oberflaechlich, geben uns die Hand so, dass die Haende sich nur flach beruehren, sieht geht voraus in die neue Wohnung. Ich sehe, dass sie schwanger ist. In der Wohnung ist Pina, unser altes Dienstmaedchen, wir reden miteinander (Rita heisst sie, denke ich), die Wohnung ist riesig; besteht aber nur aus einem schmälen und einem riesigen Raum; das laesst Max, der in der Wohnung ist, so machen. Ich sehe unter den Gegenstaenden mein gruenes Sofa aus Berlin. Dann spreche ich im grossen Raum mit ihm, wo er mit dem Einrichten etc beschaeftigt ist. Ich mache ihm Vorschlaege wegen der Gegenstaende und der Dinge, die noch zu ordnen sind, frage ihn, ob ich ihm das muendlich oder schriftlich erklaeren soll _ wie es ihm lieber sei. Er ist vollkommen gleichgueltig, sagt nur auf berlinisch: nu mach mal. Spaeter sitze ich mit dem Wiener Arzt in einer Art Strassenbahn und frage, was ich bloss machen soll ich brauche seinen Rat; wegen seiner Gleichgültigkeit

Frau W. ist gestorben.

2378

Ehe ich die Wohnung verlasse, sehe ich mir einiges an, da hoch oben an der Wand einen komischen Wandschmuck, dann noch etwas in einer Nische, die kitschig beleuchtet ist, und ich sage mir, dass das geschmacklos ist wie eh und je, während Lina – Rita mich begleitet.

2379

1. Ein Ehepaar (weiss nicht, warum ich an Dr. B und Frau denke, gemeint dürfte eher Dr. Sch. mit Frau sein) und ich im Wald, viele Bäume, ein Hang, der ausgesteckt ist als Slalomstrecke, die ich mit den Skiern hinunterfahre. Vor der letzten Kurve gibt es ein Hindernis, ich bleibe stehen und fahre nicht weiter, es ist jetzt die Frage, ob man die Zeit zu stoppen aufgehört hat, ob also die Fahrt gemessen werden kann bezw. richtig gemessen wird. Das H8ndernis ist ein toter Mann, er ist leicht vom Schnee bedeckt, ich stehe bloss da, ohne Gefühlsregung und warte, bis er von der Strecke geräumt wird - das tun Herrn und Frau Dr. B. (aber vielleicht sind es andre Personen) und es gibt Kommentare dazu, dannist die Strecke frei und ich mache die letzte Kurve, aber weil ich nicht mehr genügend Schwung habe, fällt sie nicht so gut aus, trotzdem falle ich ich nicht, komme etwas ungeschickt, aber lachend, herum.

2. Spielkarten mit schwarzenNummern. Es kommt eine acht heraus, und man denkt, es ist schon zuende, dann kommen aber dohh von derselben schwarzen Farbe die neun zehn etc und es geht also weiter.

3. Frisch: Ort undeutlich, wahrscheinlich Rom. Er lebt nicht mehr mit "Frau Oellers", ich frage mindestens zweimal, ob denn "Frau Oellers" nicht mehr bei ihm sei, obwohl ich weiss, dass es ihn ärgert, wenn ich "Frau" und ihren Familiennamen sage. Er lebt jetzt mit meiner Schwester. Meine Schwester ist jetzt auch da, sieht aber nicht wie meine Schwester aus. Frisch spricht über Marianne Oellers, sehr heiter , ironisch, macht Bemerkungen, die bedeuten, er habe sie durchschaut, ihren Ehrgeiz etc und ihre Sucht, durch ihn glänzen zu wollen. Die Metaphern, die er dafür benutzt, sind allerdings eigenartig, das Wort "Schnee" kommt vor. Ich frage ihn, ob er meinen Brief schon bekommen hat, aber es stellt sihh heraus, dass das aus irgendeinem plausiblen Grund nicht der Fall ist und er den Brief erst zu Ostern bekommen kann. (Frage ob nicht Ueberschneidung mit Pierre, wegen der Tochter die zu Ostern kommt?) Weil Frisch jetzt mit meiner Schwester lebt, denke ich, dass es dann leichter ist, ausser den Sachen,die ich auf die Liste geschrieben habe, auch die zwei Dinge zu verlangen, an denen mir soviel liegt, die zwei kleinen

2380 2

Tassen, aus denen wir immer Kaffee getrunken haben, und den silbernen Brotkorb. (Dinge, die ich in Rom gekauft habe, aber aus unerfindlmdlichen Gründen nicht zurückverlange, die zwei Tassen kommen in dem Roman vor, und ihr Vorkommen hat mich fast ebenso verletzt wie die Preisgabe ganz andrer Dinge - ausserdem war mir der Gedanke immer unerträglich, dass sie weiterbenutzt werden von Frisch und Frau Oellers. Ich habe auch Frau Auer einmal nach einigen Dingen, diesen auch, gefragt, aber sie sagte, sie habe nichts von ihnen gesehen bei ihrem letzten Rom-Besuch.) Ich sage meiner Schwester, dass sie mir die erwähnten Dinge geben soll.

4. Ich bin in einem Hotel, in einem grossen Zimmer, sehr schön, mit Hans, wir haben uns getroffen, müssen aber weiterfliegen, ich muss auf irgendwelchen Umwegen wahrscheinlich nach Berlin, telefoniere wegen der Anschlüsse. Oper? Dann wird aus Berlin gefragt, was ich an Auslagen gehabt habe, und ich sage der Sekretärin, (von der Oper) dass nur ein zwei Uebernachtungen und nur kurze Strecken zu bezahlen seien, ich gebe weniger an, merke es auch, dass ich eigentlich grössere Auslagen gehabt habe. Später bin ich wahrscheinlich wieder in demseben Hotel und Zimmer, diesmal mit den Eltern, das Zimmer hat drei Betten, die Handlung ist sehr verworren, hat aber primär mit Hans zu tun.

Montag nacht:

2375

1.: Ich bin noch auf dem Bett, sitze neben A., der auch noch im Pyjama ist, da kommt Max, setzt sich. A. und ich habe die Füsse in kleinen Waschbecken, die auf dem Boden stehen, es ist mir unangenehm, dass A. sich gerade jetzt die Füsse badet. Die beiden Männer sprechen miteinander, A. sagt etwas über seinen Pyjama, entschuldigend, „dass der Pyjama unten zerrissen ist, aber" er würde noch wachsen." Dann sitzt er da mit Max, die beiden unterhalten sich, ich ärgere mich über A. , der dümmliche Fragen (Literatur?) stellt, plötzlich muss ich zu dem Mädchen in die Küche, weil die Musik irrsinnig laut dort geht, das Mädchen sagt, der Nachbar habe sich schon beschwert, aber sie meint, wir dürften aus Prestigegründen jetzt die Musik doch nicht abstellen. Ich sage ihr, dass die Musik sofort aufhören muss, ganz, dass ihre Gedanken lächerlich sind, mich nicht interessieren.
Später bin ich mit A. und Max auf der Strasse, ich bin in einem fürchterlichen Zustand, sage den beiden, sie hätten keine Ahnung, was das ist, Leben, davon wüssten sie nichts, es sei alles viel schlimmer. Ich bin in einem Zustand, in dem ich schreien könnte, ich bin halb wahnsinnig.

(Max ist das erstemal wieder er selber, nicht mein Vater, und er kommt zum erstenmal nach der langen Zeit, zu einem Besuch, das ist die gefühlte Bedeutung.)

2.: sehr komplizierter Traum, von meinem Kind, ein etwa vier bis fünfjährigen Junge, der mir sagt, Max werde heiraten, und zwar diese Masseuse", die so schön sei; es scheint, dass der Kleine deswegen nicht mehr gerne bei Max bleiben möchte. Wir sind in einer grossen Wohnung, irgendwo in einem Zimmer ist Max mit einigen Leuten. Ich beschliesse plötzlich, das Kind doch zu behalten, obwohl es bei mir sicher auch nicht besonders gerne bleibt (Gründe dass mein Leben so ungeordnet ist, dass wir keine Wohnung haben, dass ich oft reisen muss, ich müsste erst eine Wohnung und ein Mädchen haben.) Ich weine und versichre dem Kleinen, dass ich alles tun werde, dass wir beisammen bleiben müssen, dass ich jetzt um ihn kämpfen werde, da Max ja kein Recht auf ihn hat. Dazwischen fetzenhafte Szenen, in der Wohnung , in einem Zimmer, liegt eine Frau, die mit einem Revolver alle bedroht, ich weiss schon davon, versuche, auf ihre skurrilen Einfälle einzugehen, sie steht vom Bett auf, der Revolver ist oben auf der Tür, man weiss nicht, ob es Ernst oder Spass ist, sie könnte diese Masseuse sein, aber es ist nicht sicher, es könnte auch jemand andrer sein. Eine andre junge Frau fragt, was ich denn hier zu suchen habe, ich frage sie, ob es nicht umgekehrt sei, sie gehört zu der Gruppe von Max, ich nehme das Kind und will mit dem Kind zu allen andren gehen und sagen, dass es bei mir zu bleiben hat.

3. Gisela und Fred und Max und ich sitzen beisammen, Gisela setzt sich weg, zu Max und gibt zu erkennen, dass sie sich auf die Seite von Max stellt, wie Fred ja auch, ich bin, wie in Berlin, enttäuscht, verletzt.

Zu dem Kind sage ich auch, wir müssen es zumindest versuchen, es könne dann immer noch zu Max gehen, wenn es nicht bei mir bleiben will, es ist damit einverstanden, so wollen wir den Plan auch Max vortragen.

I. Bachmann

2357

1. Traum (Sonntag):

In der Oper (Der junge Lord) soll ich auch die weibliche Hauptrolle übernehmen. Der Intendant kündigt es an, und ich komme in letzter Minute in das Opernhaus, verzweifelt und sehr aufgeregt, weil unmöglich ein Textbuch zu bekommen ist und ich kenne zwei Einsätze gut, (d.h. wohl die Musik, aber nicht die Worte, ich kann die Rolle nicht) gerade Henze und der / ich frage herum, wie der

2358

zeite Satz von mir im
Druck leicht (mit 4 "Wilhelm-
-Legenden" mit: 'wer
hülfe! mir...' (Das ist
fällt mir beim Aufwachen
keineswegs auf, aber auch
im Traum). Auf der
Bühne sind viele Men-
schen; der Sänger, der
den jungen Wilhelm singt,
bereit sich mit mir.
Ich erfahre, daß es gegenwärtig
im Musik nur seine
Stimme richtig zu
hören ist, weil ich ja
keine Ausbildung habe.
Ich soll nur singen,
das singen, weil

2359

attraktiv für das Publikum ist, wenn ich in dem Stück selber auftrete.

9.11.65

2. Traum:

M. Frisch schlägt Frau Dellus, danach einen großen Hund, der sich voller Ergebenheit prügeln läßt. Ich denke, der Hund habe ~~offenbar~~ keine Ahnung, daß es nur ein wenig in sein Bein beißen müsse, damit die Prügelei ein Ende hat.

2360

I. unterhielt sich danach mit mir, ich versuche ihm zu erklären, wie krank er mich gemacht hat, zähle genau die Daten aller Krankenhäuser und Behandlungen auf; I. ist guter Laune und versteht den Zusammenhang mit seinen Handlungen kaum, es ist also ziemlich mutlos, aber die Atmosphäre ist nicht gespannt, sondern eher gut zu sehen nun, dann will er mit mir schlafen und einen Vorhang zuziehen, damit

2361

Traum Oellers uns nicht
recht; ich lege nun
zwar wieder, wir beiden aber
sofort gehört, und ich
denke oder sage ihm
sagen, daß mir nichts
daran liegt, mit ihm
zu schlafen, – "ich lege
offenbar keinen Wert
darauf" – beim
Aufwachen fällt mir
'sempre la stessa cosa'
wieder ein, ein Wort,
das oft im Scherz gefallen
ist. (Dazu Kommentar
lieber mündlich.)
–
Der Friedhof: wo die Töchter liegen, da
Selbstmord begangen haben.

1921

1. In meinem Mund sind Fischgräten, die beinahe wie Heftklammern aussehen, ich muss eine nach der anderen aus dem Mund herauswürgen oder herausnehmen, es sind sehr viele, endlich habe ich das Gefühl, dass der Hals zwar noch gereizt und rauh ist, dass aber die Gräten xxx zuende sind.
Giancarlo versucht, mich zu xxxxxx umarmen, (etwas ist mit einem Rumänen, Tische stehen eine Weile in der Nähe, wie bei einer Wahl, es ist womöglich ein Kongress), wir beide gehen dann hinaus, Giancarlospricht aber über etwas anderes mit mir, xxxx die Szene geht weiter, immer im Stehen, nachdem er zum Orgasmus gekommen ist, sagt er, er sei mir dankbar dafür, dass ich xx ihm das erlaubt habe. Meine Kleider und meine Schuhe vor allem, schwarze eigenartige Schuhe, die sich ausweiten, sind xxxxxx derart nass, dass ich das meiste ausziehe xxx, weil ich so nicht zurückgehen kann, ich nehme die Schuhe und die Wäsche in die Hand und gehe weg. Im Schlafwagen, der grösser ist als ein gewöhnlicher. Sehr undeutlich. Ich liege in einem Bett, ein Sack mit Äpfeln rutscht an der Seite des Bett hin und her. Der Schlafwagenschaffner. Dann wahrscheinlich in einem anderen Bett. Ich bin wach, sehr lebhaft.

2366

Wenn ich zurückdenke an die Träume, von denen Sie die meisten nicht kennen, weil sie vor "unsrer "Zeit waren, dann fällt mir doch eines auf. Einmal ist in fast allen Träumen M. F. die Hauptperson, immer mit dem Vater verwechselt (bis auf den letzten Traum), oder der Vater, mit M. F. verwechselt, sodass es auf Inzestträume hinausläuft und den horror davor. Das ist eine Gruppe. Das andre, was ich wenig verstehe: in den meisten Träumen spielt meine Familie eine dominierende Rolle, zum Beispiel war schon ganz früh, in den dramatischen Angstträumen x meine Schwester anwesend, einer fast immer meiner Mutter. Und auch wenn sie hie und da nur Statistenrollen hatten, so fällt mir das doch auf. Denn ich habe doch, auch wenn ich mein Leben hundertmal umwende und dran deutle, nur eine normale Beziehung zu dieser Familie. Ich denke an meine Schwester, wenn sie Geburtstag hat und sonst macht man sich eben die üblichen Sorgen, Krankheit, Alter, Geld etc. Aber ich verstehe nicht, warum in den Träumen immer diese Personen die grossen Rollen spielen, niemals die Leute, mit denen ich wirklich zu tun habe. (Oder höchstens insofern, dass man sie das als Tagesrest abtun kann.) Ich weiss nicht, was diese nette Familie zu schaffen hat in meinen Träumen. Ich träume nie von einem Mann, den ich gern habe, nie von Berufskonflikten, die ich immerzu habe. O heiliger Freud. Das darf doch nicht wahr sein. Ich war ein ganz gewöhnliches Kind, mit einer normalen Entwicklung, in einer normalen Familie. Verstehen Sie mich. Ich bewundre Freud, aber ich habe diese Vorklassik nie ganz akzeptieren können, ich kann nicht einsehen, dass dieses Leben vor dem eigentlichen persönlichen Leben später eine so enorme Rolle spielen sollte. Und da steh ich ja nicht allein da, die Wissenschaft bringt doch auch ihre Korrekturen an.

x als ich fürchtete, F. würde mich verlassen.

2364

Der Traum (circa 2o. 2. 66)

Wenn der Traum anfängt, weiss ich schon, dass ich verrückt bin. Die Welt ist nicht mehr die Welt. Es sind noch Elemente von ihr da, alle Details, aber in einer Zusammensetzung, die irre ist. Alles ist farbig, Autos rollen heran, Menschen tauchen auf, stark überfärbt, grinsen im letzten Augenblick, wenn ich an sie herankomme, fallen um, sind Strohpuppen, alles hat trotzdem eine unglaubliche Konsequenz, die Bilder, die Farben, die Gegenstände, mein Herumgehen in dieser Welt, ich gehe immerzu weiter, manchmal ist es schrecklich, dann nicht so sehr, und immerzu, während ich an diese Gegenstände und Personen komme, weiss ich, dass ich verrückt bin, und wenn es mich ängstigt, dann versuche ich, die Augen zuzumachen, ich will heraus aus dieser Welt, ich will unbedingt heraus. Meine Vorstellung ist; wenn ich die Augen so fest zumachen könnte, dass, wenn ich sie wieder aufmache, auch nur ein Quadratmeter von der wirklichen Welt wieder sichtbar wird, dann hätte ich gewonnen und Boden unter den Füssen. Die Wahnsinnszenen gehen immer weiter, ich versuche dieses Herauskommen, aber es gelingt mich. In der grössten Verzweiflung lasse ich mich auf den Boden fallen – immerzu ist mir alles ganz bewusst und ich denke mit einer hohen Bewusstheit weiter – ich liege auf dem Boden und denke und ich muss die Menschen rufen, laut rufen und mit klarer Stimme, die mich retten können. Ich rufe meine Mutter, meine Schwester, meinen Bruder. D. h. ich denke noch genau an die Reihenfolge und die Namen, also meine Mutter mit dem Kosenamen aus der Kinderzeit, dann meine Schwester, dann meinen Bruder. (Beim Aufwachen fällt mir ein, dass ich nicht nach meinem Vater gerufen habe.) Und ich nehme meine ganze Kraft zusammen, um sie laut zu rufen und deutlich, und in der hierarchischen Reihenfolge, das ist wichtig.

Dann kommt ein katastrophales Fallen ins Nichts, die Irrsinnswelt ist zuende, ich komme zur Besinnung, greife mir an den Kopf, habe lauter Mettaldrähte auf dem Kopf und schaue mich erstaunt um. Um mich sitzen jetzt, in schwarz-weiss einige Aerzte in weissen Kitteln, die mich freundlich ansehen. Man sagt mir, man habe einen Elektrosckock gemacht. Ich sei jetzt gerettet. Ich bin noch ganz benommen von dieser Rückkehr, wache auf.

Leider ists mir unmöglich, zu beschreiben, wie dieser Traum war, einer von denen, an die man sich noch nach einem Jahrzehnt erinnern wird. Auch seine Logik kann ich nicht beschreiben. Besonders das dritte Aufwachen,

2365

nach dem ich noch noch viele Minuten brauchte, um überhaupt zu begreifen, dass der Wahnsinnstraum nicht mit dem Elektroschock geendet hat, sondern dass auch das noch ein Traum war.

Einen Tag später:

Herr F. hat mich ins Gefängnis gebracht, ich bin nicht allzu überrascht, aber ich hoffe, dass man mich gut behandeln ~~wird~~ und mich schreiben lassen wird. Immerhin könnte ich dann das Buch fertigschreiben. Aber dann stellt sich heraus, dass ich keine Vergünstigungen bekomme, es gibt ein langes Behörden Hin- und Her, offenbar will man nicht zulassen, dass ich schreibe. Viele Details sind mir entfallen. (Erklärung scheint mir einfach.) IcH bekomme wohl einen Blechnapf mit Wasser und eine Einzelzelle, was mir angenehm ist, obwohl alles so elend und schmutzig ist, aber ich denke nur an das Buch, bitte nur um Papier und um die Möglichkeit~~en~~ zu arbeiten. Ich bedaure das Gefängnis nicht, im Gegenteil, ich finde mich leicht ab damit, aber ich bin vernichtet, weil ich nicht schreiben darf. Deswegen rede ich dauernd auf die Leute ein, die mich nicht verstehen, sie meinen, ich wehre mich gegen die Haft – und ich will bloss sagen, dass mir das nichts ausmacht, aber ich möchte Papier und Schreiben.

19. 5. 66

2374

I. Bachmann

Das unaufgeräumte Haus (sieht aus wie das Elternhaus in Klagenfurt) -- es wird sehr viel getan darin, vor allem von meiner Sekretärin. Am Ende ist alles sehr schön und geordnet, ich mache mir eine Liste, von denen noch fehlt, was sie kaufen muss. Das Bügeleisen steht noch herum, es hat kein Drahtgestell, damit man es draufstellen kann, das muss Frl. L. kaufen, ausserdem soll sie noch etwas wichtiges kaufen (= vergessen).

Ich gehe durch den hinteren Garten hinaus, wo eine Frau mir entgegenkommt. Sie sagt, meine Nachbarin (im Traum die Frau eines deutschen Kritikers, die ich nur flüchtig kenne) liege im Sterben, sie lasse fragen, ob etwas passiert sei, es handelt sich um drei Stürze, die ich getan habe und die sie gehört haben muss. Ich denke mir, es ist gut, dass ich nicht mehr trinke, ich werde darum auch nie mehr stürzen.

Ich gehe dann zur hinteren Gartentüre hinaus, die angelehnt ist, und nehme von den Zweigen eines grossen Stachelbeerbaumes zwei grosse Stachelbeeren, die in Schulterhöhe hängen. Es sind die zwei letzten Stachelbeeren, die tieferhängend zu sehen sind. Die anderen hat Frl L. gegessen, sie muss mir das früher gesagt haben, da ich es ihr erlaubt habe. Die unverschlossenen Gartentüre, eine schwer zu erklärende Kindheitserinnerung.

(7.9.66) Sept. 66

2389

2 Vorfälle, bei denen mir schlecht wurde:

1. ich gehe abends, sehr vergnügt, mit Herrn B. in eine kleine Trattoria essen. In dem Raum sind nur zwei Tische besetzt, unserer und weiterweg, an der Wand, dinieren ein Herr und eine Dame. Nach kurzer Zeit fange ich zu zittern an, kann Herrn B. nicht mehr zuhören, fahre mit den Händen hysterisch über die Tischdecke, lassen mir ein Glas Wasser kommen, stöbere die Handtasche durch, finde eine Tablette (die eiserne Reserve, zufällig bei mir). Ich versuche, zu antwortten, merke, dass ich nicht mehr reden kann. Ich höre nämlich deutlich zwei Männerstimmen, schaue irre herum, es sind aber nur der Herr und die Dame im Raum. Eine unbeschreibliche Panik, ich glaube, eine Sinnestäuschung zu haben, meine verrückt zu werden. Ich nehme die ganze Kraft zusammen, auf die Gefahr hin, Herr B. aus dem Konzept zu bringen oder für verrückt zu gelten und frage: hören Sie auch immer zwei Männerstimmen, obwohl da nur ein Mann und eine Frau sind?
Zu meiner Ueberraschung sagt er ja, er habe es auch wahrgenommen, die Frau ist keine Frau, sondern ein Transvestit oder etwas dergleichen, sie hat nicht nur eine männliche Frauenstimme, sondern wirklich unverkennbar eine Männerstimme. Nun hätte mich das beruhigen müssen, ~~Die unerwartete Bestätigung hätte mich ruhig machen müssen,~~ aber die Uebelkeit wird immer schlimmer, es ist eben die Lawine, die schon Rollen ist. Ich bitte Herrn B., mit mir wegzugehen, in einen anderen Raum, und er ist so klug oder aufmerksam, nichts zu fragen, wir wechseln den Tisch, reden dann darüber, ich versuche zu erklären, dass mich dran nichts schockiert etc, und wir reden eine Weile über solche Leute, und die Tablette tut ein übriges, nach einer Weile finde ich das Gleichgewicht wieder.

Aber auch später, beim Nachdenken über diesen komischen Vorfall, finde ich keine Erklärung für meine Uebelkeit und Aufregung.

2. an meinem Geburtstag bin ich mit Pierre in Paestum, in einem wunderbaren Restaurant neben den Tempeln, sehr fröhlich, störend ist ein grosser Italienertisch, an dem fürchterlich durcheinandergeschrienen wird, zumindest drei Familien schwätzen durcheinander, a tutto volume, ich rede aber mit Pierre und lobe das Essen, etc, aber langsam wird mir übel, das Zittern kommt, und bevor es ganz arg wird, stehe ich auf und entschudlige mich, unter dem Vorwand, mir die Hände waschen zu müssen, ich finde auch schwankend die Toilette, nur zu dem Zweck, um abzuwarten, bis " es" vorübergeht, sammle meine Nerven ein und gehe schliesslich wieder zurück ins Restaurant. Im Gang kann ich

nicht weiter, er ist ganz verstopft von aufgeregten Menschen, und ich sehe noch, dass eine Frau, stöhnend und jammernd, von anderen gehalten wird, alles ein bissch überdramatisiert wie oft in Italien. Ich bin wie erstarrt und suche dann einen Rückweg und gehe ums Haus herum, zu einem andren Eingang ins Restaurant, mit zusammengebissenen Zähnen, der grosse Italienertisch ist leer, weil die Frau darunter war, die abgeschleppt wird. Ich bitte Pierre, sofort mit mir wegzugehen, und nach ein paar Minuten sind wir ausb draussen, aber ich kann nicht mehr spreche merke sein Nichtverstehen und bitte ihn, mich allein zu lassen, ich will allein am Strand spazierengehen, laufen, tu das auch, eine Stunde lang, es wird besser, aber auf dem Rückweg, in einer sehr einsamen Gegend, fängt der Dorfkretin mich zu belästigen an, mit einem Stock in der Hand, ich laufe wieder, er macht sich einen Spass, mich ins Meer hineinzujagen, wo ich nur schwer vorwärtskomme, geht dann auch ins Meer, immer grinsend, mit dem Stokk, und er sagt sowas wie (Ha Paura? Si, ha paura di me). Ich laufe wieder aus dem Wasser heraus und hebe auf dem Strand ein Holzscheit auf, plötzlich mit einer rasenden sinnlosen Wut Ich laufe zwar weiter, suche immer Abstand zu gewinnen von ihm, aber plötzlich denke ich: wenn er mir jetzt zu nah kommt, werf ich ihm das Scheit auf den Kopf. Und nach einiger Zeit erreiche ich total erschöpft Paestum, immer noch mit dem Scheit und bin froh, dass nichts passiert ist, dass ich das nicht tun musste, aber ich kanns schwer beschreiben, was in mir vorgegangen ist, etwas von einem sinnlosen masslosen Hass, von Furcht, alles vermischt, verunftlos, es wiederholt s sich manchmal schwächer auf Spaziergängen, wenn man mich nicht in Ruhe lässt, wenn ich nachhaus komme, bin ich so erschöpft, dass das geliebten Spazierengehen mir mehr geschadet als genützt hat. In der Stadt macht es mir nicht aus, angesproc zu werden, aber auf dem Land bringt es mich um die Fassung.

Noch letzte Woche, in Castelgandolfo, ein schrecklicher Spaziergang, nicht nur dass jedes fünfte Auto anhält, sondern plötzlich machen sich zwei Jungen einen "Spass" und fahren mit dem Auto direkt auf mich zu um im letzten Moment bravourös einen Zentimeter vor meinen Schuhspitzen abzubiegen, zum Spass, und ich war so erschrocken, dass ich nicht mehr weiss, wie ich nachhaus gekommen bin. .

Ciao bella, nennt sich das Ganze, aber mir fehlt der Humor dafür. An den Tagen dana bin ich in Begleitung spazierengegangen, auch in ganz wilde Gegenden, und dann ist alles gut, schön, ich wieder voller Neugier und Begeisterung für das Land, für jeden Weinberg, jedes Gestrüpp. Aber das sind die Ausnahmen, man findet hier kaum jemand, der mit einem geht. Man "geht" hier nicht, hält es für eine Spinnerei. Und ich möchte so gern laufen , das haben Sie mir eingeimpft. Das ist so schade, denn ich habe das Land entdeckt, aber ich möcht mich nicht fürchten müssen.

1

Sehr geehrte Herren,

ich habe darum gebetn, zu Ihnen sprechen zu dürfen, weil mir zum Bewusstsein gekommen ist, dass Sie zwar, und mit allen Erfahrungen und Ihrer Sachkenntnis, über eines der heikelsten Gebiete sprechen, ohne wahrscheinlich je die Geschichte eines Patienten angehört zu haben. Ich kenne heute unzählige Krankengeschichten, ich habe viele Kranken gesehen und ich war einer diesen Kranken, über die Sie zu befinden haben, die Sie zu heilen haben.
Nun haben Sie aber das Unglück, von der andren Seite wenig zu erfahren, von der des Patienten oder des Ex-Patienten, weil die meisten wohl nicht über Sprache verfügen oder nicht fähig sind, zu formulieren, und weil, wie es bei Kafka heisst, unsja die Scham überlebt.
Mit meiner Geschichte, die nicht übler ist als so viele andre, werde ich sie nicht belästigen, sondern ich möchte über Sie sprechen, die Aerzte, und weil ich die grösste Hochachtung vor all den Bemühungen habe, den gütigsten, die ich erfahren habe, mit der gebotenen Kritik. Ich habe zum erstenmal daran gedahct, mich zu äussern, nachdem ein ein italienischer Schriftsteller, wen ich ein wenig kenne, Jahrelang verscholen war für alle seine Freunde, ein Buch geschrieben. Il male oscuro. Auch wenn Sie nicht italienisch können, - ich muss Ihnen den Titel nicht übersetzen. Es ist ein autobiographischer Roman, eine Odyssee eines Mannes, der sieben Jahre lang von einem Arzt zum ande irrt, mehrmals operiert, am Ende, trotz seiner Intelligenz bei Kurpfuschern Magnetisieuren etc endet, bis er in die Hand eine s Psychotherapeithen kommt, der in in relativer Zeit zurücltranportiert ins Leben, und ihm das, was er für eine unheilabre unheimliche physische Krankheit hielt zu erklären imstan de ist. Dieser Roman hat einen sensationellen Erfolg gehabt, leider, aber ein Erfolg ist immer ein Misserfolg. Wenn man das roma hafte abzieht, blibe für jeden Arzt etwas übrig, eine penible präzise Schilderung von erschreckender Genauigkeit über die Zusände, die Sie in Ihren Aufsätzen und Büc über behandeln, Neurosenlehre und Psychotheraphie.
Es ist, meines Wissens, das erste Buch, das darüber berichtet.
Ich habe nicht die Absicht, über meine Krankheit zu berichten, aber ich möchte sie, die Anwesenden und nichtanwensenden über etwas informieren.

Ich hoffe, Sie verstehen meinen Hohn auf meine Situation, die so äusserst angenehm war. Ein Arztfreund, Freund der Familie, gibt dem Chirurgegn zu verstehen, dass e ne Operation zu dem Zeitpunkt nicht günstig sei, aber der Chrirug, ein vorzüglicher beruft sich auf meine Vernünftigkeit. Beachten Sie bitte noch oft die Vernünftigkeit. Und Seienen Sie gewarnt. Der vernünftige, der Intelligente Patient ist , ohne es zu wollen, ohne zu wissen, wie gefährlich er dem Arzt wird, eine Pest. Und er ist sich selbst noch hundertmal gefährlicher. Er kann noch vernünftig erscheinen, während er schon die vierzig Nembutaltabletten in der Tasche hat. Er sieht alles ein, begreift alles, drückt sich vorbildlich aus. Er ist ein Wunder an Einsicht.

Die Operatuon wird gemacht, Gebärmutternetfernung, es gibt einige Tage mit Morphium, das nach dem ersten Tag keinen Eindruck auf mich macht, auch nicht mehr wirkt. Die Operatuon ist vorbildich, alles gelungen, der Patient zwar nic tot, aber in einer irrsinnigen Aufregung, Weinkrämpfe, Schreie, Verzweiflung. der erste Psychiater wird zugezogen. Der erste. Ich weiss nicht, ob Sie, deren Leben mit Ps_chiatrie gepflatsert ist, sich überhaupt vorstellen können, was es für einen Menschen bedeutet, und sei er noch so intelleigent, zum erstenmal mit einem Pschiater zu tun haben. Der Psychiater: (derersten unte vieln) ein vornhemer Mann, ein Aritsokrat, Man begeht die ersten Fehler. Vergessen Sie nie, dass ein Kranker entsetzliche Fehler begeht. Der Patient also sagt nicht die Wahrheit, murmelt etwas, weil ein moderner Mensch, von pribaten Schwierigkeiten, die werden sogar mehrmals besprochen, alles hat den Anschein von üblicher tausenfachener uninteressanter langweiliger Ehekomik. Balzac dazu sazu etwas sehr schönes, der alte Ladenhüter. Der Patient murmelt immerzu von Eheschiweirgkeiten etc, er ahnt das hehemeine Gähnen und hat nicht die Cpurage, von dem einzigen Problem zu sprechen, das ihn wirklich betrifft. Er lässt sich Ratschläge geben, er hält sie nicht ein, das vor allem, er hält sich nicht einmal an die Ratschläge. Er geht dreimal pro Woche zu diesem grossartigen Arzt und sagt nicht die Wahrheit. Warum sagt er sie nicht? Er sagt sie nicht, weil er jemand decken oder schützen möchte, den er liebt und nicht verurteilt wissen möchte, nicht einmal in den Augen eines Psychiaters. Er lügt also.

Das ist der Patient. Täuschen Sie sich nicht. Er lügt. Denn er weiss noch ni

4231C 526/19

3

dass er sich schon seine Grube gräbt mit diesem Verschweigen. Der Patient lügt. D. h. er sagt die Wahrheit, aber nur einen so geringen und unwichtigen Teil, dass kein Arzt vermuten kann, was noch dahinter steckt.
So vergehen einige Wochen. Der Patient , Sie dürfen immer ruhig mich an dessen Stelle setzen, gibt seine Taktik nicht auf, er schweigt und erzählt Nebensächliches. Eines Tages findet der Patient sich in einer Situati die entsetzlich und grauenvoll ist, nicht weil er krank ist, sondern weil etwas geschehen ist. Er betrinkt sich, zwei Tage lang, dann geht er, halb folgsam, halb Rebllion, zu dem Arzt, er muss jetzt zum erstenmal etwas preigeben. Und un fängt meine Geschichte mit den Aerzten an, und die geht Sie an, meine Herren. Sie alle.
Er gesteht zwar nur die Hälfte, aber er redet endlich, und der Arzt, ein sehr bedeutender Arzt, versteht und versteht nicht, Er gibt einen Rat, de zwar allen und mir auch heute noch richtig erscheint, in einem bürgerlichen Kontext, aber er rät einem Verzweifelten, etwas zu tun, was diesen Verzweifel ten eines Tags in ein noch grösseres Unglück stürzen wird. Er hat seinen Pytienten im Auge und er vergisst, dass es Teufeleien gibt, die moralisch nicht bewertbar sind, und die seinen Patienten eines Tags ans Mesyer liefern werden. Der Patient tut, was der Arzt ihm sagt, Dann reist er ab. Er hält alles für erledigt. Der Patient versucht, ein neues Leben. Er trinkt wieder, er nimmt wieder Beruhgiungsmittel, er ist nur noch ein Schatten, aber er lebt. Dann fängt die Teufelei an. Der Patient erfährt, dass der Rat des Psychiaters, def ein Moralist ist, ihn ein neues Unglück stürzt. Das überlebt er noch ein paar Tage, dann hat der Patient plötzlich etwas, was er nicht versteht, einen furchtbaren Anfall, natürlich an einem Sonntag, ein Internist ist ein paar Häuser weit zuhause, rettet ihn mit einer Spirzte, er wird wird eingeliefert. Es ist Mitrttnacht, es wird alles getan EKG, Schlafspritze, man liegt in einem Krankenhaus, auf einer internen Abteilung. Man ist in einem Krankenhaus. Man weiss überhaupt nicht, was man hat, jeden Tag Erstickungsanfälle, Schwestern und Assistenzaräte stehen herum, bemühen sich, alles bmüht sich. Lassen siemich vor allen dne Schwestern danke ich versteh das Ganze Theater nicht, das gemacht wird um Anonymität, es ich kann Ihnen versichern, es gibt Krankenschwestwern. die Heilige sind, und ich glaube nicht, dass man das für mich getan hat.

4

Dann kommt das übliche, Sie kennen es, Durchunterschung, bis zum EE G, verzeihen Sie, dass ich ein wenig Ihre Sprachgebräuche kenne, man wird am Ende ja, ohne es zu wollen ein Spezialist. Alles wird kontrolliert, immerzu, der Chefarzt ist ein bezaubernder Mann, er vertröstet einen von einer Woche auf die andere, am Ende sind drei Monate vergangen, man wird entlassen. Nach acht Tagen wird man, bei strö,endem Regen, von zwei Neaderthalern mit Riesenkräften auf einer Tragbahre geschmissen und festgehalten, und da ist man wieder. Und dann kommen dem Patienten die ersten Bedenken. Drei Monaten interne Abteilung, immerzu Mittel. Mittel, Spritzen, Medikamente, und auf der Rechnung steht ein Wort, - ich hoffe, Sie lache - vegetattive Diytonie. Dieses Wort habe ich angestarrt, und nun mögen Sie denken , was Sie wollen, das war etwas komisch. Ich wusste wirklich nicht, was das heisst. Und meine Herren, wenn es auf den internen Abteilungen so zugeht - mögen Sie noch lachen darüber, über die vegetative Dystonie. Und mag noch jemand lachen, wenn ich sage, ich habe nicht gewusst, was ich habe, ich war nur so irrsinnig verzweifelt. Und jedesaml wenn die Aerzte und eben dieser Chefarzt mir sagten, das geht vorbei, as kennen wir alles, das geht allen Frauen so, die Mitte drrei sind, das ist eben das übliche, und wenn sie in ein paar Wochen hier herauskommen dann sind Sie wieder hübsch und so weiter. Aber ein einziges Mal wollte ich etwas sagen, (denn Sie müssen nicht denken, das ein Internist ein Ungeheuer ist), und da hat man mir gesagt, aber so sagen Sie doch nicht, das geht doch allen so. Und nachts habe ich Briefe geschrieben, immerzu geschrieben und einen leider, der mir nachher auch das Genick gebrochen hat. Hätte in Arzt mich ein einziges Mal gefragt, warum ich da liege, dann hätte ich doch niemals währne einer halben Schlafkur einen Brief geschrieben, der unverantwortlich war. Es gin für mich um jursitische Probleme, und man wollte mir weismachen, das sei eben eine Angelegenheit von Mitttdreissigerinnen. Ich habe mit neimand sprechen können, aber ich htte mit einen Arzt gesprochen, gewiss. Nur hat man mit immer gesagt, aber so reden sie nicht, vergessen sie alles, denken Sie nicht daran. Und ich hätte damals sprechen müssen, ich wäre in einem Monat geheilt gewesen, und weniger noch- ein vernünftiger Arut hätte mir einen Anwalt geholt, und nichts wäre passiert. Aber dann bin ich aus der Klinik gekommen, und dann war ich wieder dort, und dann wieder draussen, aber dar war ich zum erstenmal nicht mehr sicher.

5

Erlauben Sie, mit Rücksicht auf die Achtung aller Aerzte, die ich gehabt habe, keine Namen zu nennen, ~~dann~~ keine Krankenhäuser, keine Orte.

Ich könnte eginnen: stellen Sie sich vor. Ein Mensch hat , ich also, einige schwierige pirvate Dinge zu ertragen, er ist keineswegs krank, emfpindet sich auch nicht als krank. Es geschieht nichts weiter, als dass er in eine für ihn unerträgliche Situation gerät, und ohne etwas mit die ser Sitautaion in Zusammenhang zu bringen, sucht er einen Arzt auf. Der Arzt ein Internist, macht , wie es sich gehört einige Untersuchungen, gibt einige Spritzen, an die ersten erinnre ich mich nicht, gibt Tabletten, darunter zum erstenmal, was ich später als Psychopharmaka kennengelernt habe.
Ich, der Patient, nimmt die ein, zuerst selten, eben nur, wenn merkwürdige Vernichtungsgefühle vor dem Einschlafen auftreten, wenn irrsinnige Kopfschmer auftreten, die aber nicht Kopfschmerzen oder Katerschmerzen sind, wie wor sie alle kennen. Das tritt nur sporadisch auf. Eines Tags heisst es, der Patient, die sich ein Kind wünscht, könne keines bekommen, die verzeihen Sie, dassich Ihre Sprachenoch immer nicht ganz spreche, medizinisch Indikation sei nicht nur erlaubt, sondern geboten, die Operation aber nicht durchführbar, weil ein plötzlich erhöhter Konsum an Alkohol und Tabletten , Beruhigunsmitteln, keine günstige Voraussetzung bieten.
Ohne etwas zu wissen, weiss der Patient, der anfängt, in einem andern Land zu leben, mit fürchterlichen Schrece, Aengsten, dass er wirklich nicht operiert werden kann in diesem Zustand, und nach einem Selstmordversuch, aus Kurzschluss, nicht asehr erheblich, wird er in eine Klinil gebract.
Diese Klinik, der Patient ist ein Privilegierter, kostet sehr viel, (und verzeihen Sie, wenn ich auf das Privilegiertsein noch zurückkommen werde, in jede Bezihung, denn nur wer erlebt hat, was es heisst, privili giert zu sein und wie ein Tier leiden zu müssen, kann sich einigermassen vorstellen, was es heisst, kein Privilegierter zu sein und so leiden zu müssen.) Der Privilegierte kommt also sechs Monate in einer fabelhaften Klini unter, er spricht nicht, er wird gut behandelt, streng, aber gut, er soll für eine Operatuon fit gemacht werden. Der Privilegierte hat auch noch den Vorteil, zu seinem betsen Freunden einige Aerzte zu zählen, ein unschätz. barer Vorteil, aber Sie werden sehen, dass dieses Kartenhaus auch zusammen.

Inhalt

Ich werde da sein, indem ich nicht da bin.

*Cover- und Preisänderungen vorbehalten

Ingeborg Bachmann

Sämtliche Gedichte

Piper Taschenbuch, 240 Seiten
€ 11,00 [D], € 11,40 [A]*
ISBN 978-3-492-23985-1

»Die gestundete Zeit«, 1953 erschienen, begründete Ingeborg Bachmanns Ruhm als eine der größten Dichterinnen der europäischen Moderne. Sämtliche vollendeten Gedichte, von der frühen Lyrik bis zur »Anrufung des Großen Bären«, bilden den Kern ihres facettenreichen Werkes und gehören zu den großen dichterischen Leistungen des 20. Jahrhunderts.

Leseproben, E-Books und mehr unter www.piper.de